Lübbenau, Lehde
– Paradies im Spreewald

von

Annemarie Aichele

ISBN: 1537332775
ISBN-13: 978-1537332772

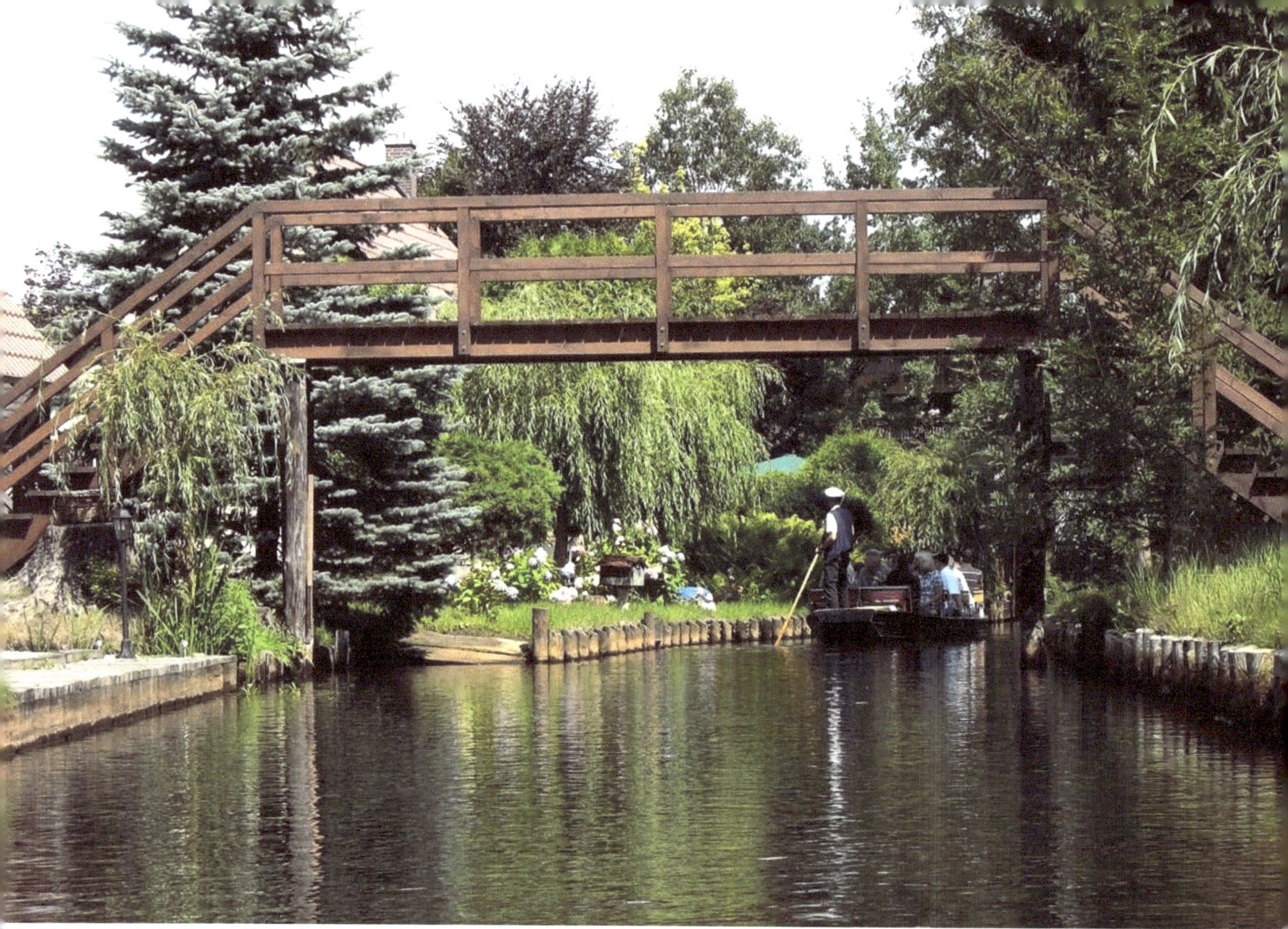

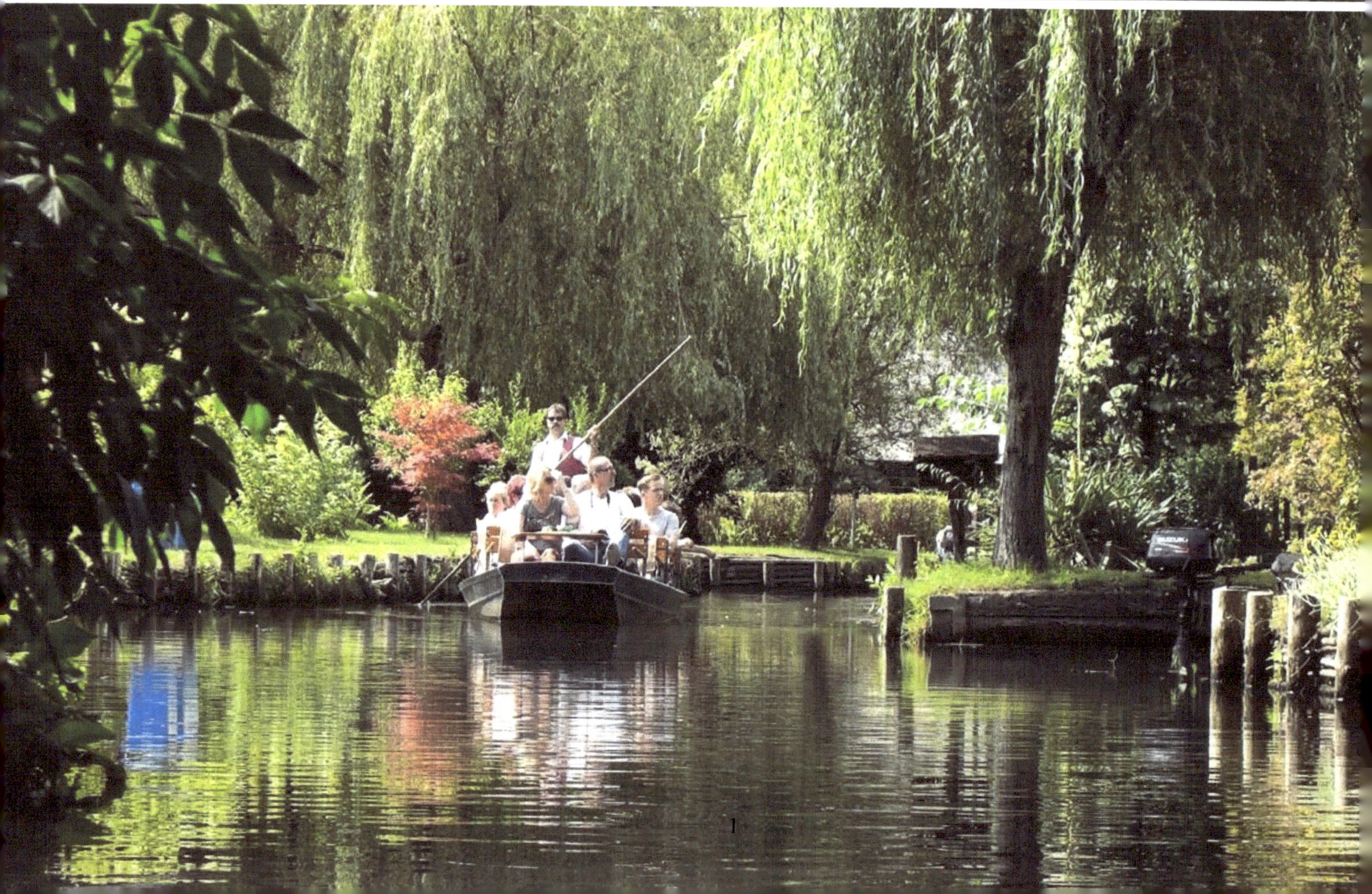

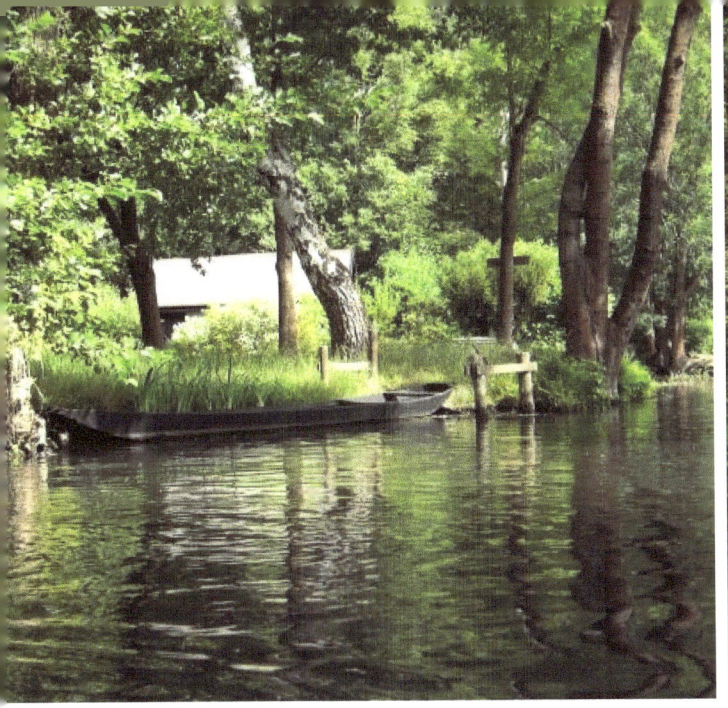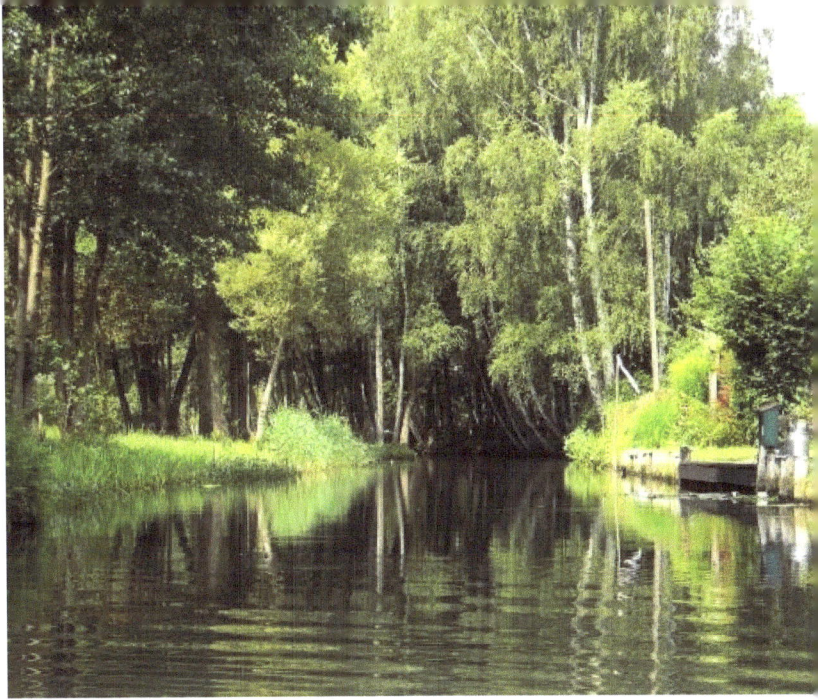

Der Spreewald ist geradezu prädestiniert dafür, mit dem Kahn oder Boot erkundet zu werden. Aber auch als Wanderer oder Radfahrer entdeckt man wundervolle Plätze, die man sich nicht entgehen lassen sollte. In 230 Bildern fängt dieses Buch die Schönheit dieser Landschaft ein. Die Fotos entstanden in und um Lübbenau, Lehde und Leipe.

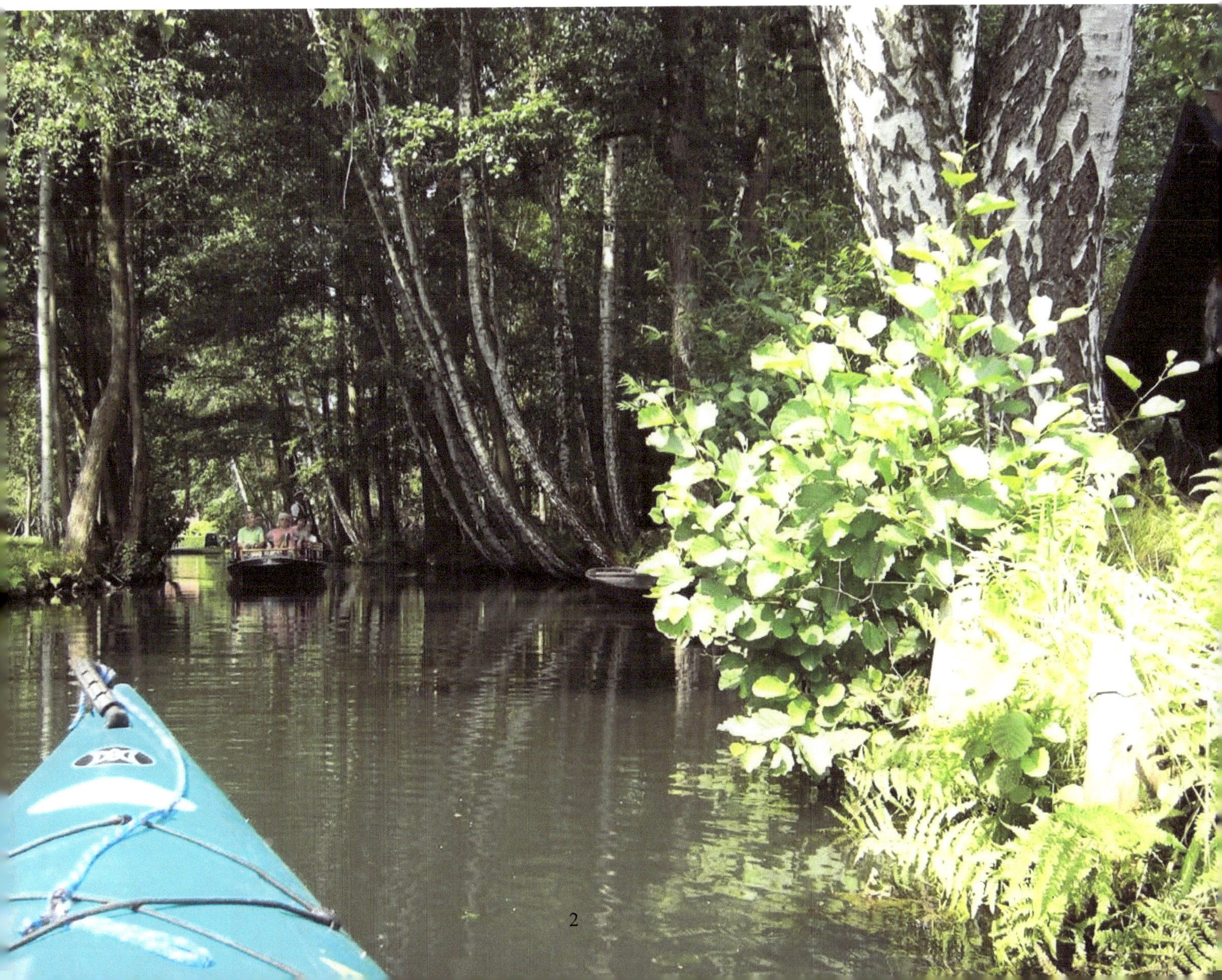

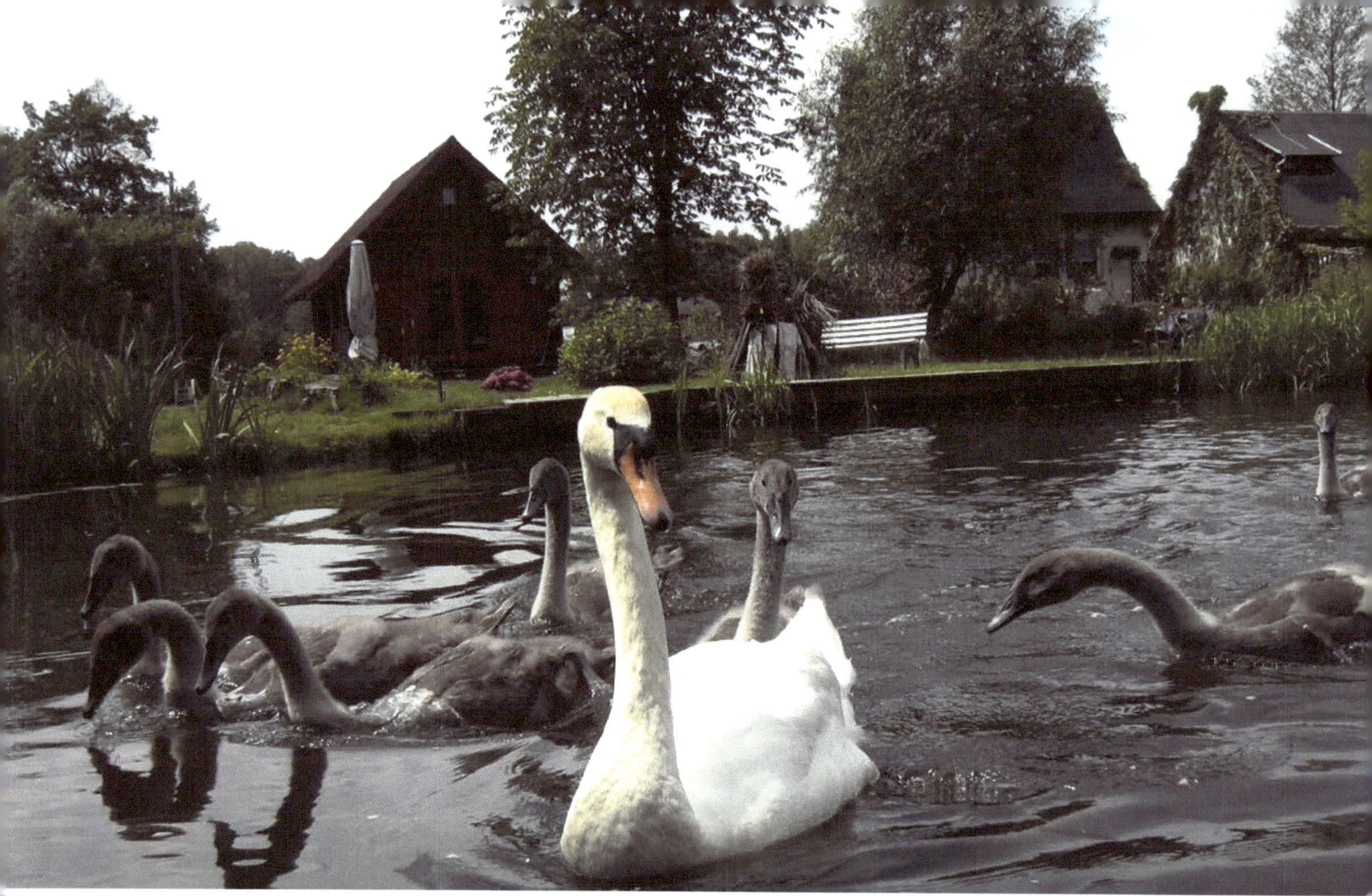

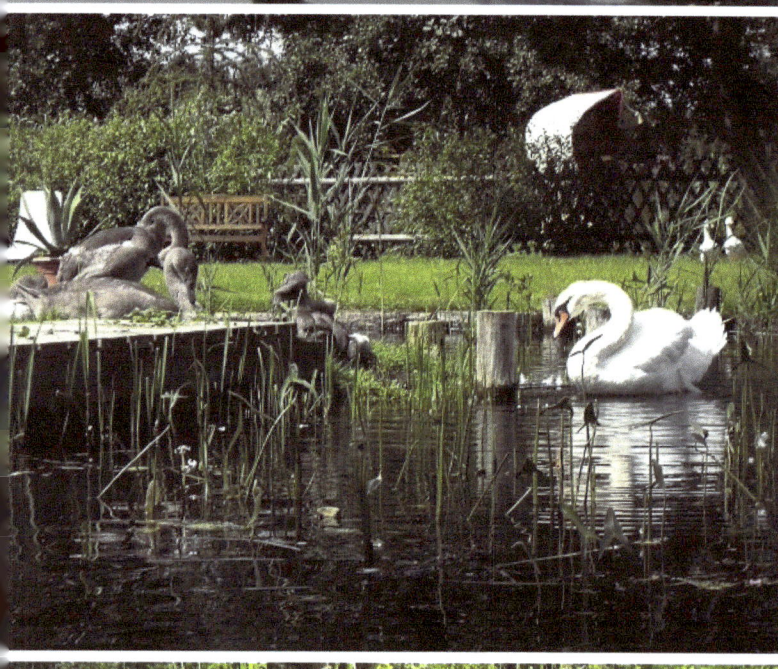
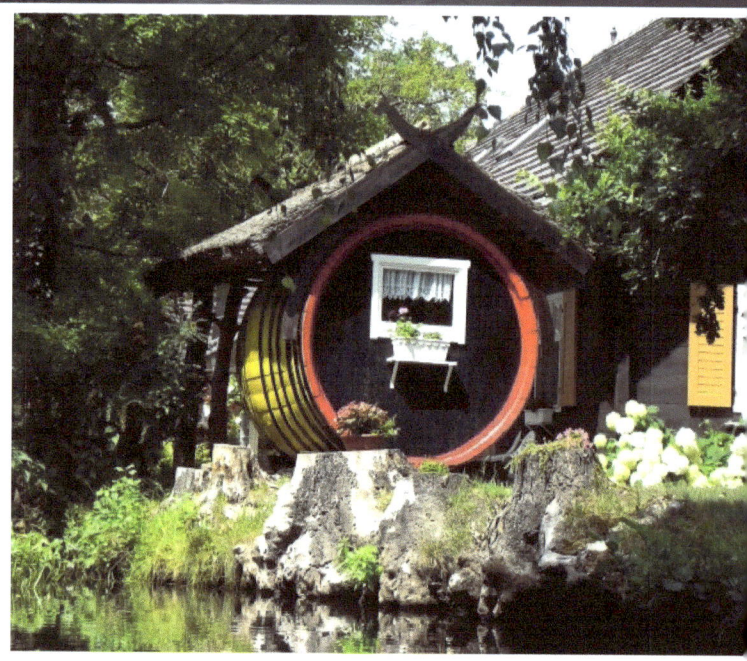
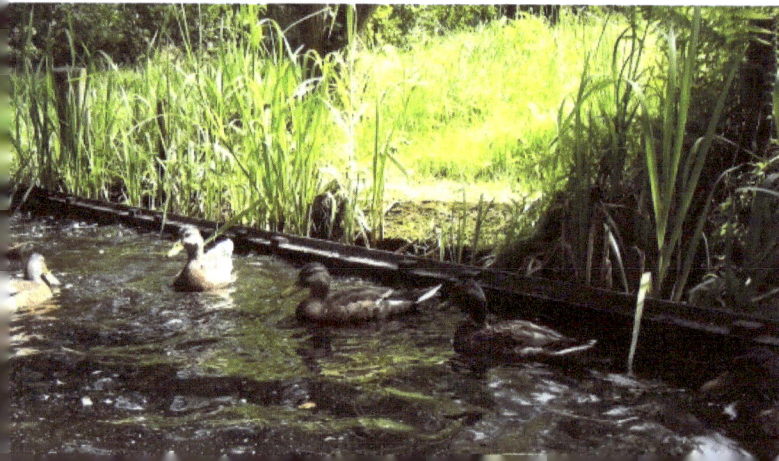
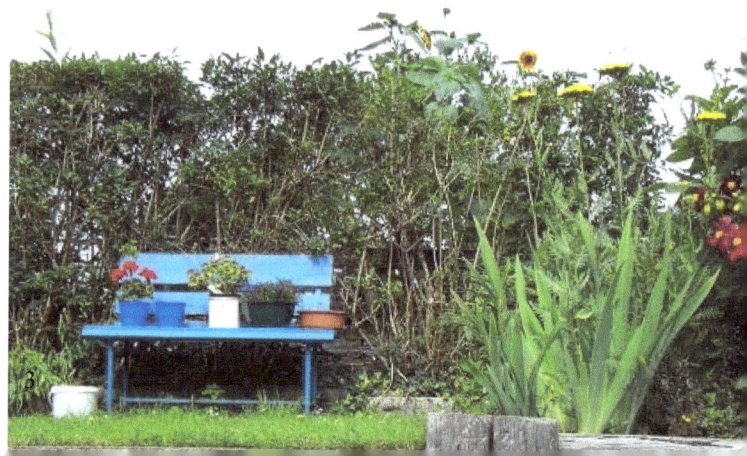

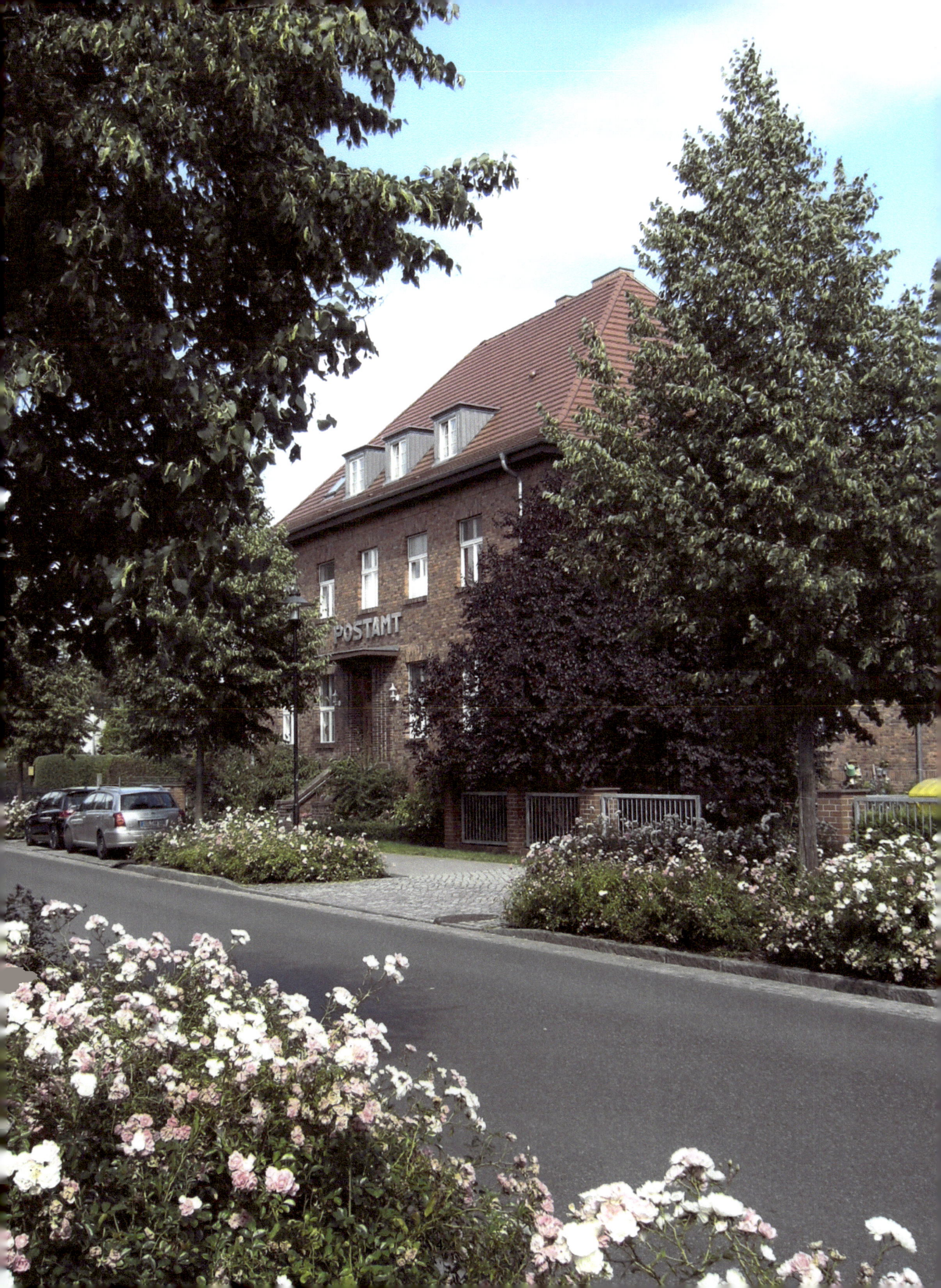

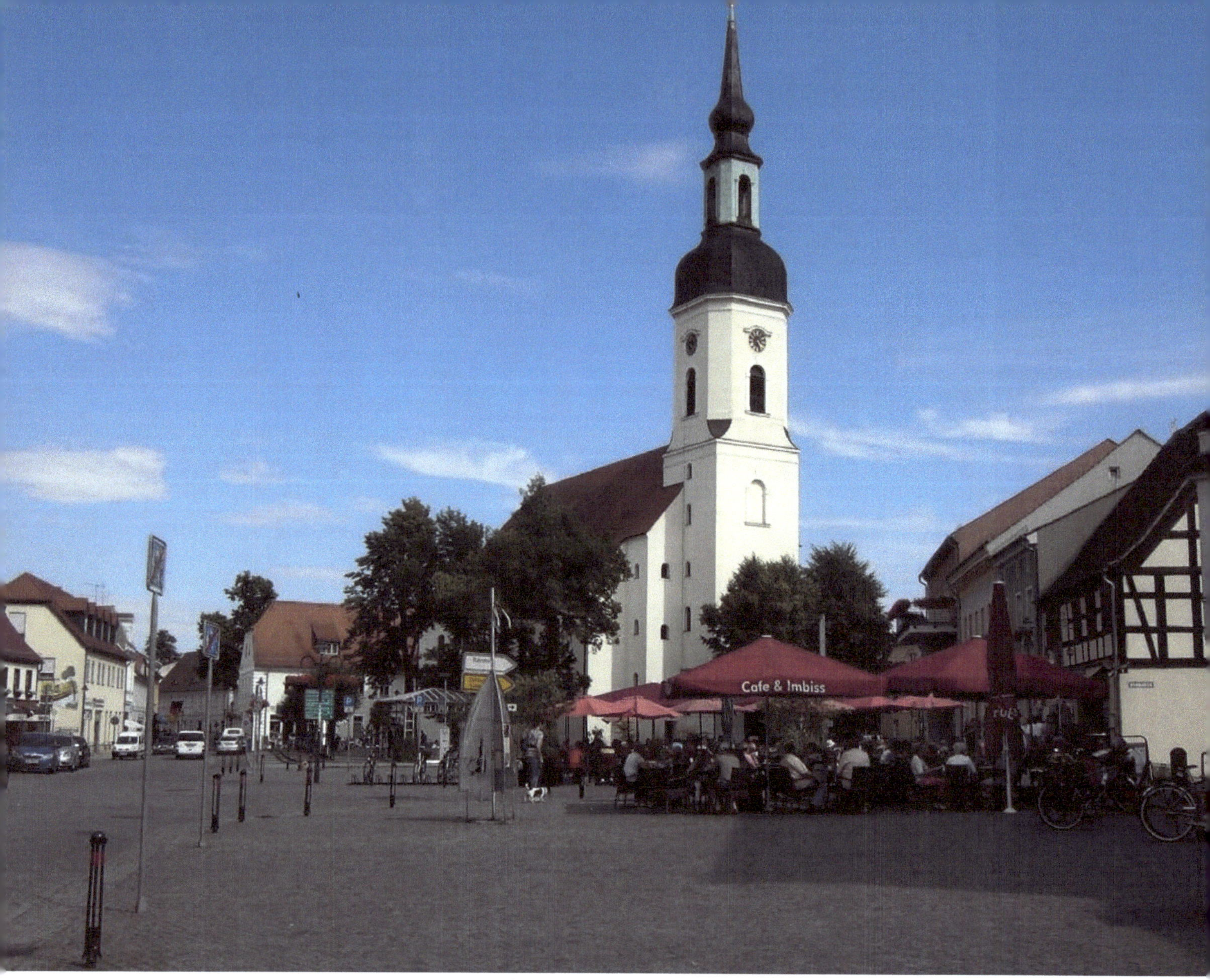

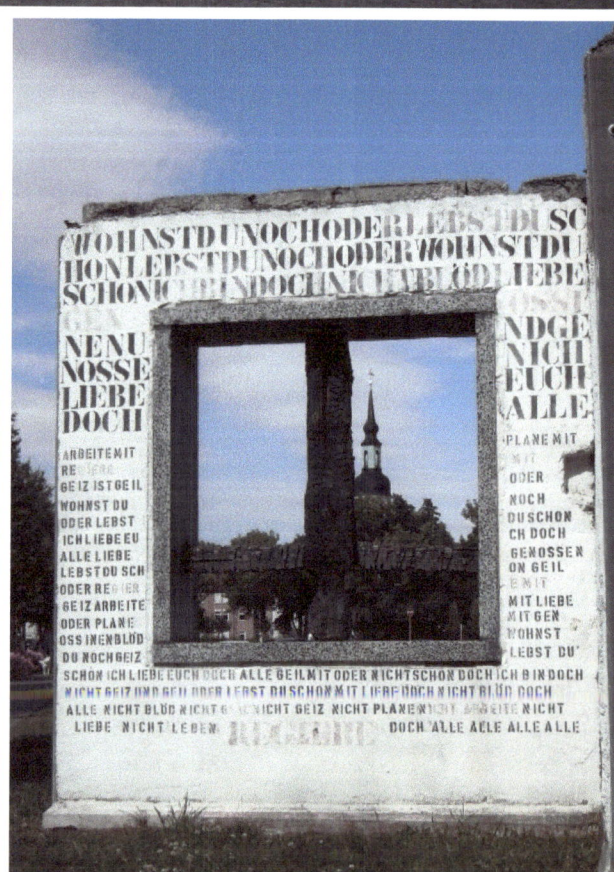

oben: Evangelische Pfarrkirche Sankt Nikolai in Lübbenau, Baudenkmal des Dresdener Barock. Sie wurde 1738-1741 nach den Plänen von Gottfried Findeisen erbaut.

unten: Poststraße. Blick auf die Lübbenauer Altstadt.

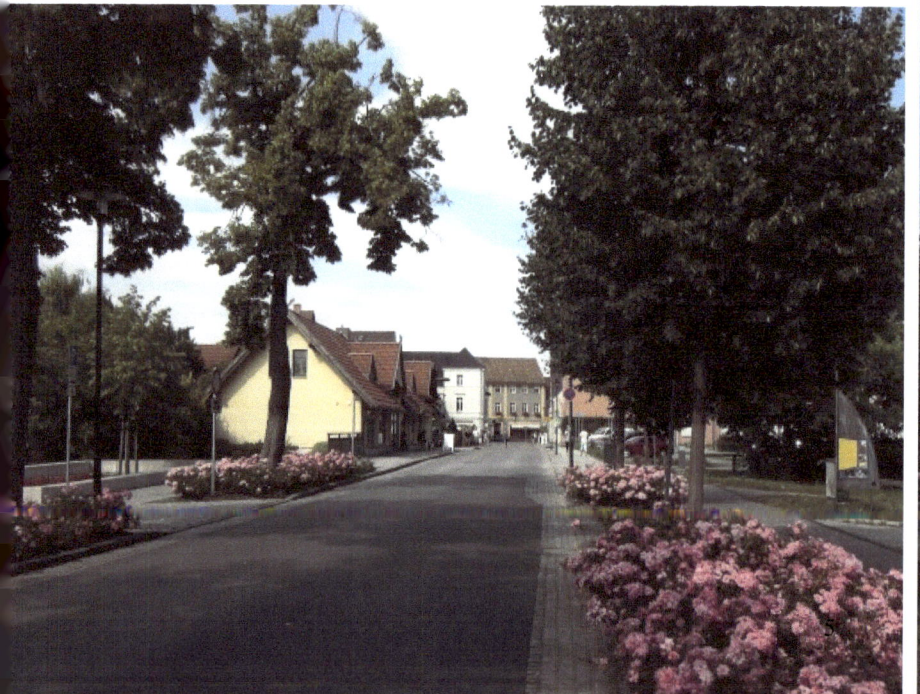

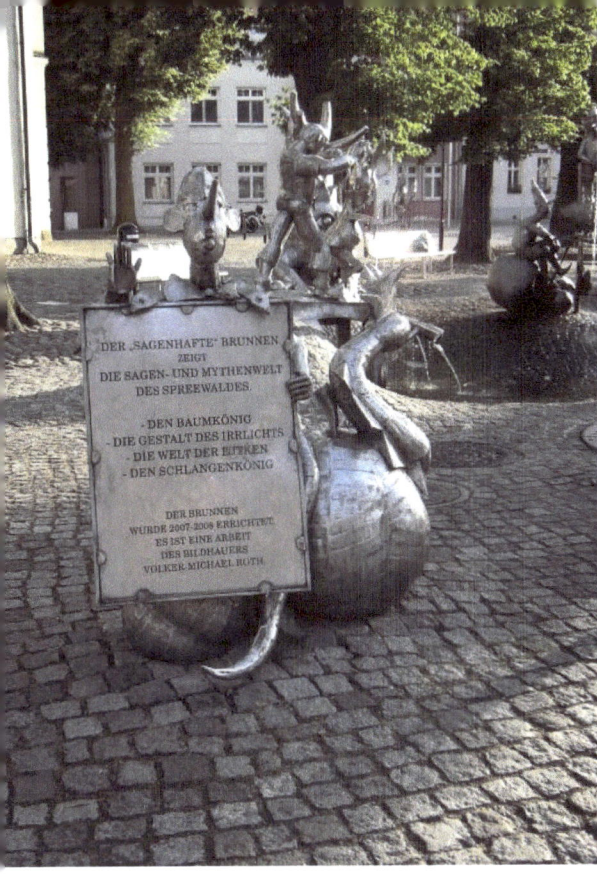

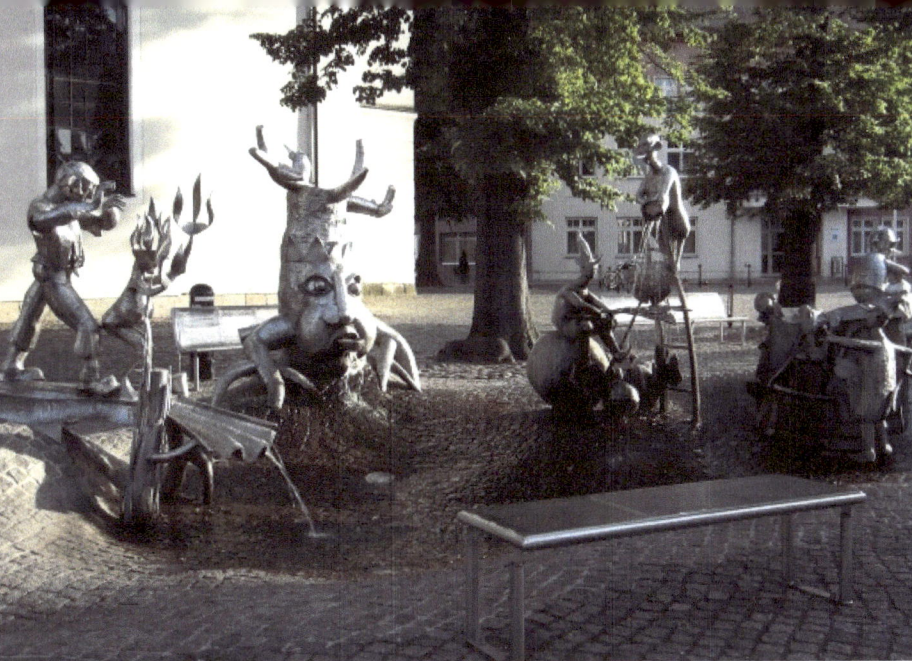

oben: Sagenbrunnen auf dem Kirchplatz von Lübbenau. Das Kunstwerk von Volker Michael Roth bezieht sich auf die Spreewälder Sagen und Mythen, die noch immer eine bedeutsame Rolle im Spreewald spielen und vielerorts in der Symbolik wiederzufinden sind.

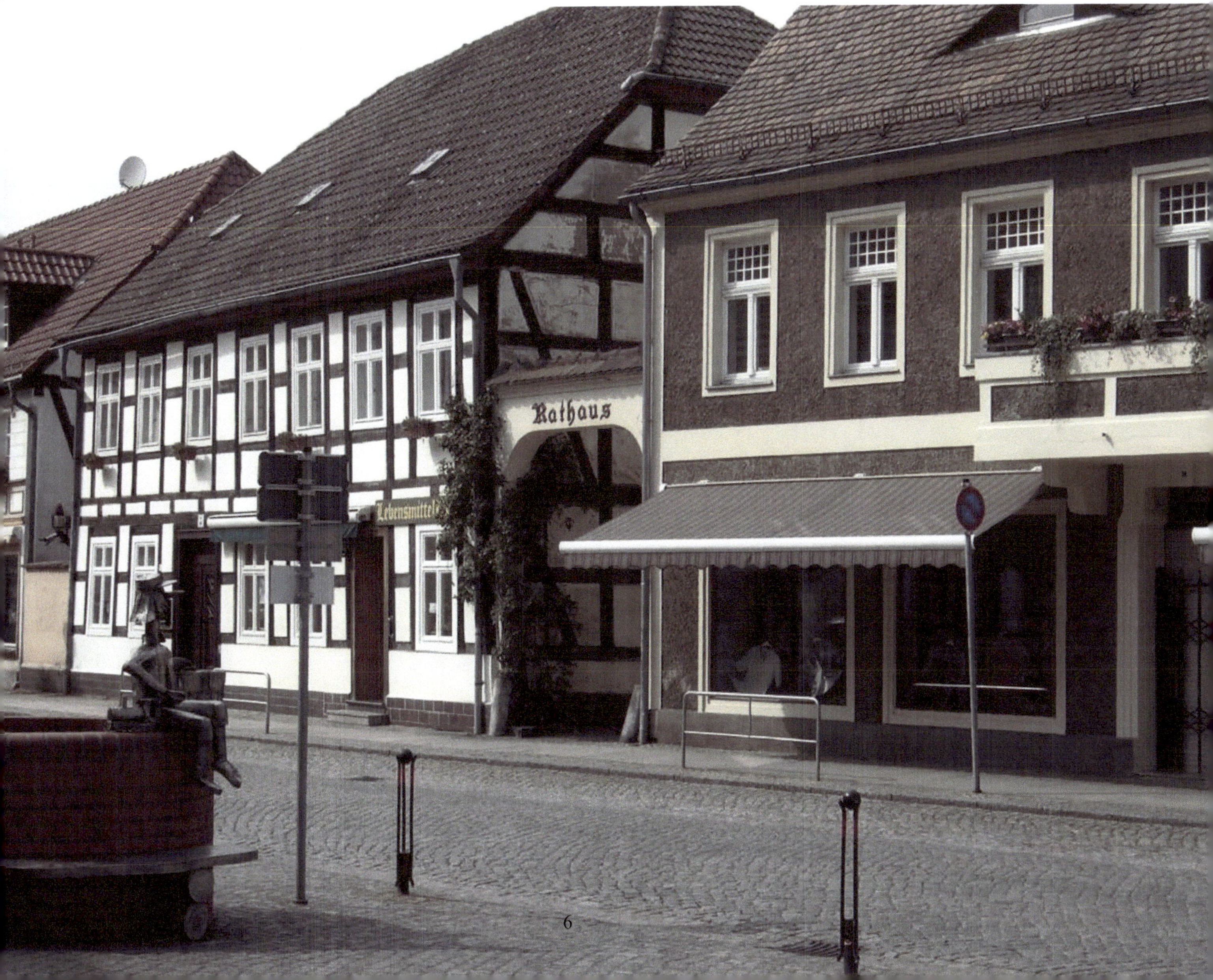

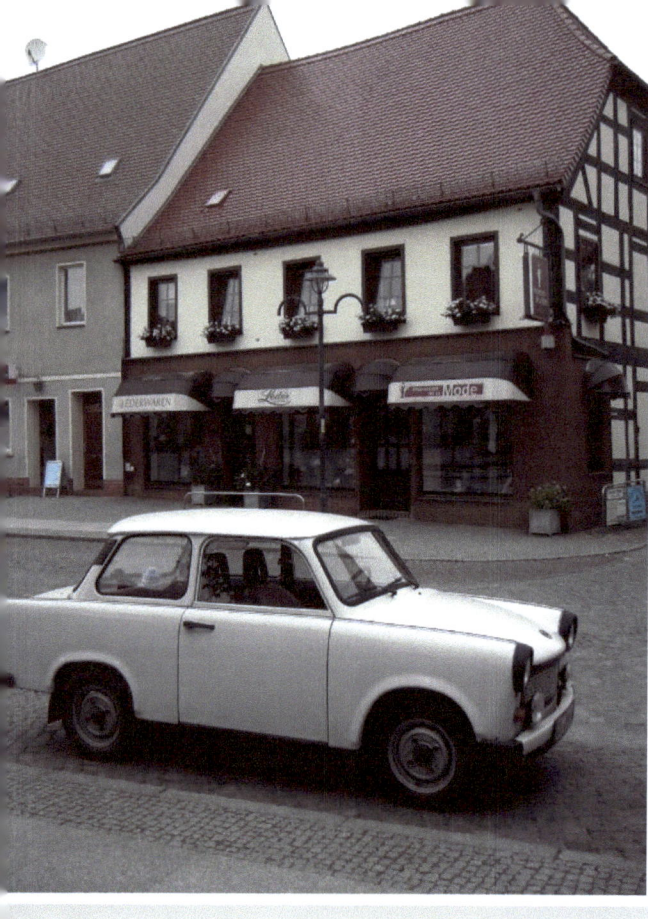

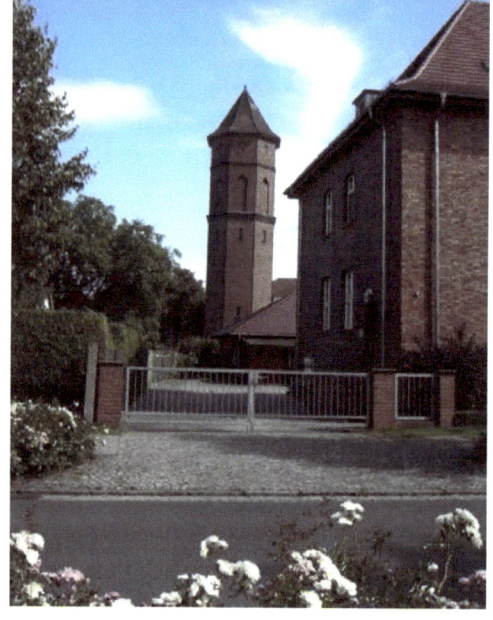

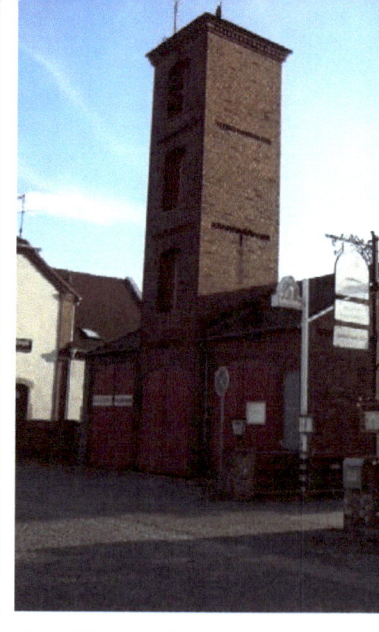

oben: Wasserturm Lübbenau   *oben:* Feuerwehrhaus

links: Ehm-Welk-Straße mit parkendem Trabi und obligatorischem Wackeldackel sowie gehäkelter Klopapiermütze auf der hinteren Ablage.

unten: Einkaufsmarkt und Einrichtungshaus in der Ehm-Welk-Straße. An der Brücke ist ein weiteres Kunstwerk von Volker Michael Roth zu sehen: Die Angler.

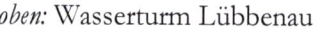

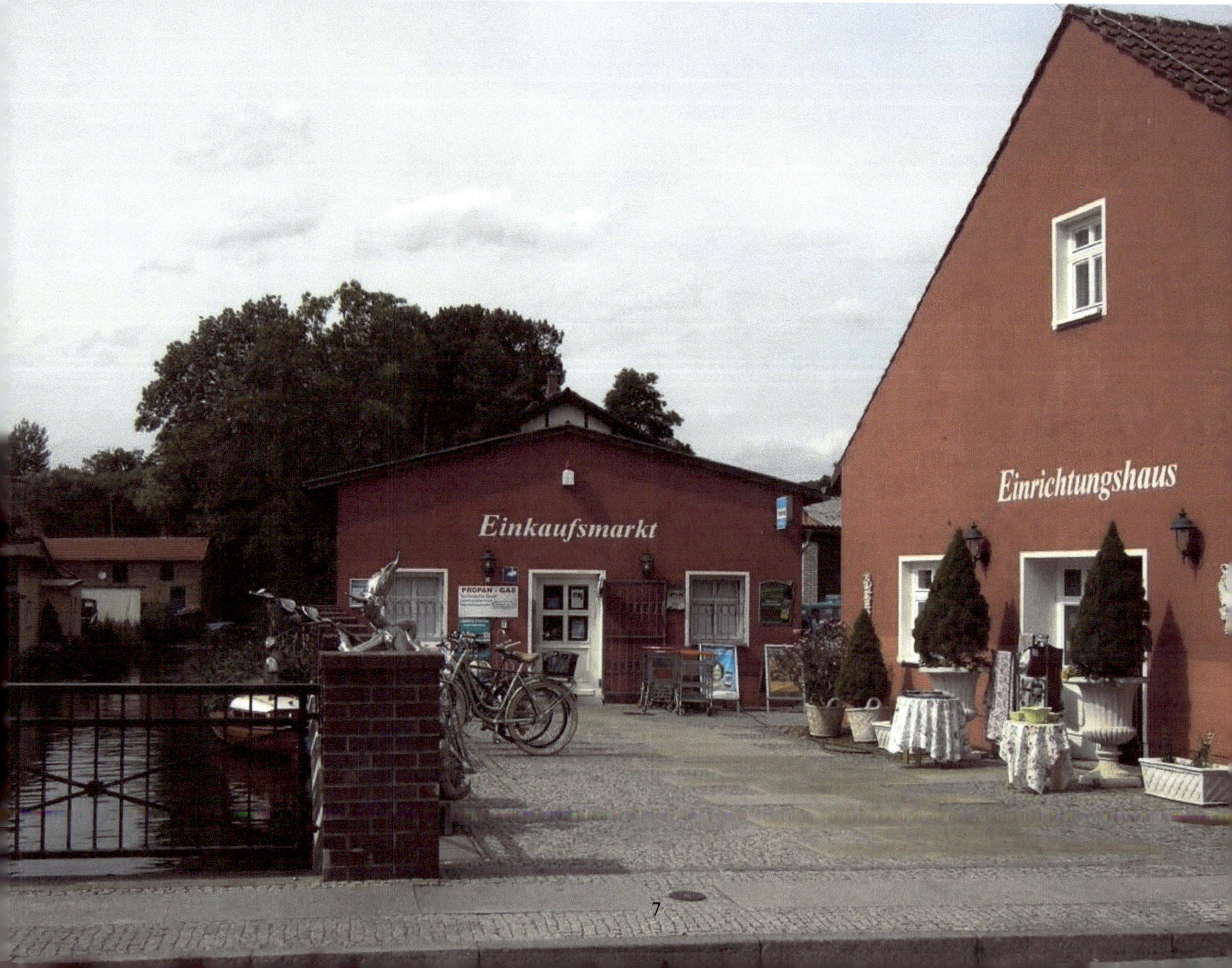

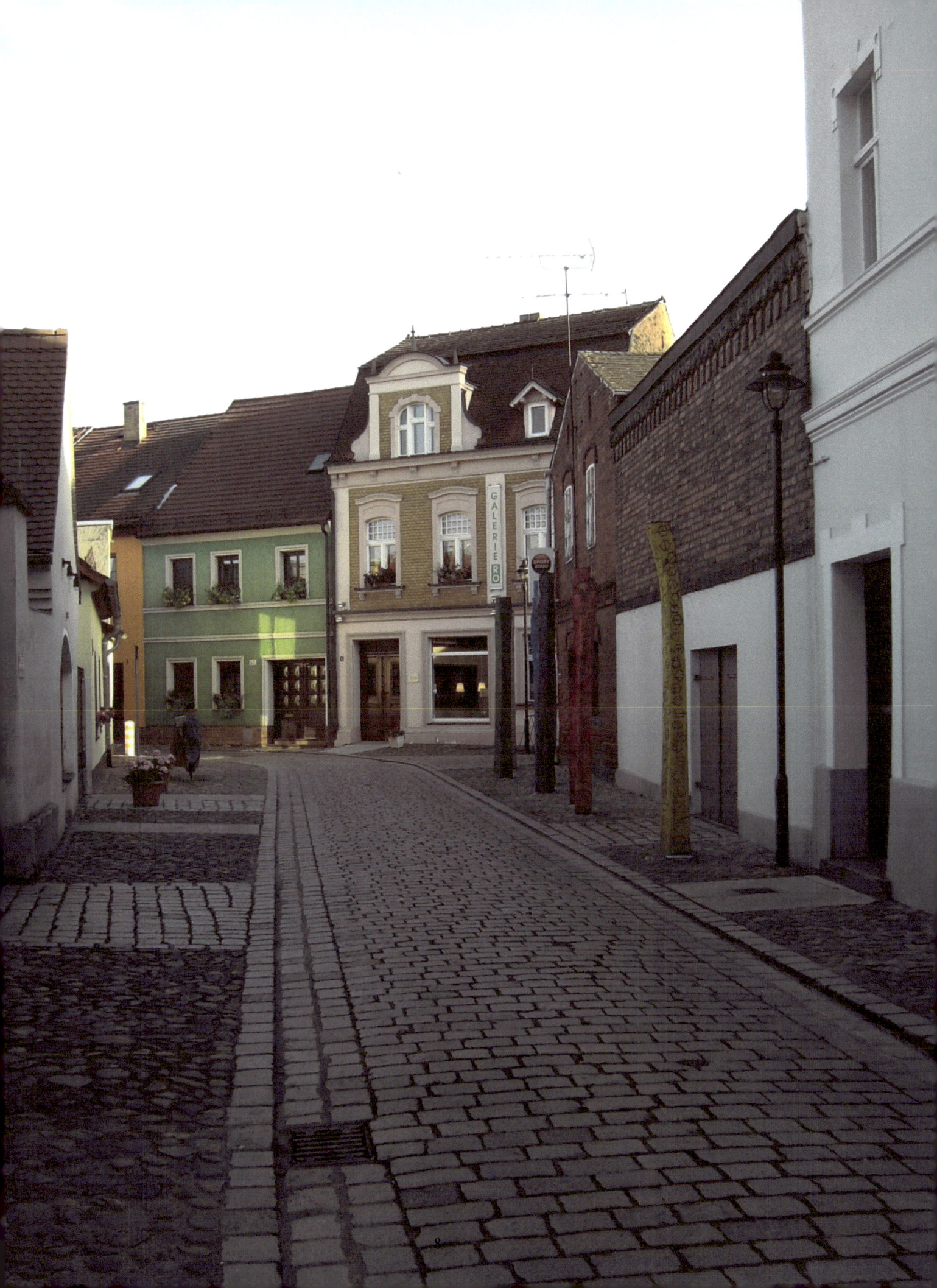

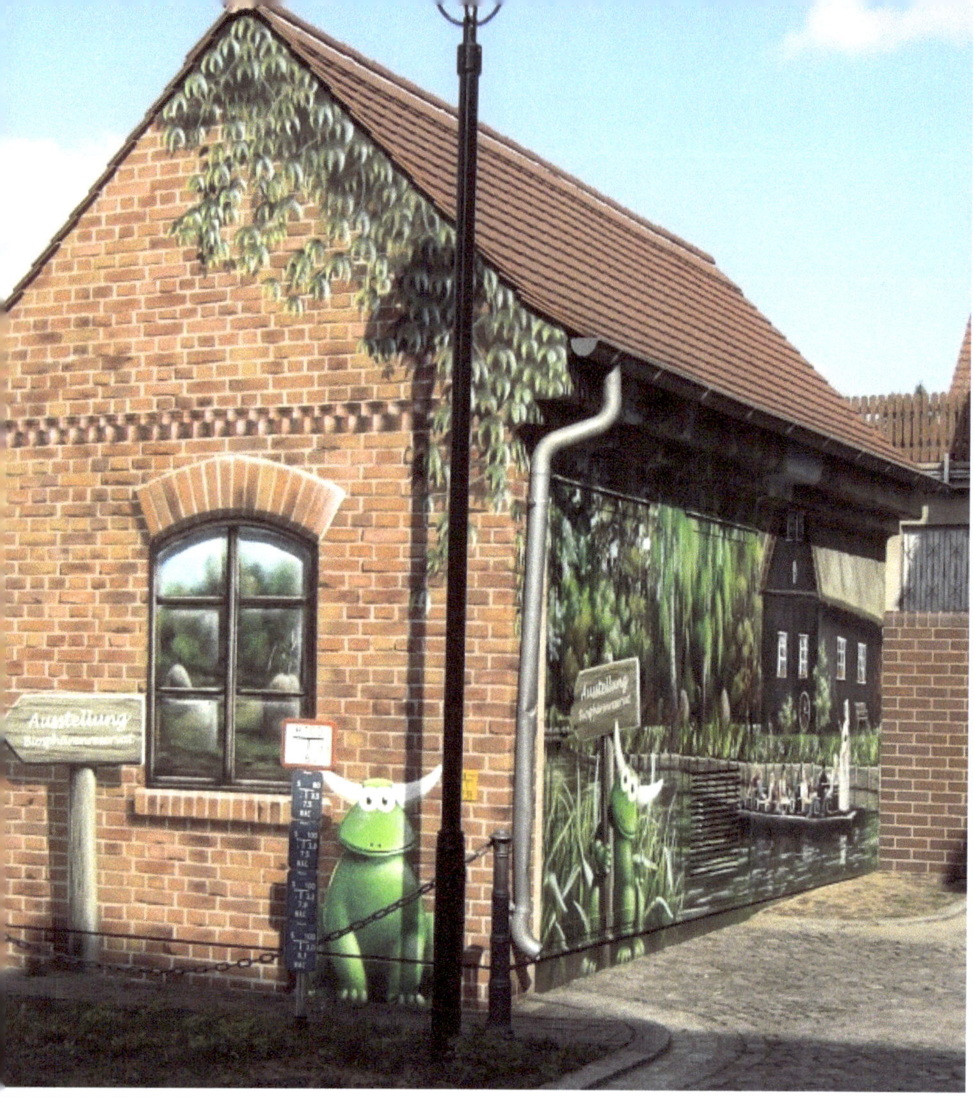

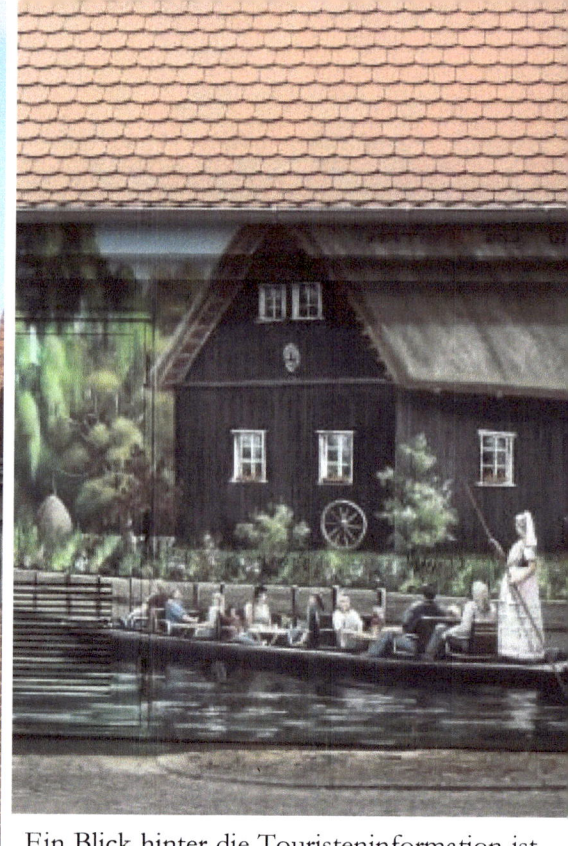

Ein Blick hinter die Touristeninformation ist auf jeden Fall lohnenswert, denn hinter jenem Gebäude finden Sie (an der Ecke Mittelstraße/Schulstraße) dieses bezaubernd schön bemalte Häuschen.

Der darauf gemalte Wegweiser lädt in die Ausstellung des Biosphärenreservats ein, die sich ebenfalls in der Schulstraße befindet.

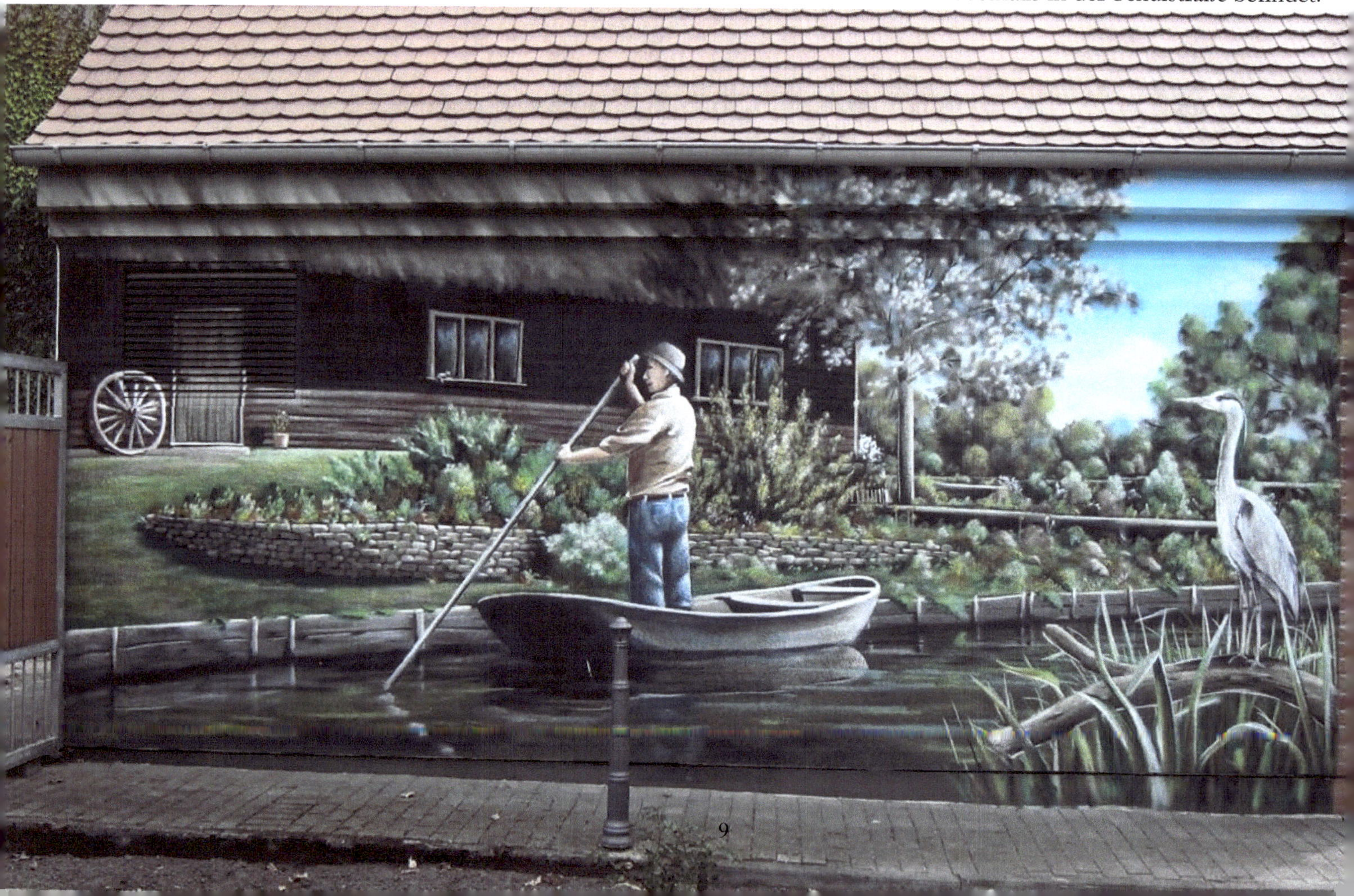

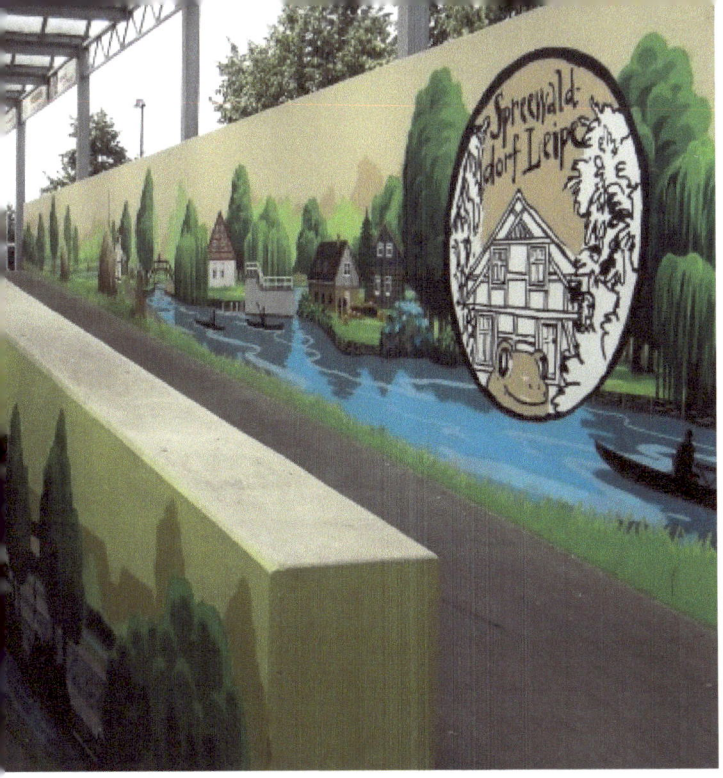

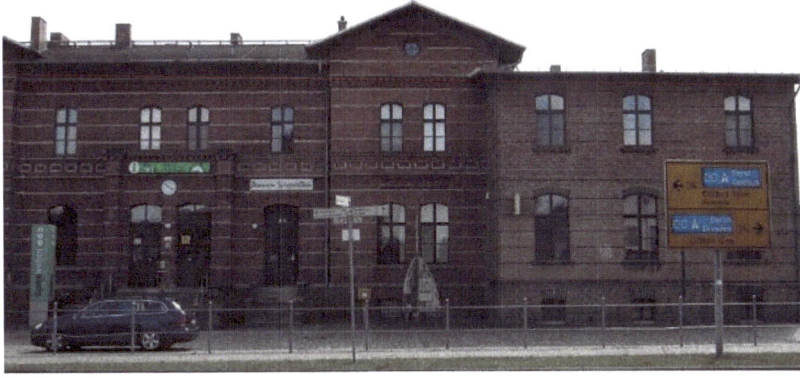

Der 140 Jahre alte Bahnhof von Lübbenau ist heute mehr als ein reines Bahnhofsgebäude. Er umfasst unter anderem eine Pension, deren Zimmer von Künstlern individuell gestaltet wurden.

Im Zeichen der Kunst steht ebenfalls der Fußgänger - und Radfahrertunnel, auf dessen Wände die elf Stadtviertel Lübbenaus dargestellt sind.

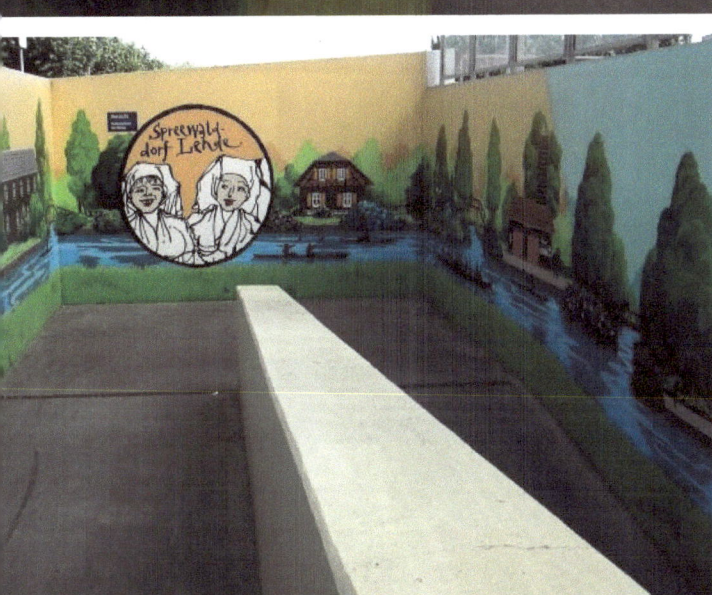

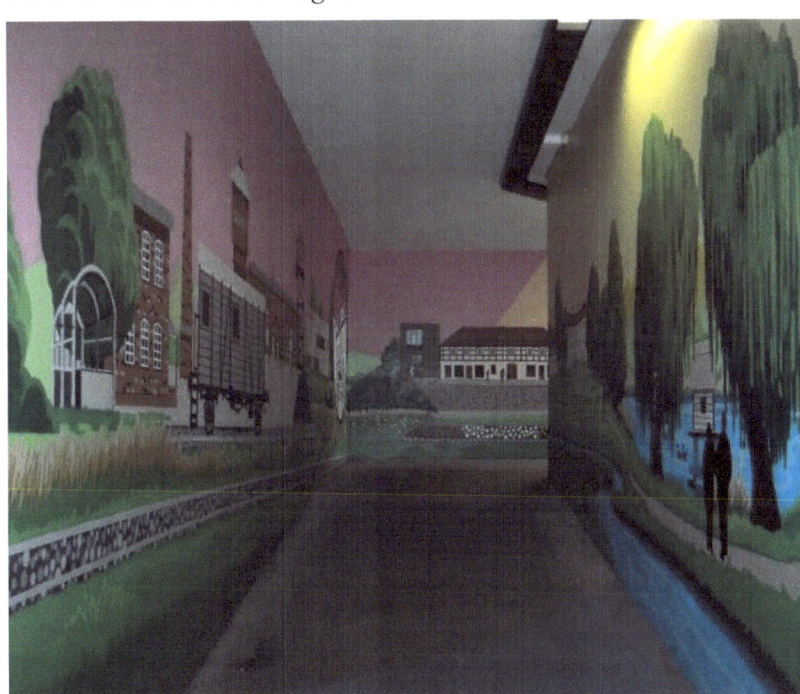

Selbst ein Stromkasten kann die Leinwand für ein Kunstwerk sein.
links: Stromkasten in der Apothekengasse.   *unten:* Stromkasten in der Poststraße.

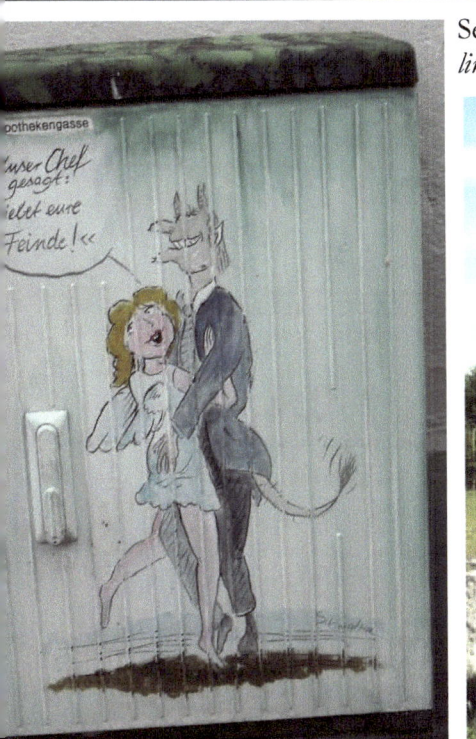

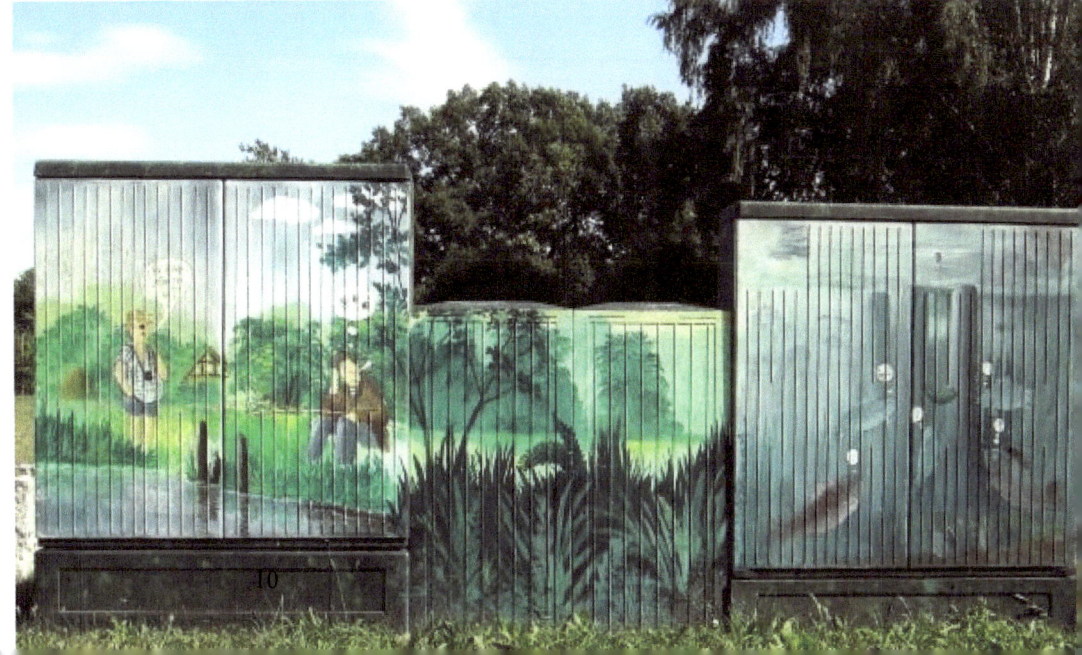

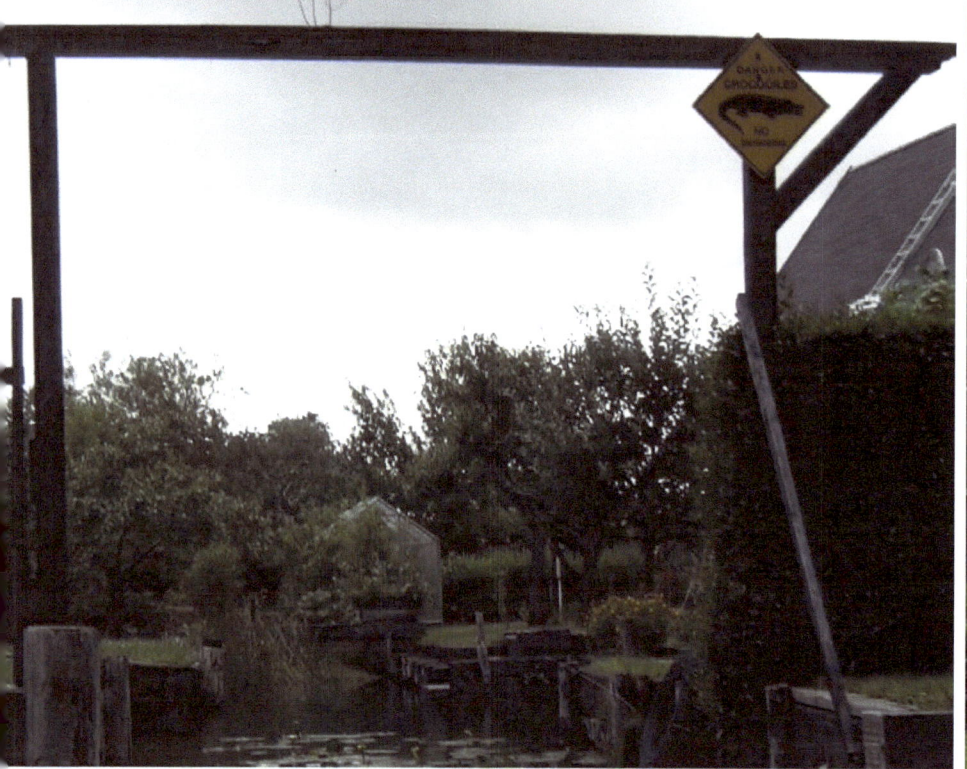

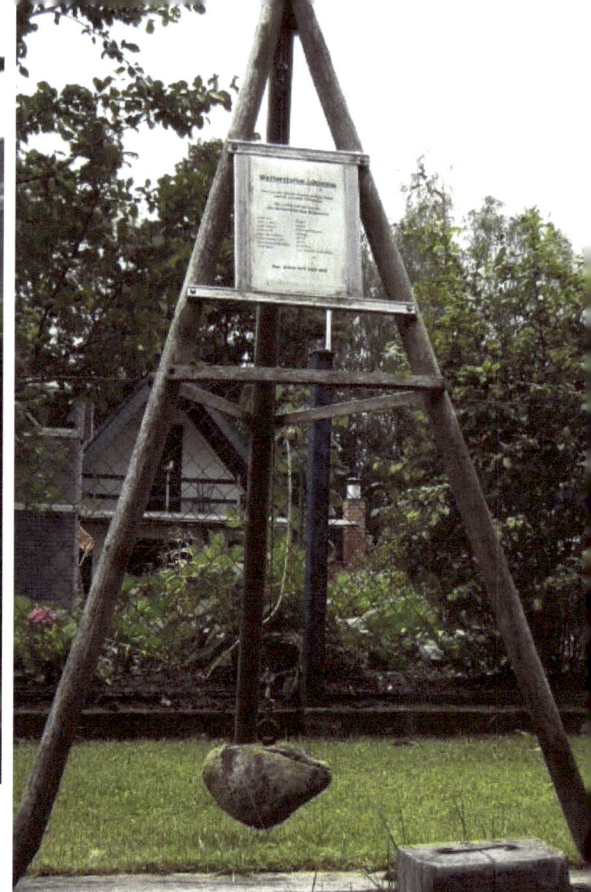

oben: Nicht ganz ernst gemeinte Krokodilwarnung.
rechts: Lübbenauer Wetterstation bei der der Zustand des daran hängenden Steins der Wetterindikator ist. (Dorotheengraben)

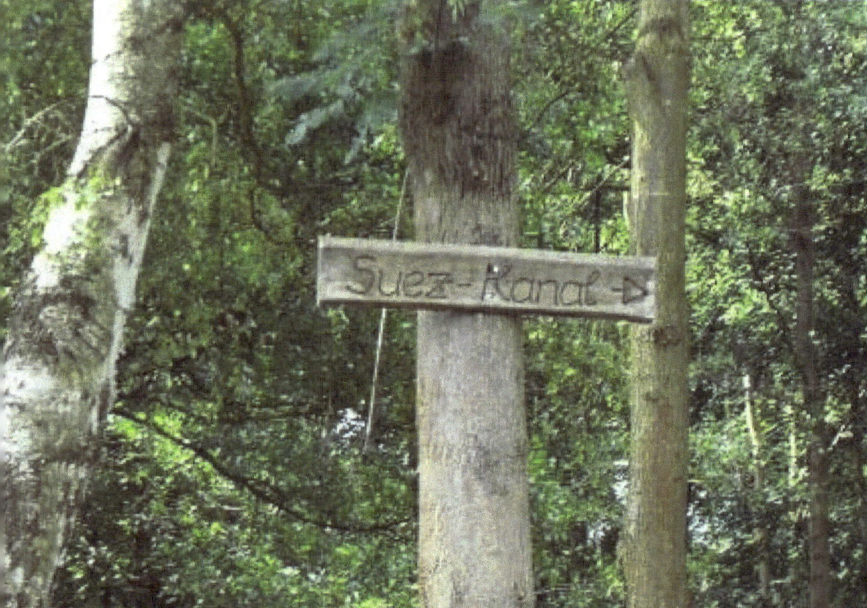

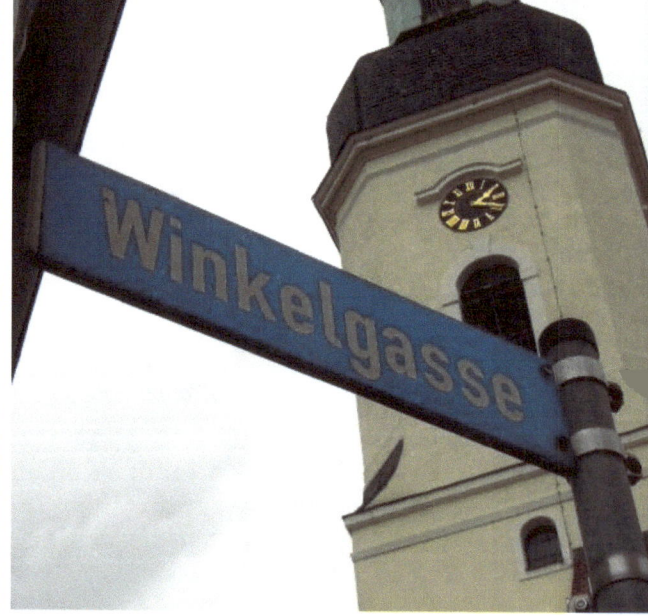

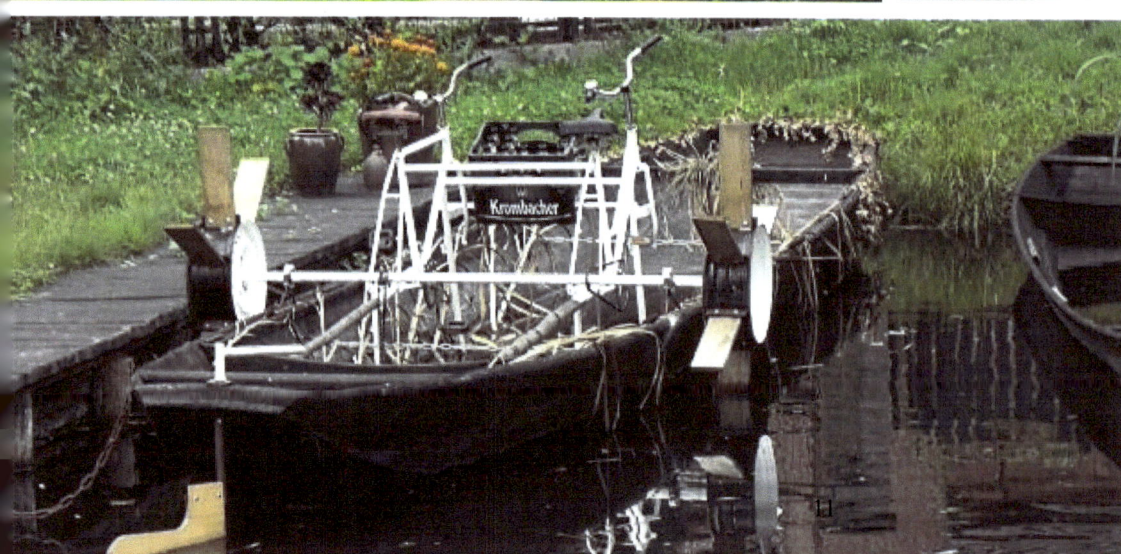

oben links: In Ägypten ist der Suezkanal ein mächtiger Schifffahrtskanal.
Der Suez-Kanal im Spreewald ist ein beschauliches Fließ.
oben: In den „Harry Potter"-Büchern kaufte Harry seinen Zauberstab in der Winkelgasse. In Lübbenau ist die Winkelgasse eine kleine Straße hinter der Kirche Sankt Niktolai.
links: Ein Bierradelkahn.

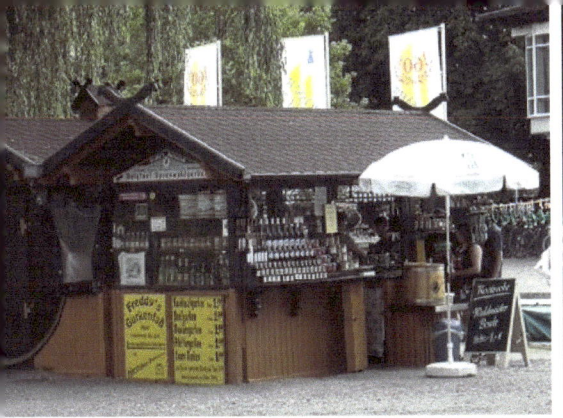

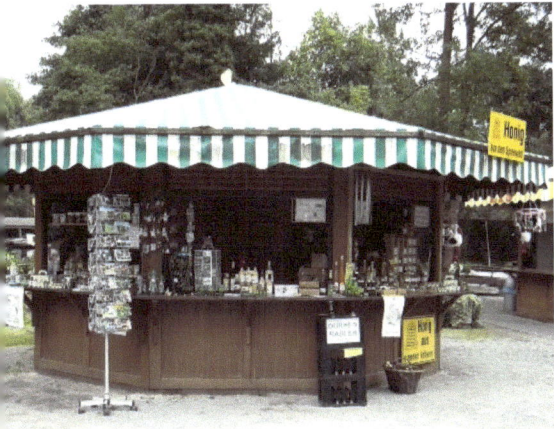

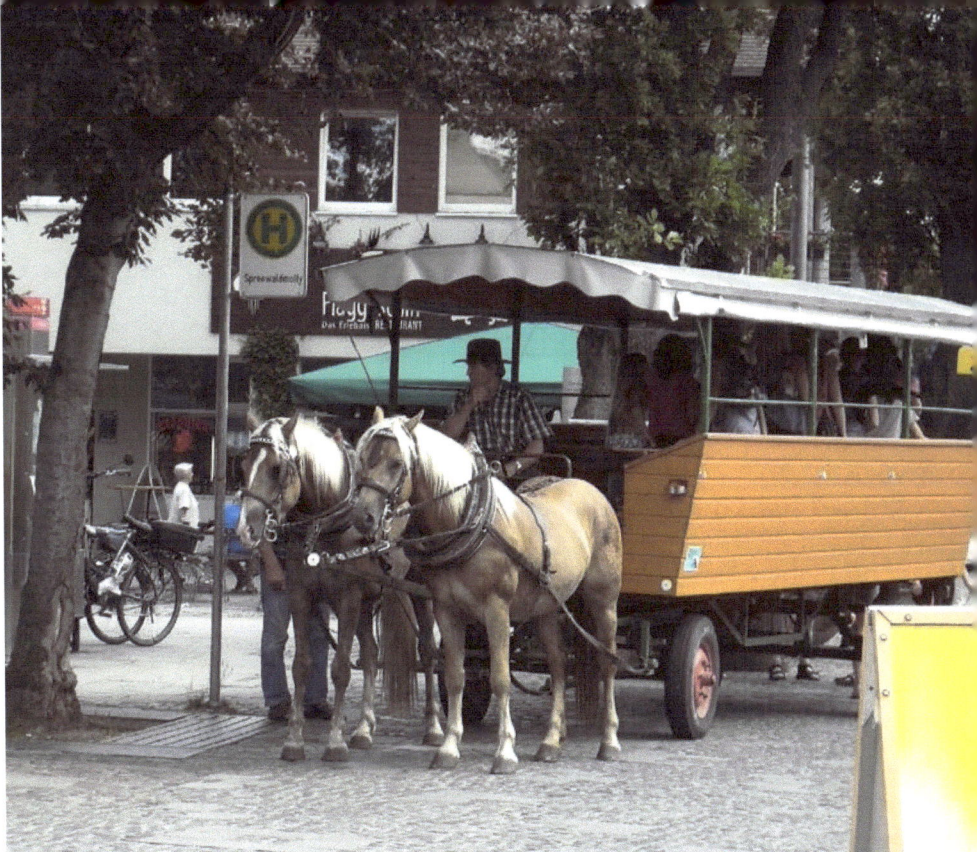

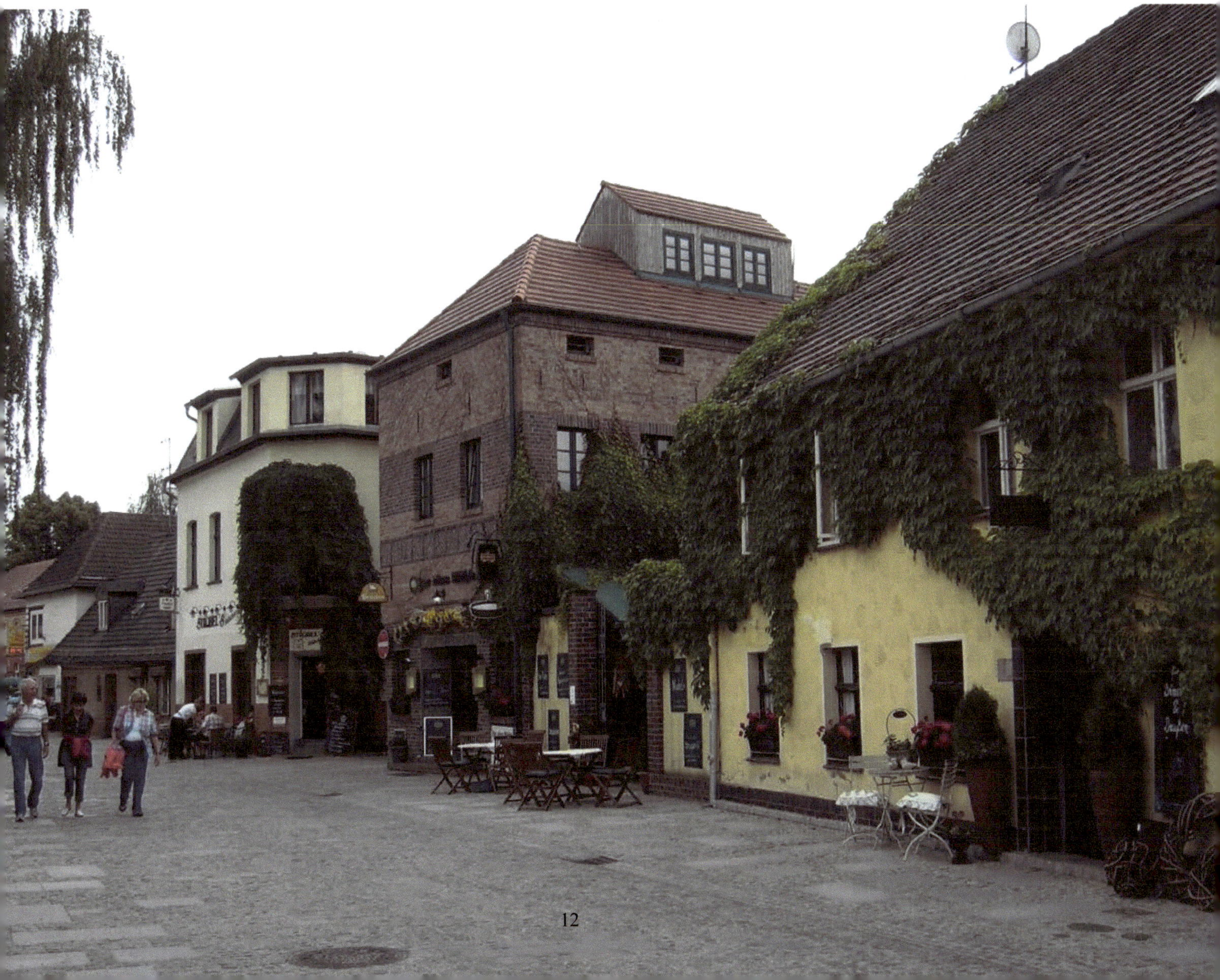

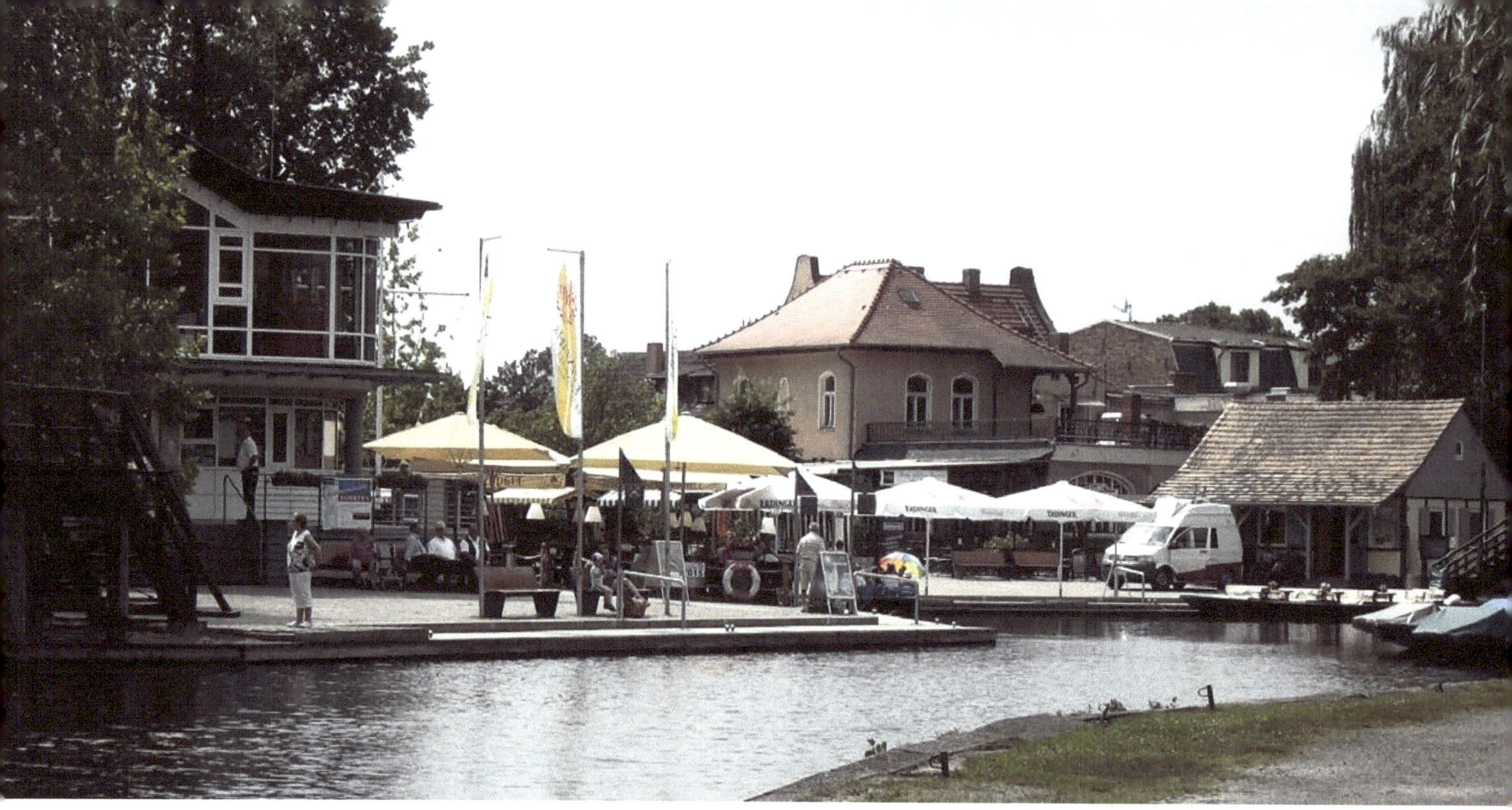

Großer Kahnhafen in Lübbenau. Hier wurde 1908 der erste Fährmannsverein des Spreewaldes gegründet.

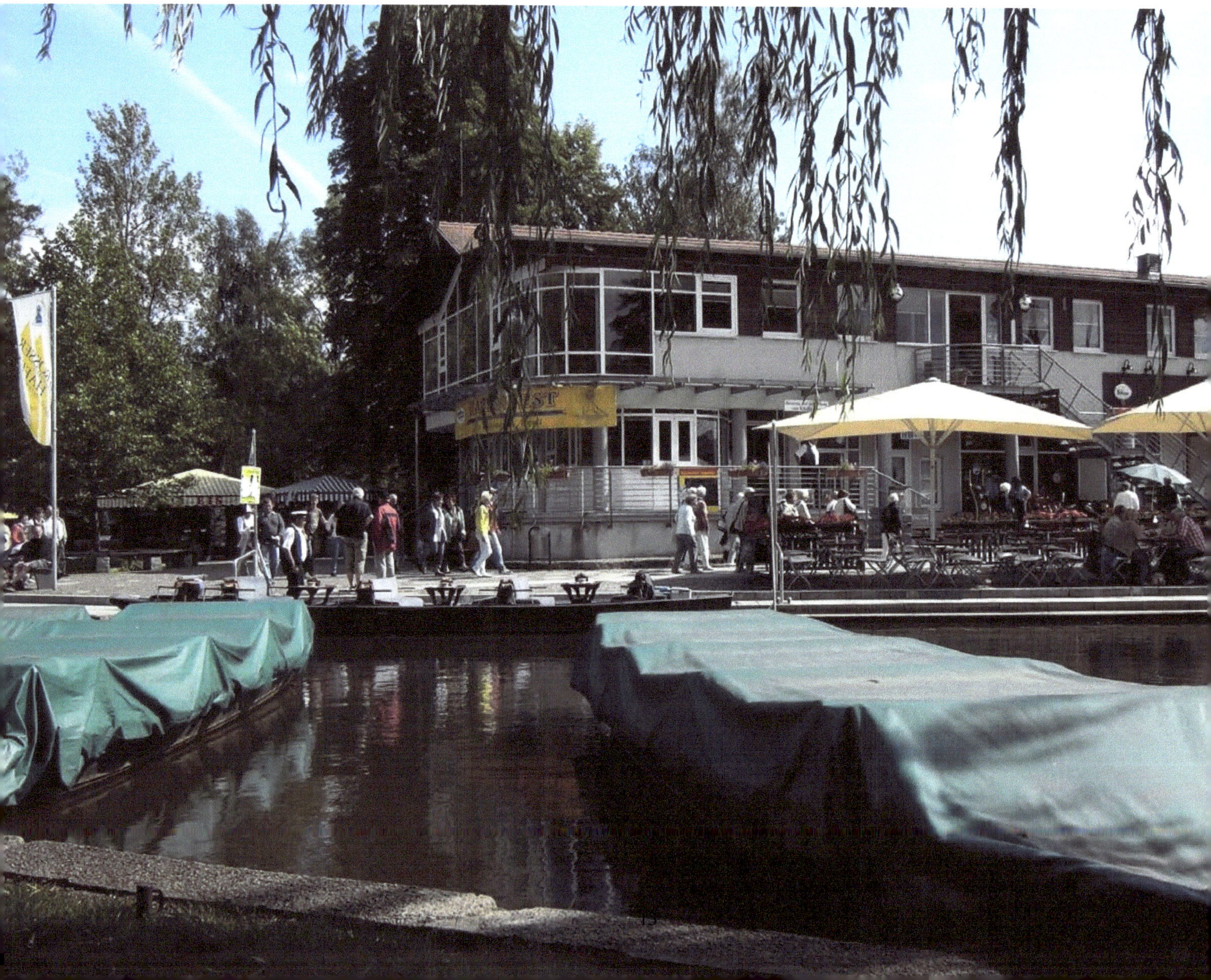

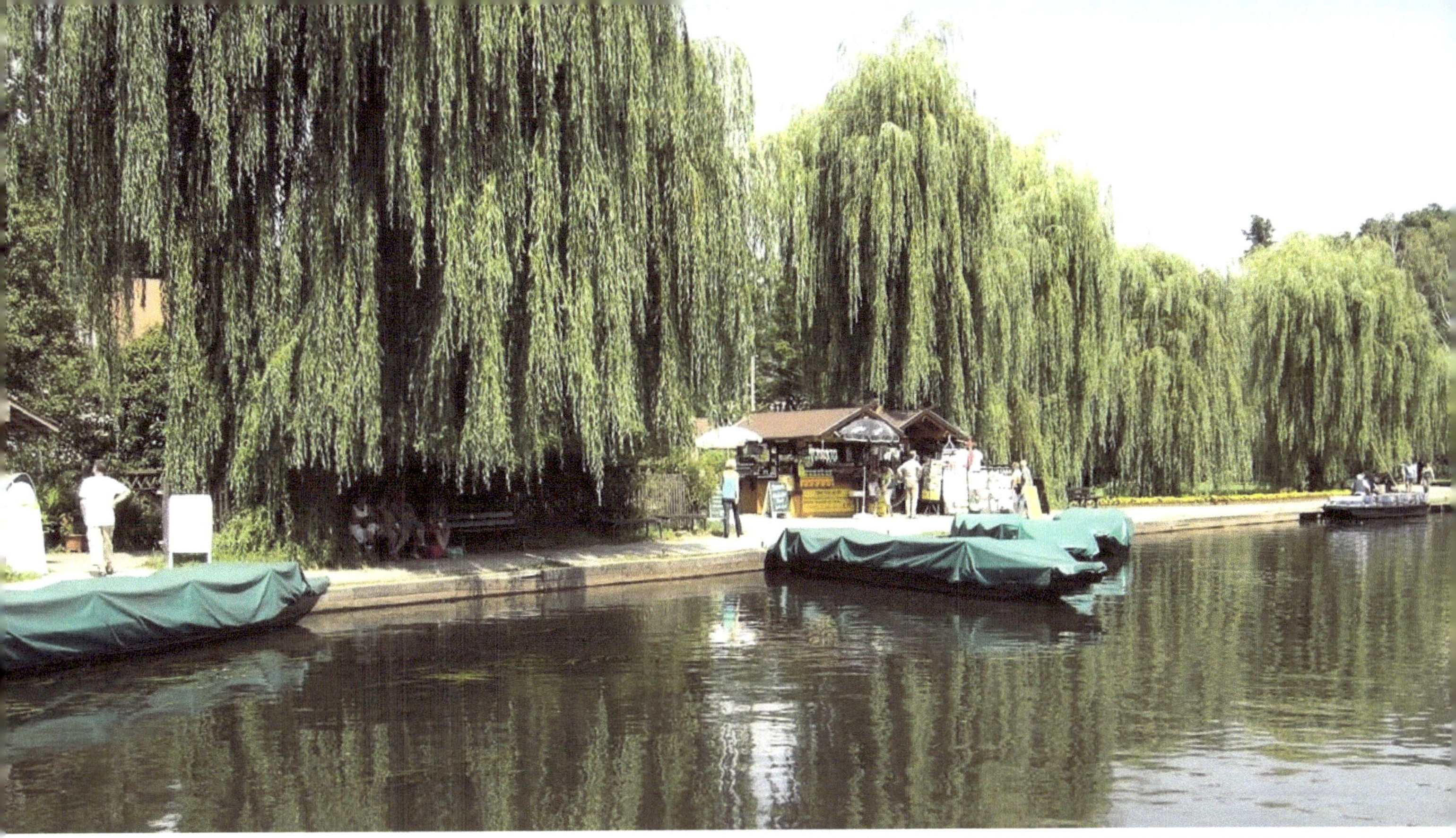

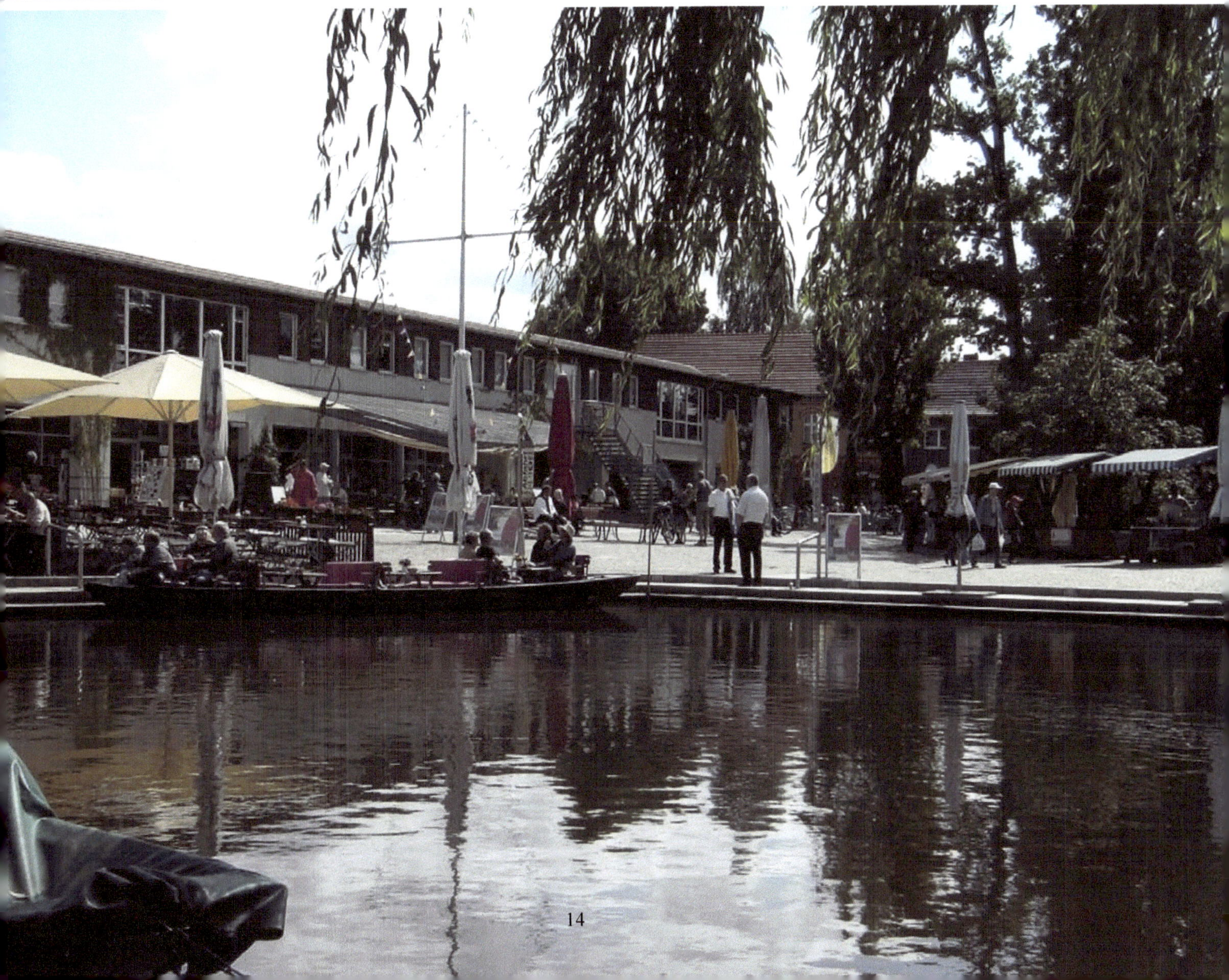

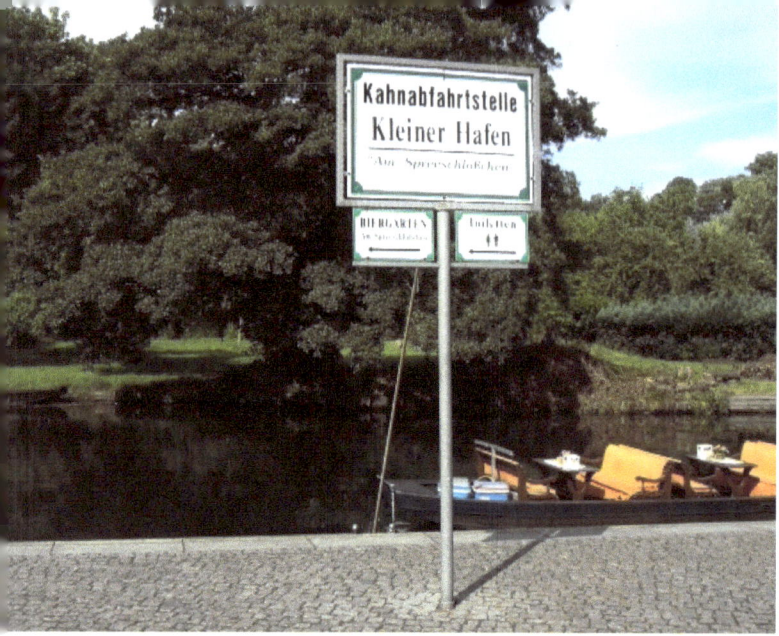
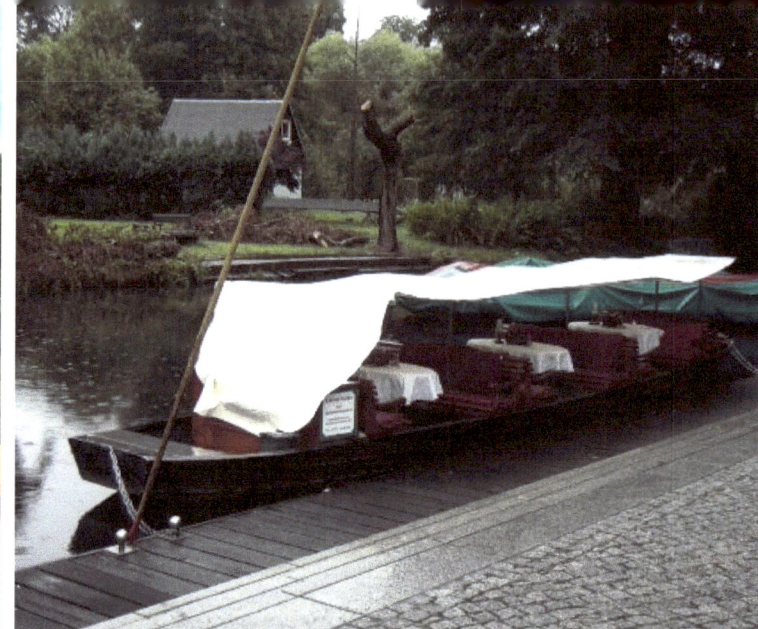

oben: Der Kleine Hafen befindet sich unweit des Großen Hafens. Dieser ehemalige Wirtschaftshafen wird seit 1992 für die Kahnabfahrt genutzt. Wie auch im Großen Hafen, kann man von hier aus Kahnfahrten in die Umgebung unternehmen. Dabei reicht das Angebot von kleinen zweistündigen Touren bis hin zu zehnstündigen Tagestouren.

rechts: Auch bei schlechtem Wetter ist man im Spreewald gut aufgehoben. Selbst auf eine Kahnfahrt braucht man nicht zu verzichten, denn die Fährleute sind auf jede Wetterlage eingestellt. Eigens für die Abdeckung gegen Regen verfügen manche Kähne über eine Haltevorrichtung aus Metall, die das Anbringen einer Plane ermöglichen. Aber zur Not tut's auch ein Regenschirm.

unten: Bootsverleih Hannemann beim Kleinen Hafen.

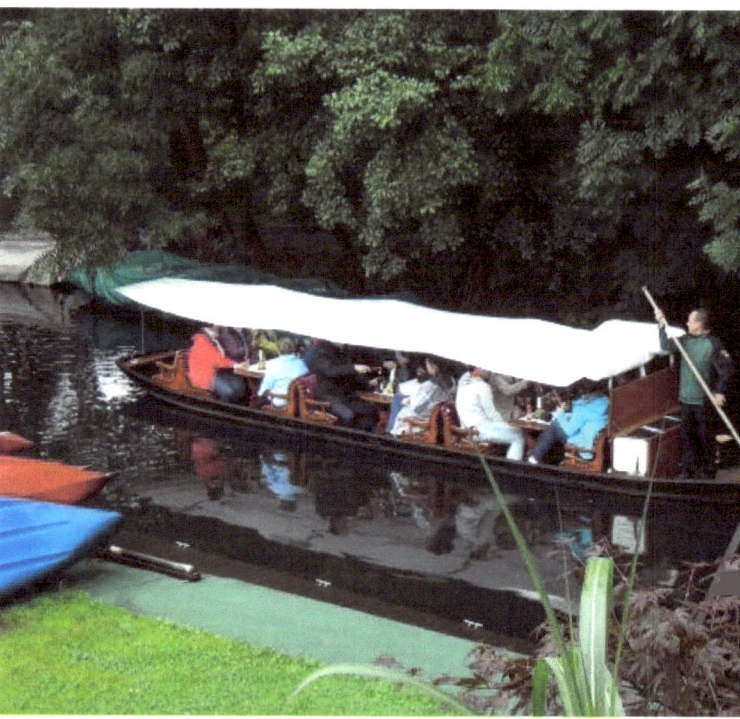

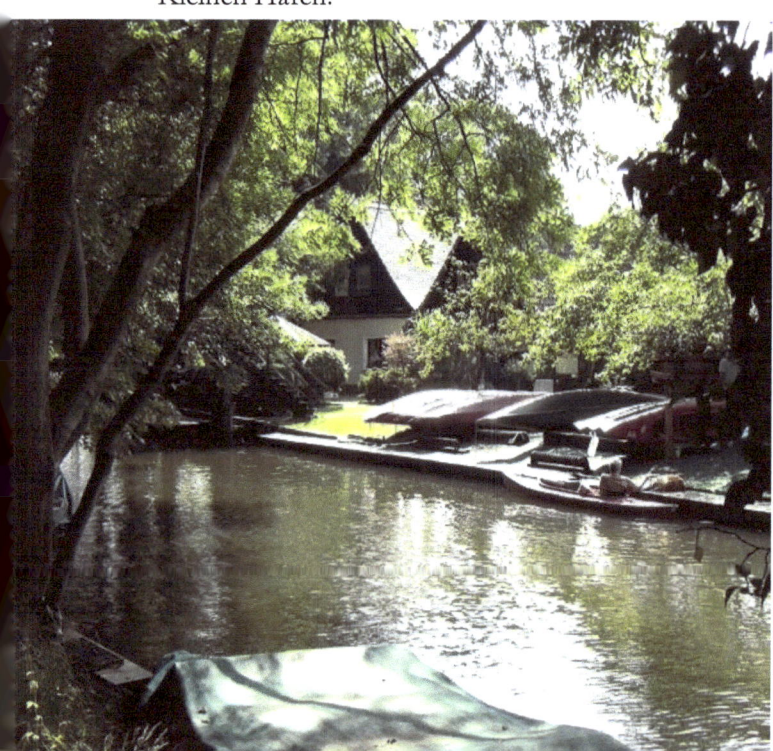
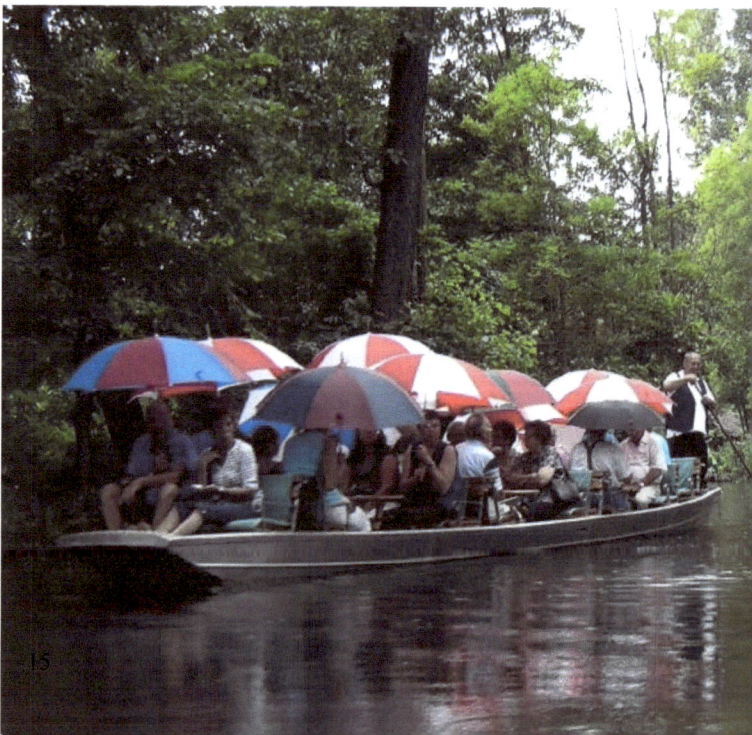

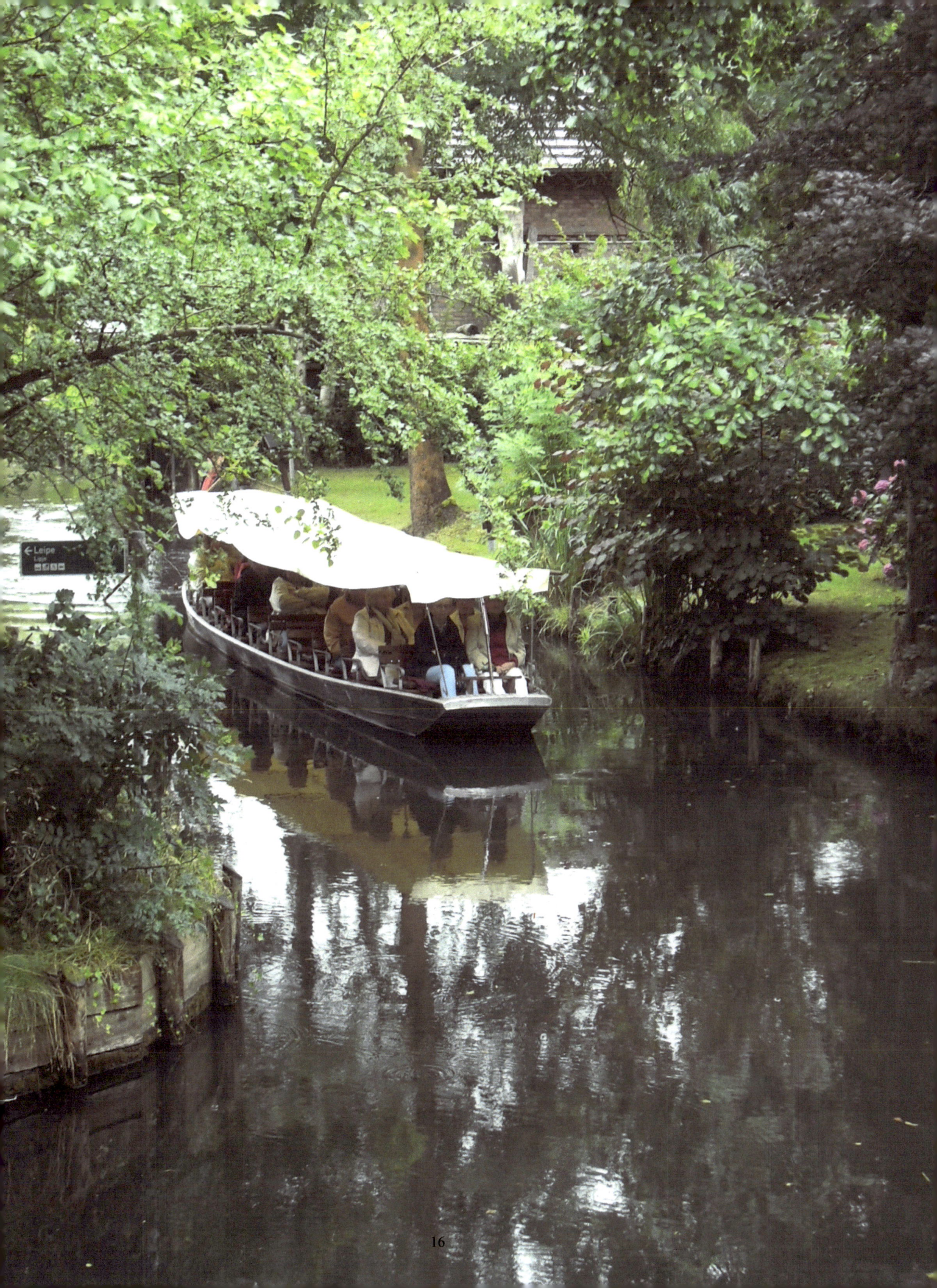

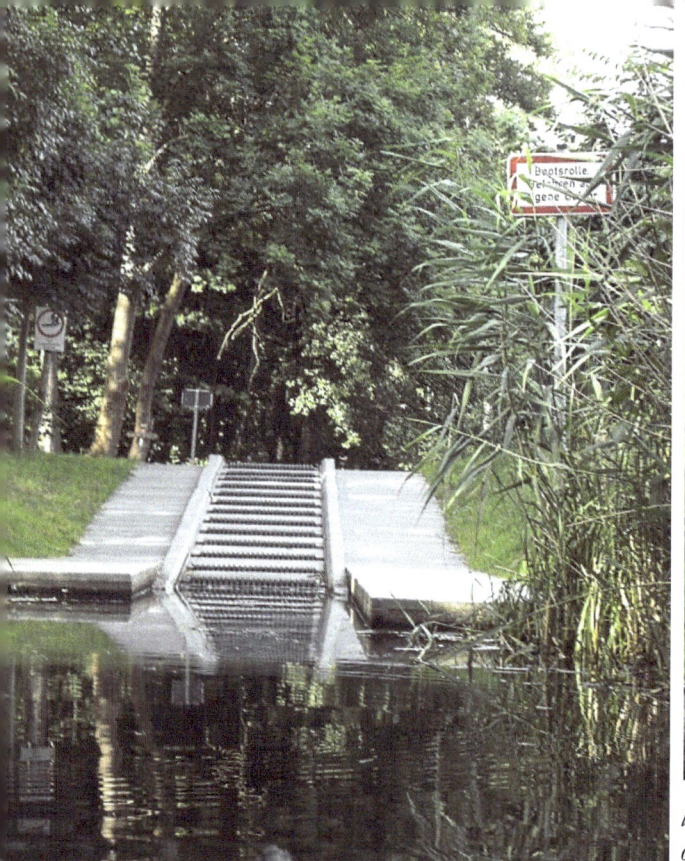

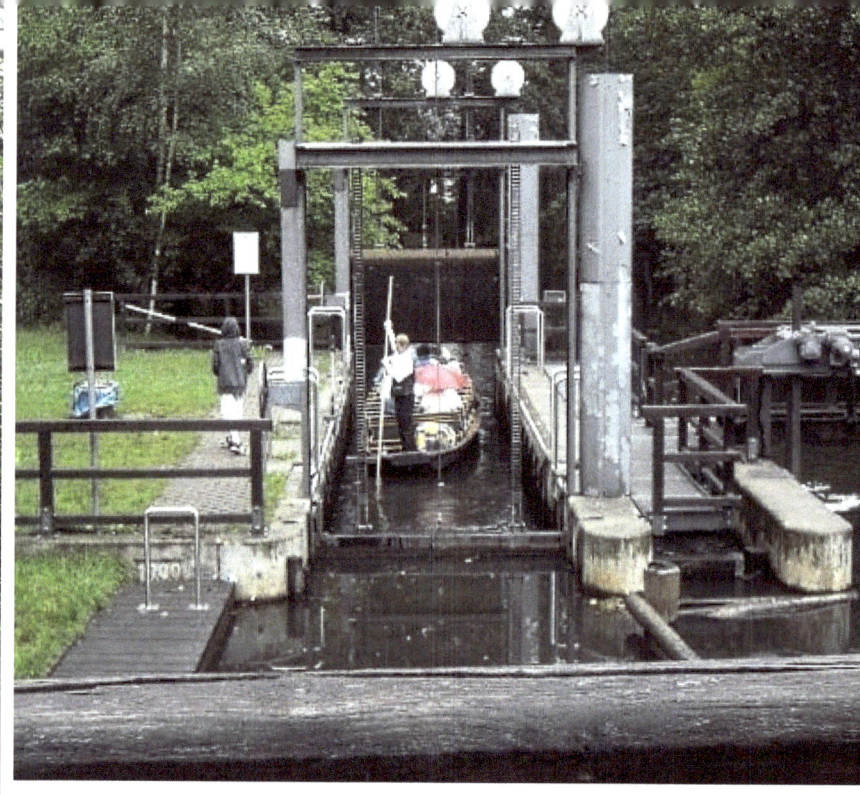

links: Bootsrolle für Paddelboote an den kleinen Fließen.
oben/unten: Schleusen für Boote und Kähne an den größeren Fließen.

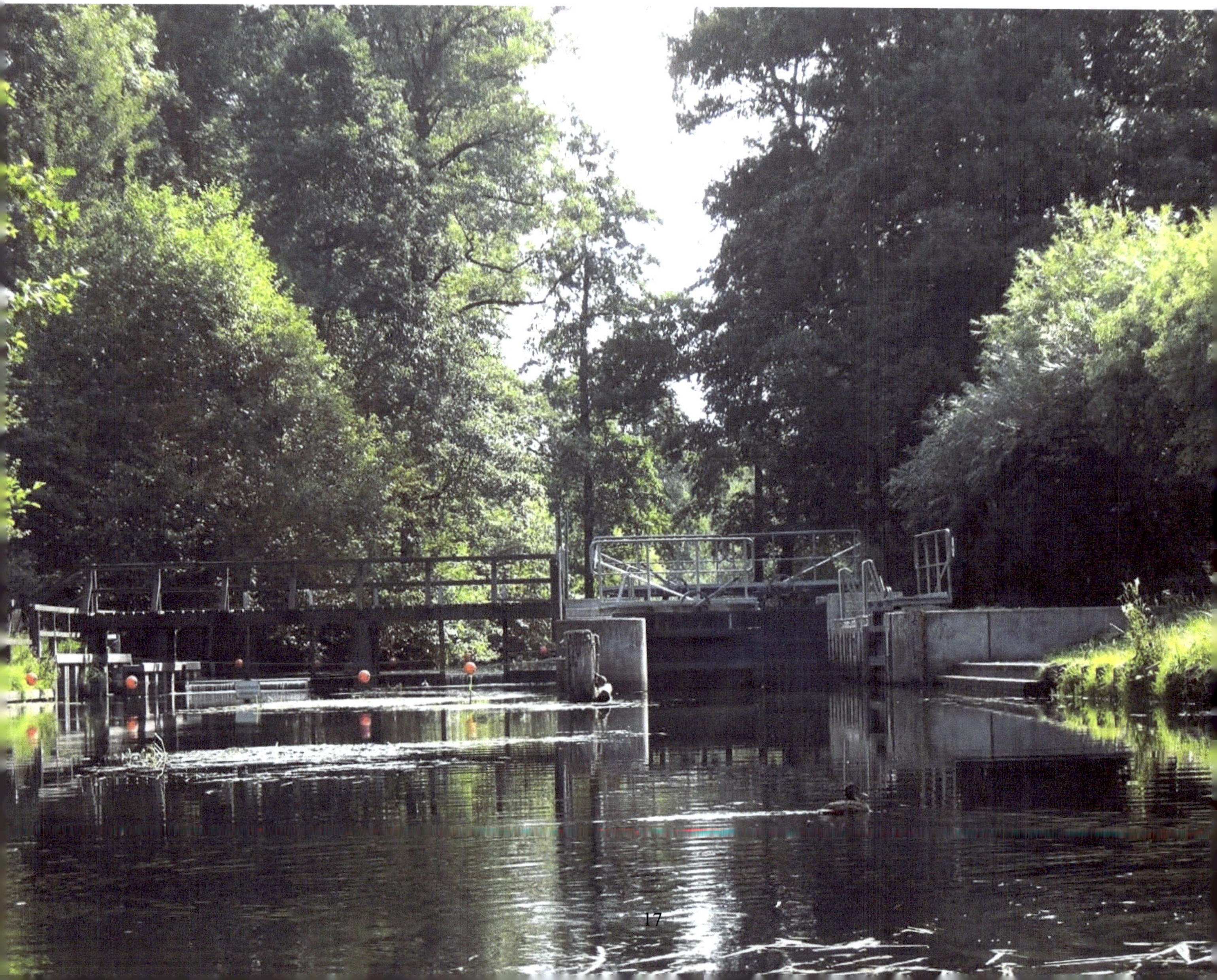

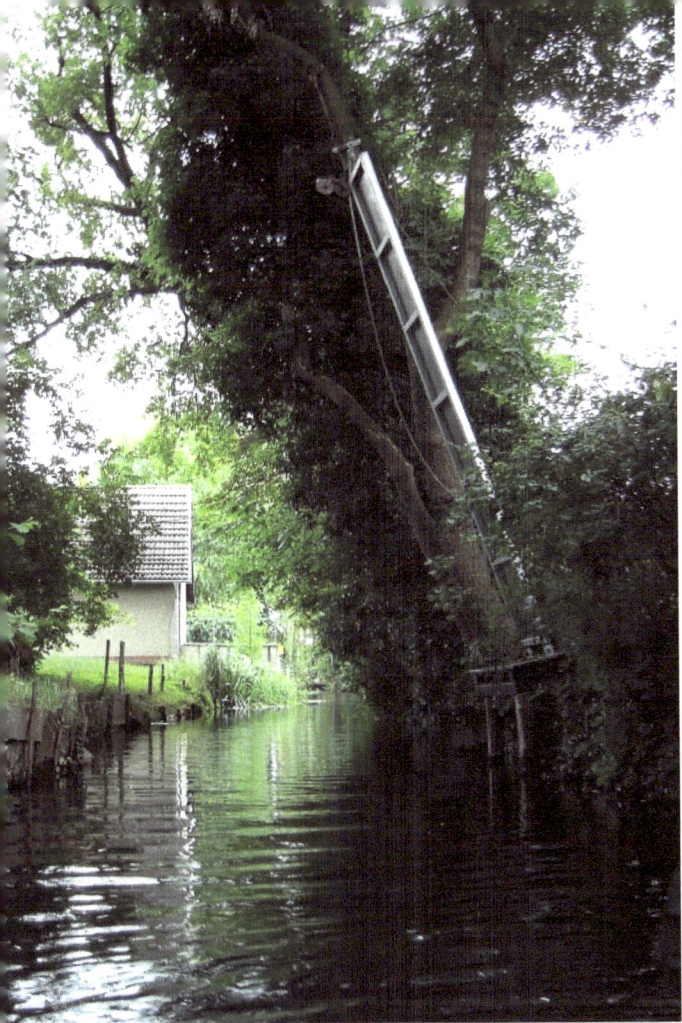

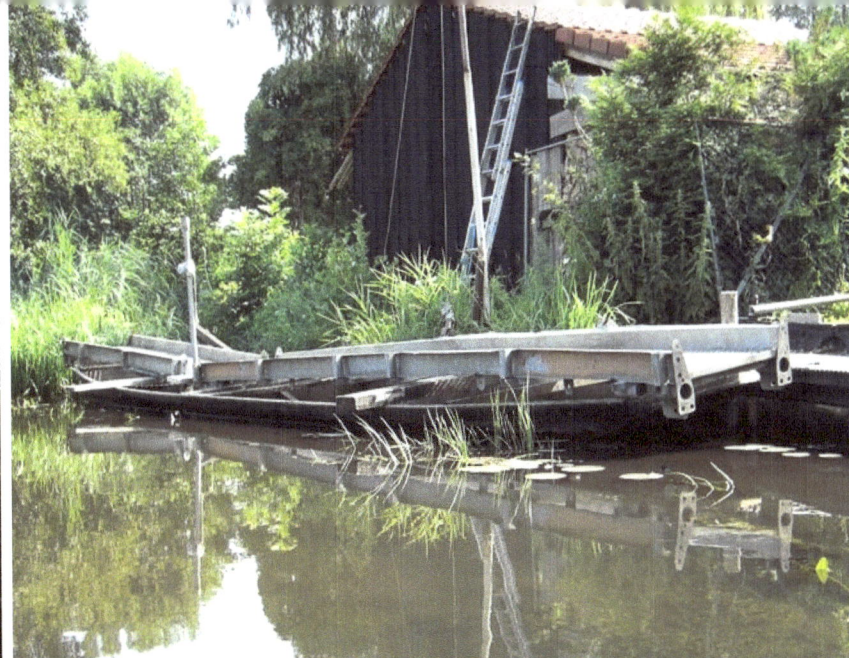

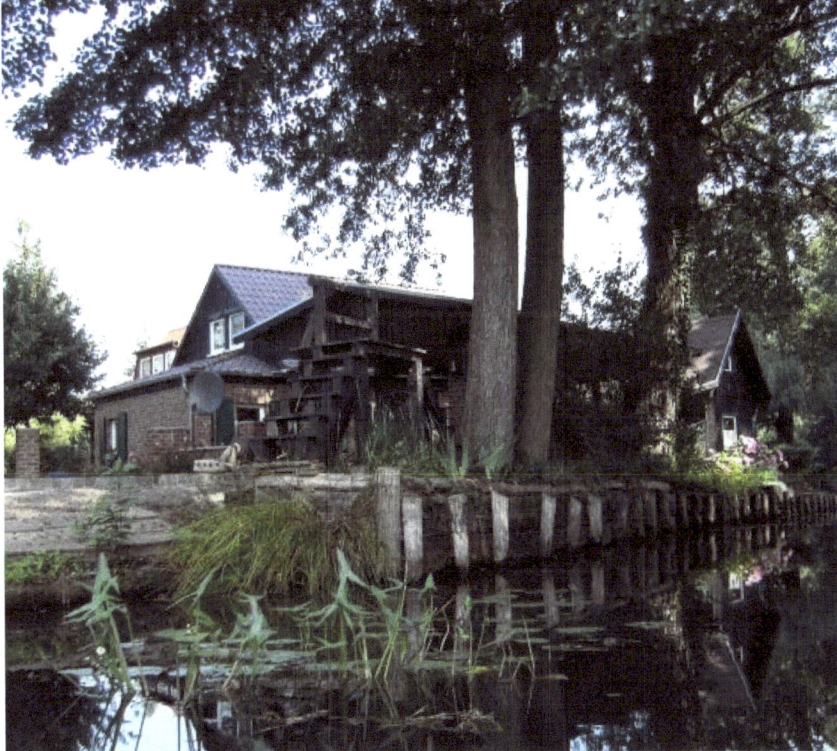

oben: Zugbrücke in Lübbenau.
oben rechts: Ein Kahn als mobile Brücke.
unten: Zugbrücke in Lehde.

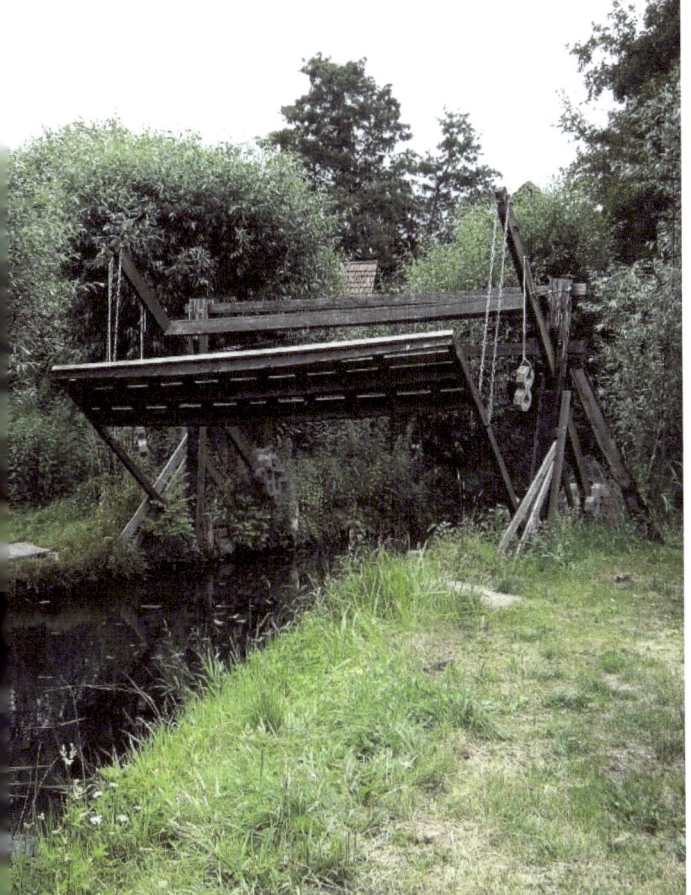

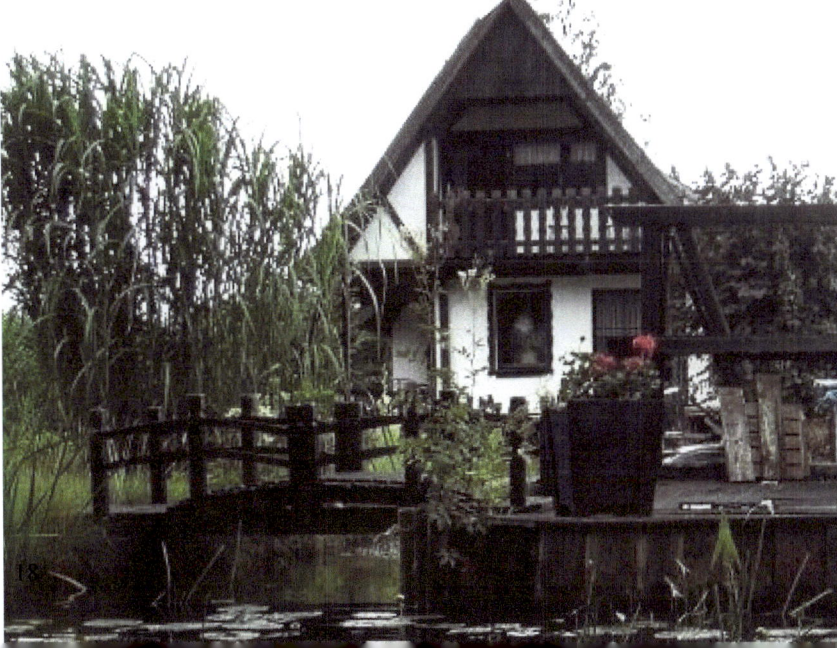

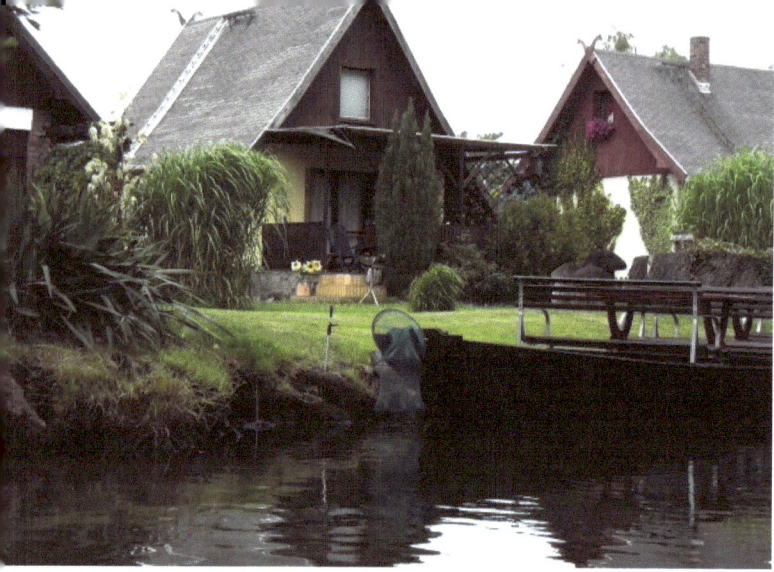 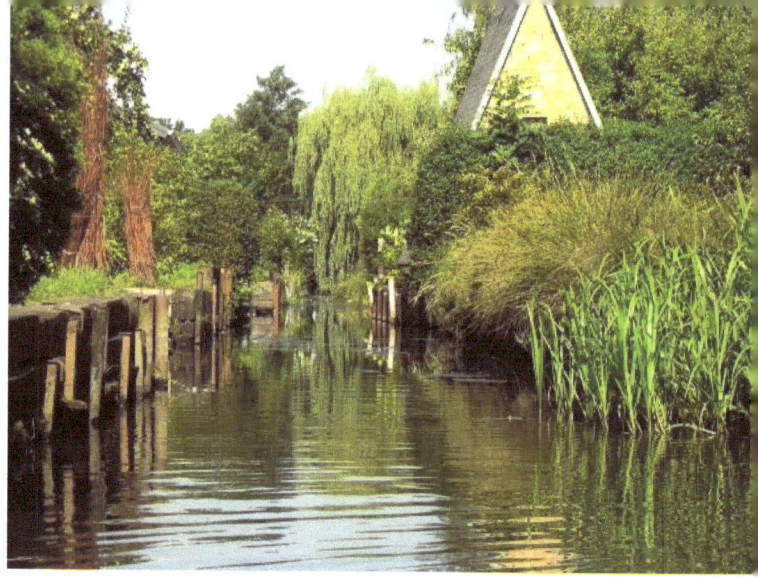

Als tauche man ein in eine andere Welt, gleitet man mit dem Boot über das scheinbar stehende Gewässer. Bei einer Tour durch den Stadtgraben und den Dorotheengraben von Lübbenau, entdeckt man viele liebevoll gestaltete Häuser und Gärten, die einen von einem Paradies träumen lassen, das man hier tatsächlich gefunden zu haben scheint.

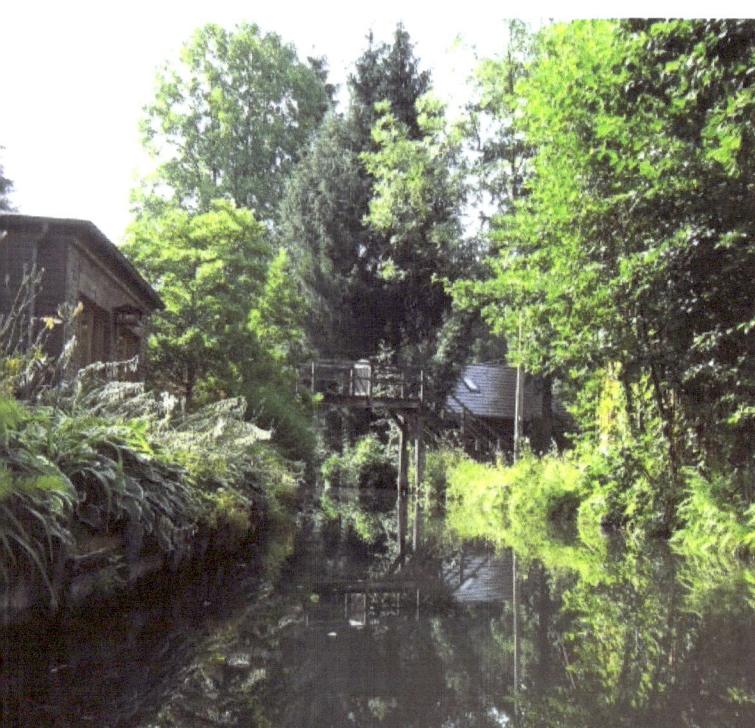 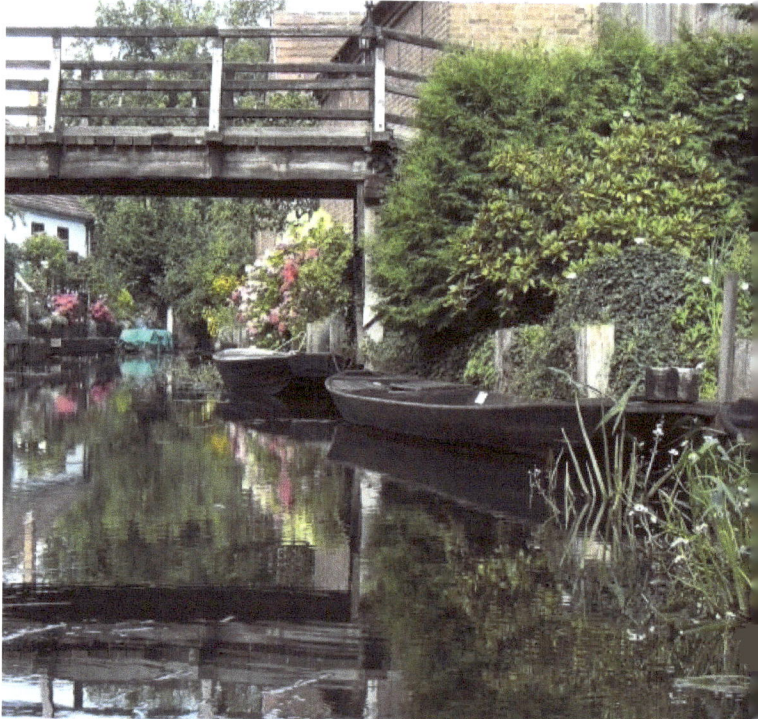

Beim Anblick der zur Abfahrt bereitstehenden Kähne wird deutlich, dass hier Autos keine wichtige Rolle spielen.

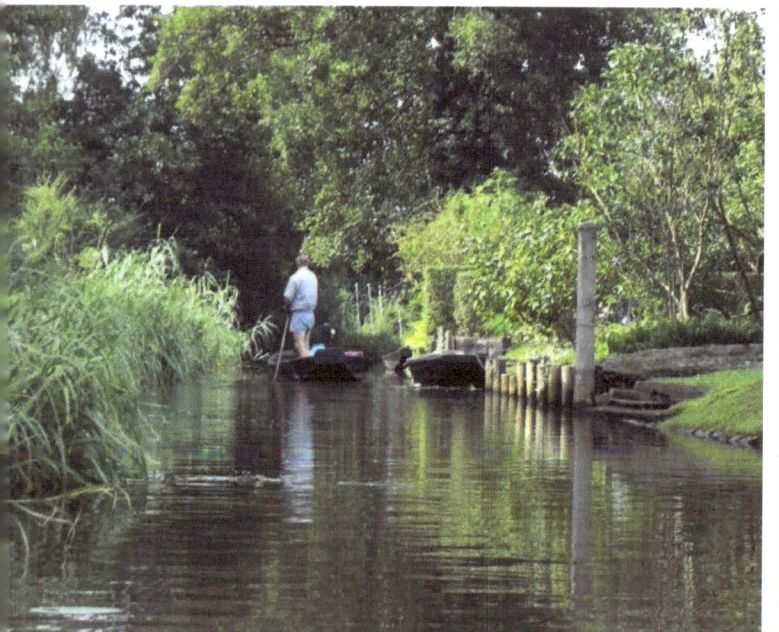 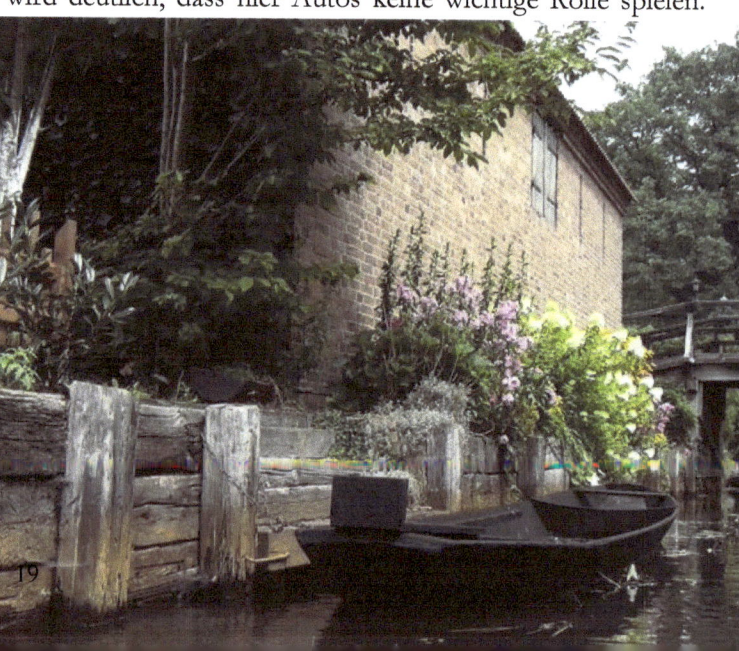

19

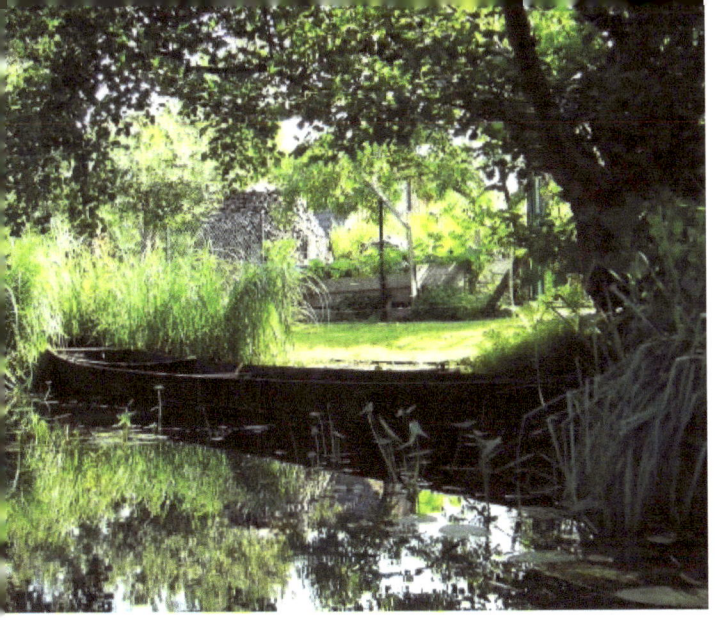

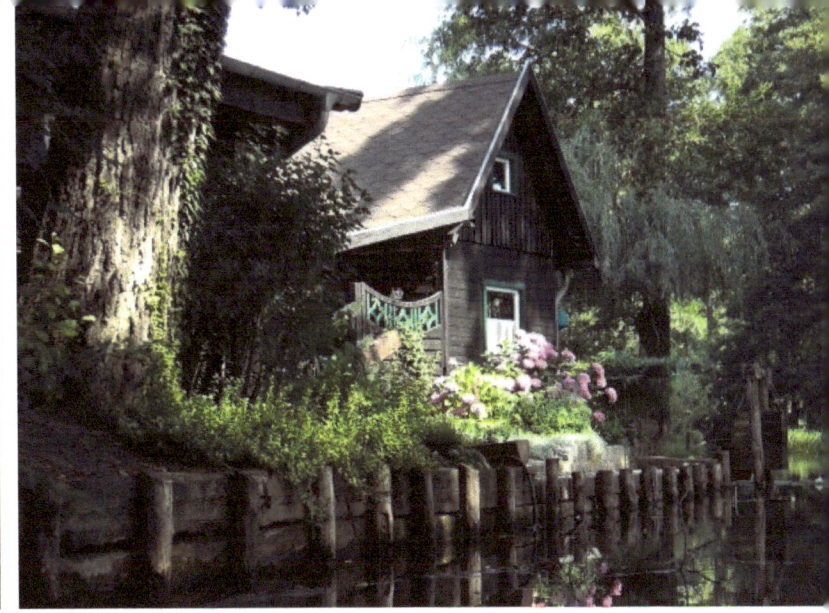

Der Sage nach entstanden die Fließe des Spreewaldes als dem Teufel die Ochsen mit dem Pflug durchgingen und dabei zahlreich tiefe Furchen zogen. Wenn man sich den Spreewald allerdings näher betrachtet, wird schnell klar, dass dieses Paradies kein Teufelswerk sein kann. In der Tat entstand das feingliedrige Fließnetz durch die Eiszeit. Die stark vom Grundwasser beeinflussten Böden verliehen dem Spreewald ihren Namen: Die Sorben bezeichneten diese Auen- und Moorlandschaft als "Błota", was übersetzt "Sümpfe" bedeutet. Noch heute findet man die sorbischen Namen auf den Ortsschildern, welche an die sorbischen Wurzeln der Spreewälder erinnern.

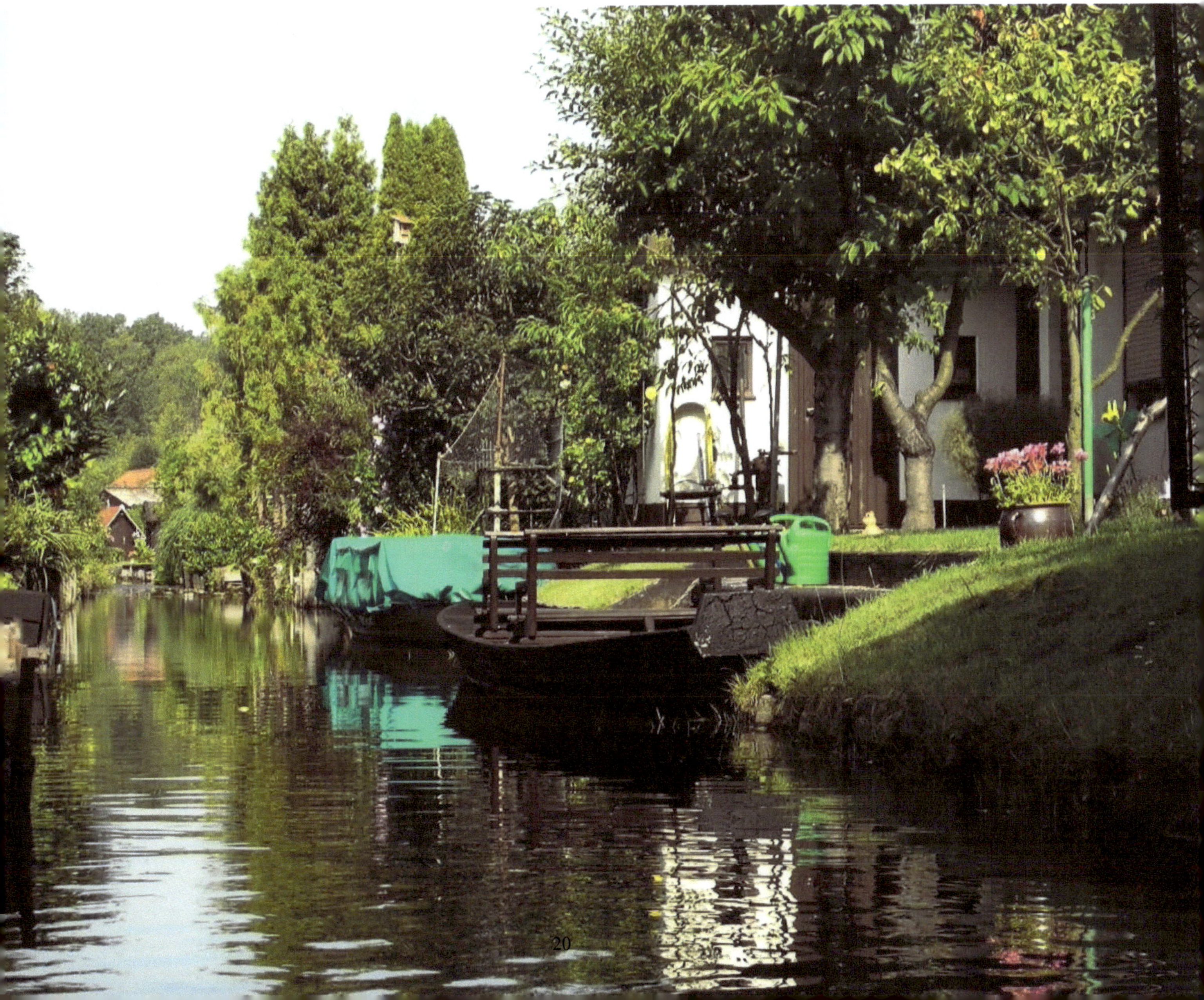

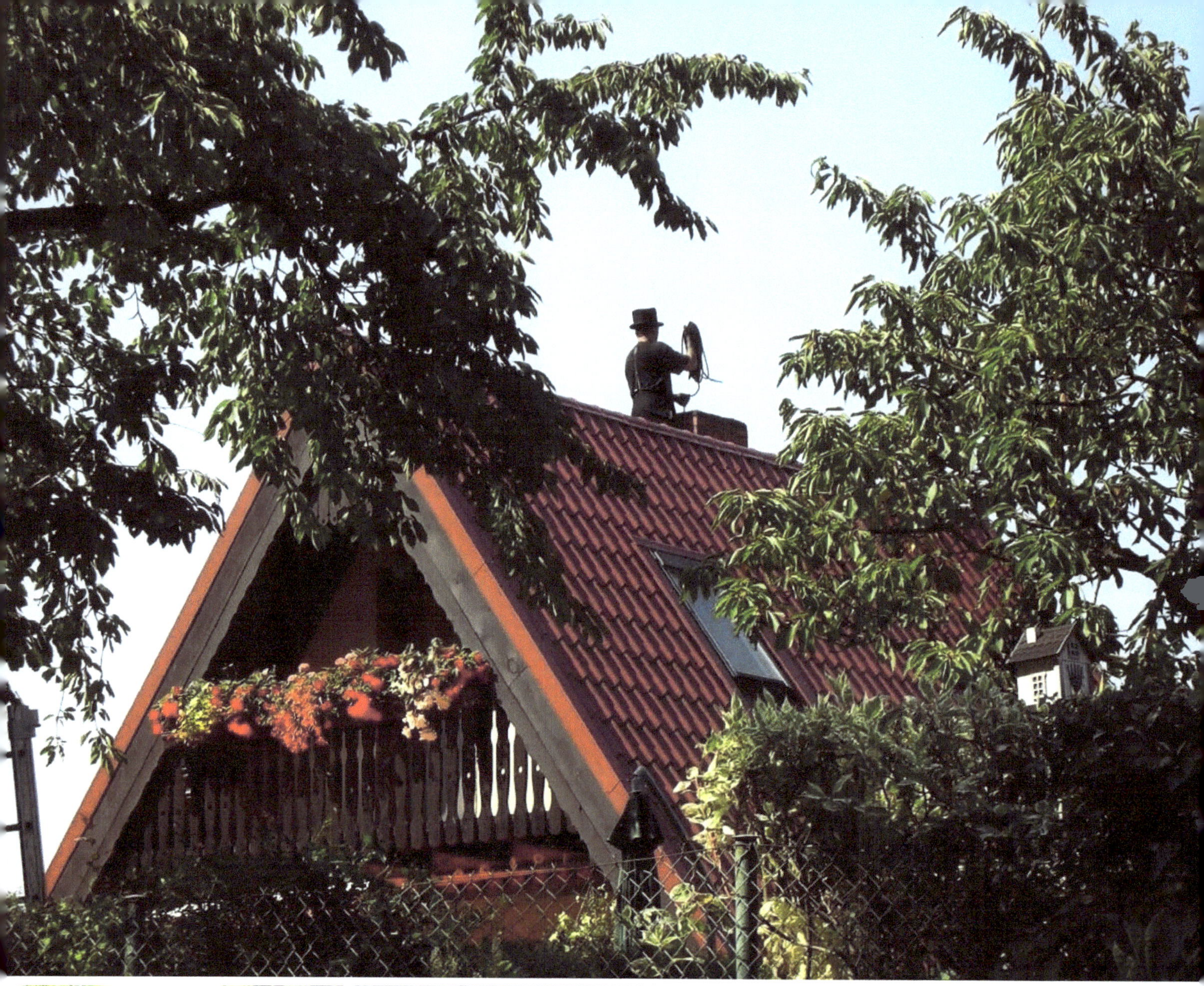

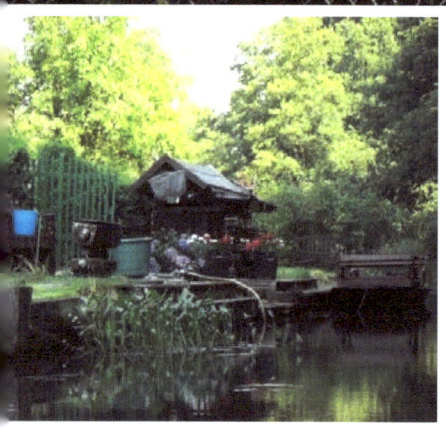

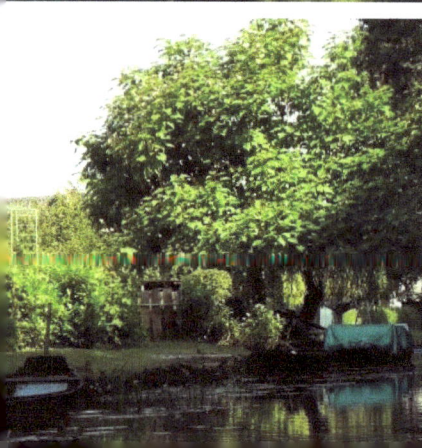

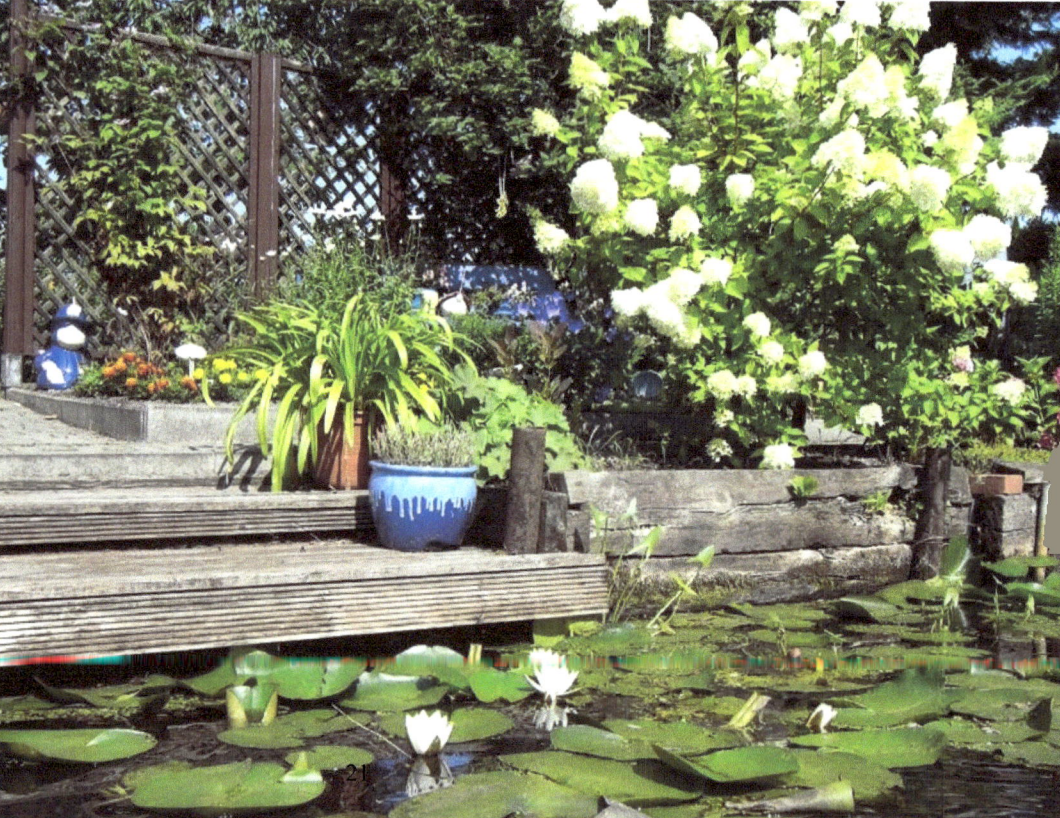

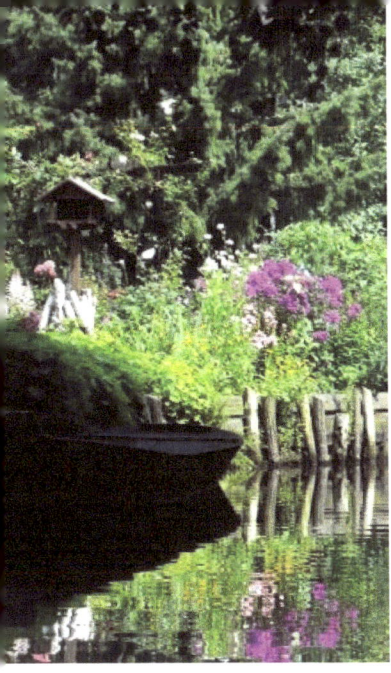

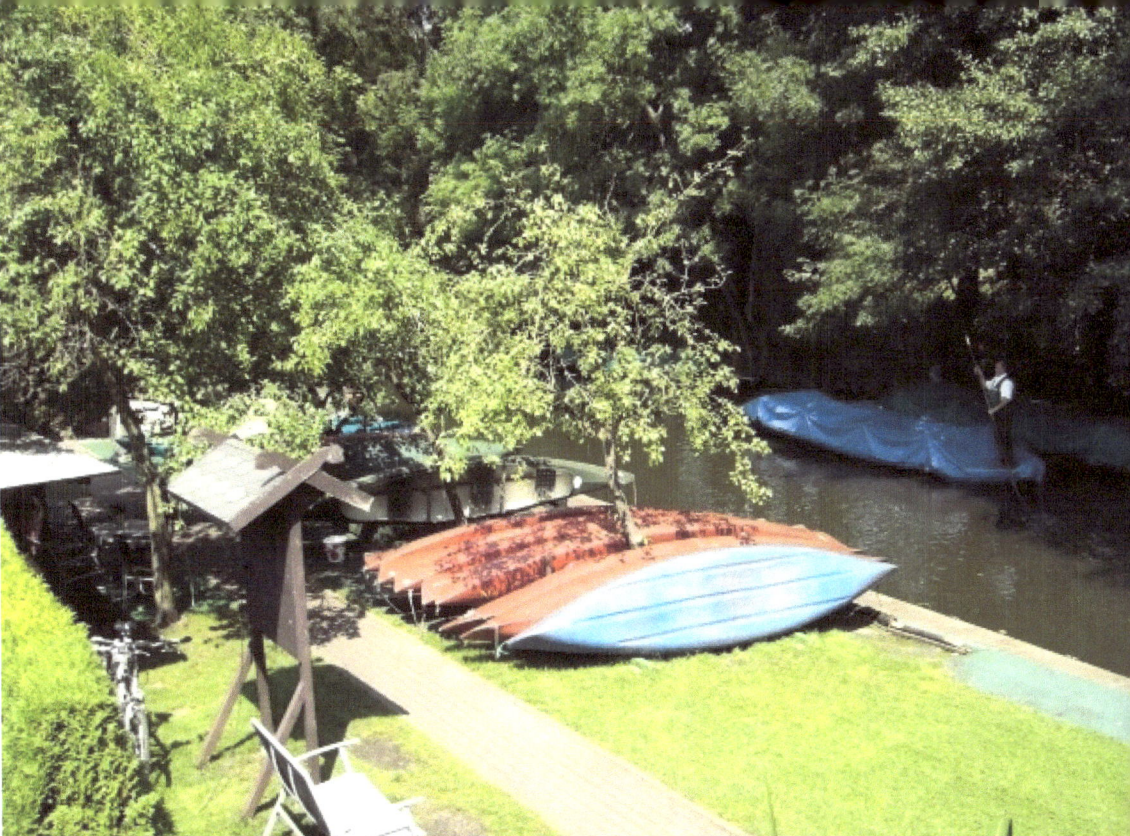

Da die Kähne über keinen Motor verfügen, sondern von Hand fortbewegt (gestakt) werden, stört nichts die paradiesische Ruhe.

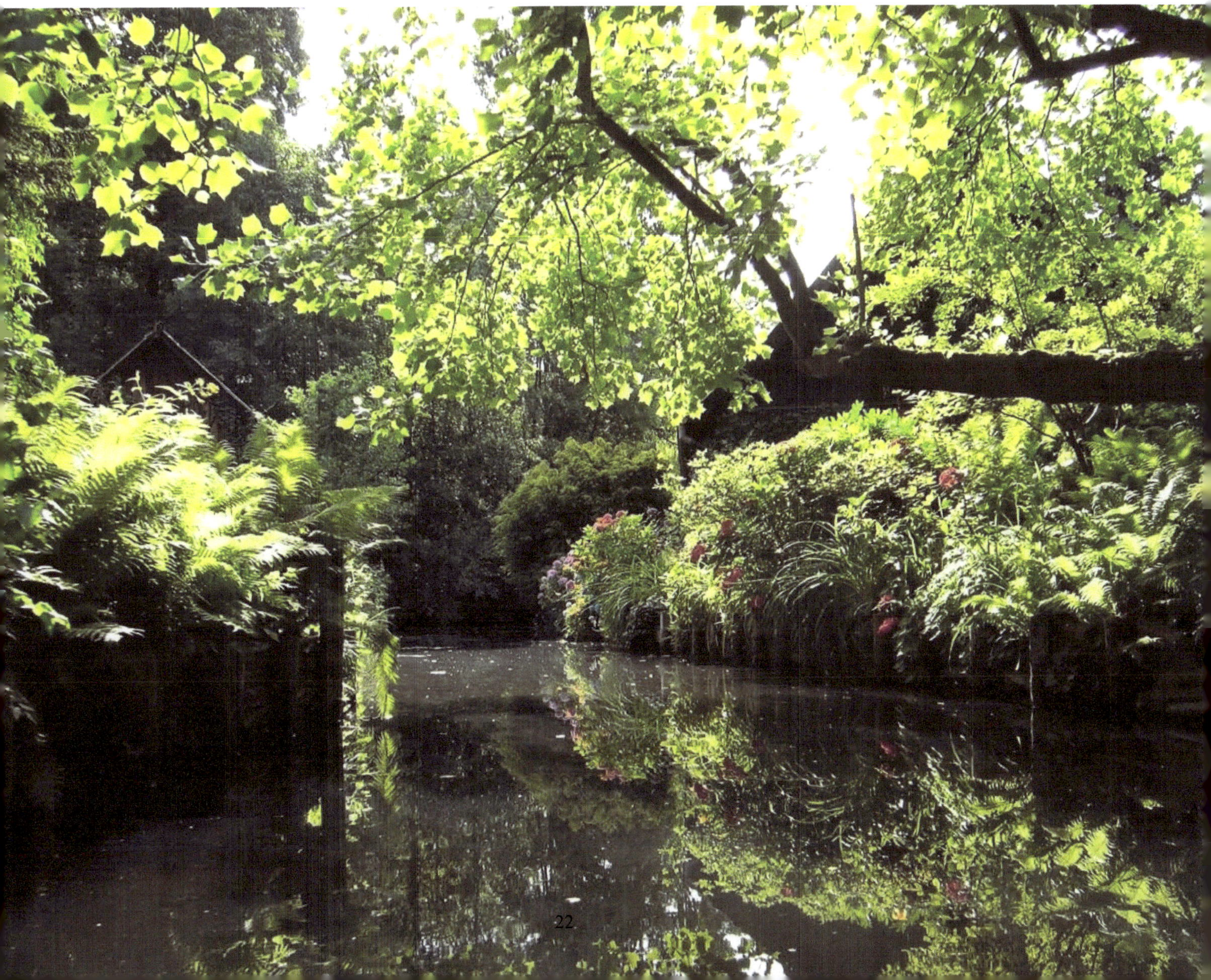

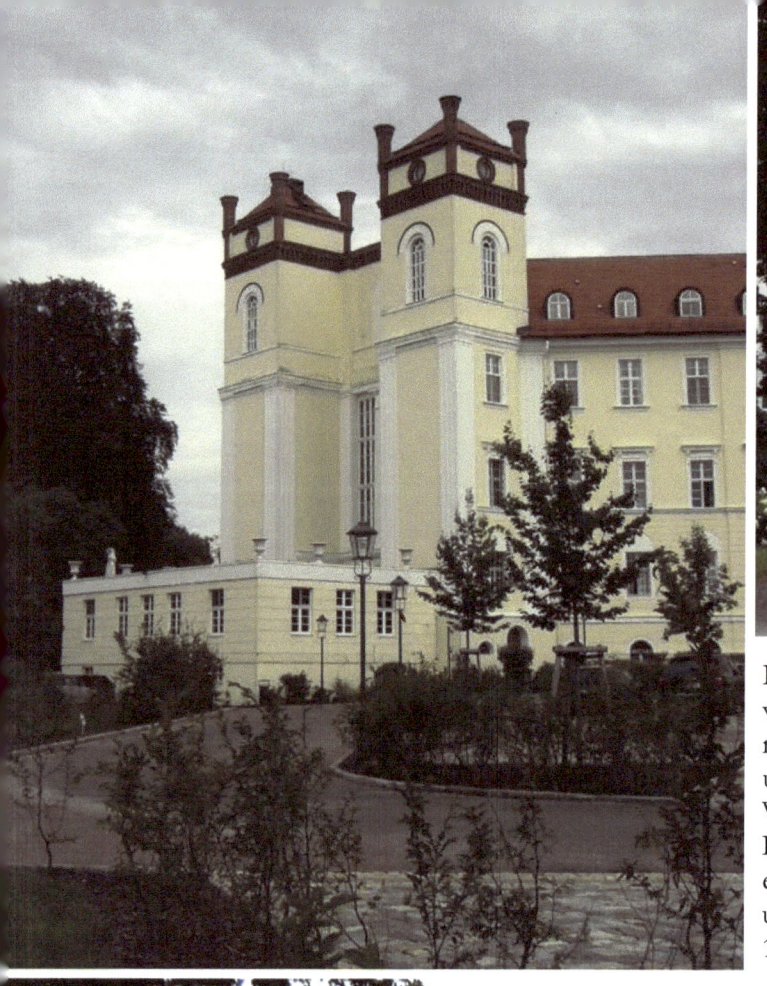

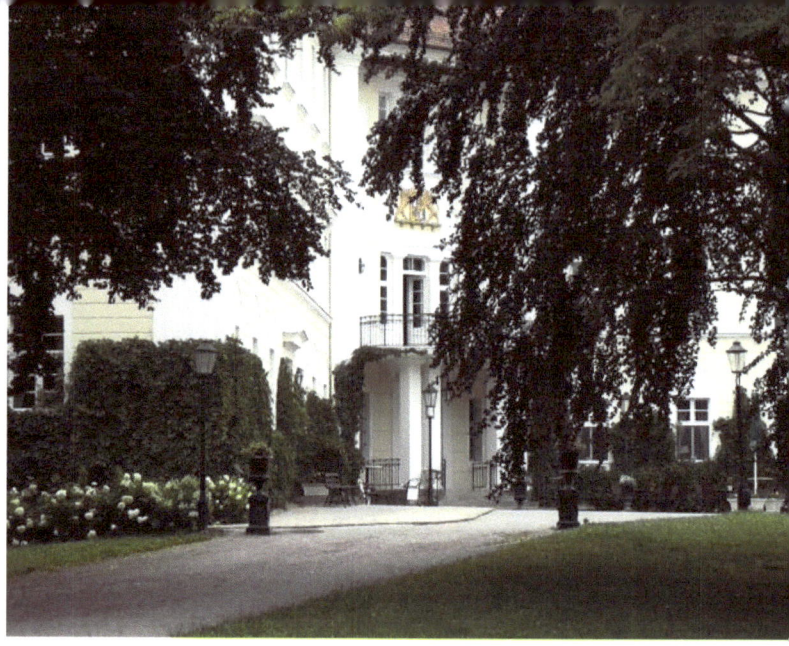

Das Schloss Lübbenau ist im Besitz der Grafen zu Lynar und wird heute als Hotel genutzt. Vormals befand sich hier eine mittelalterliche Wasserburg, welche um 1600 zu einem Schloss umgebaut wurde. Sein Aussehen erhielt das Schloss im Wesentlichen 1817-1820 durch den Baumeister Carl Siegel. Die zwei Türme an der Rückseite des zweiflügligen Bauwerks entstanden allerdings erst später, 1839. Die 9 Hektar umfassende Parkanlage im englischen Landschaftsstil wurde 1820 angelegt und geht auf Pläne von Peter Lenné zurück.

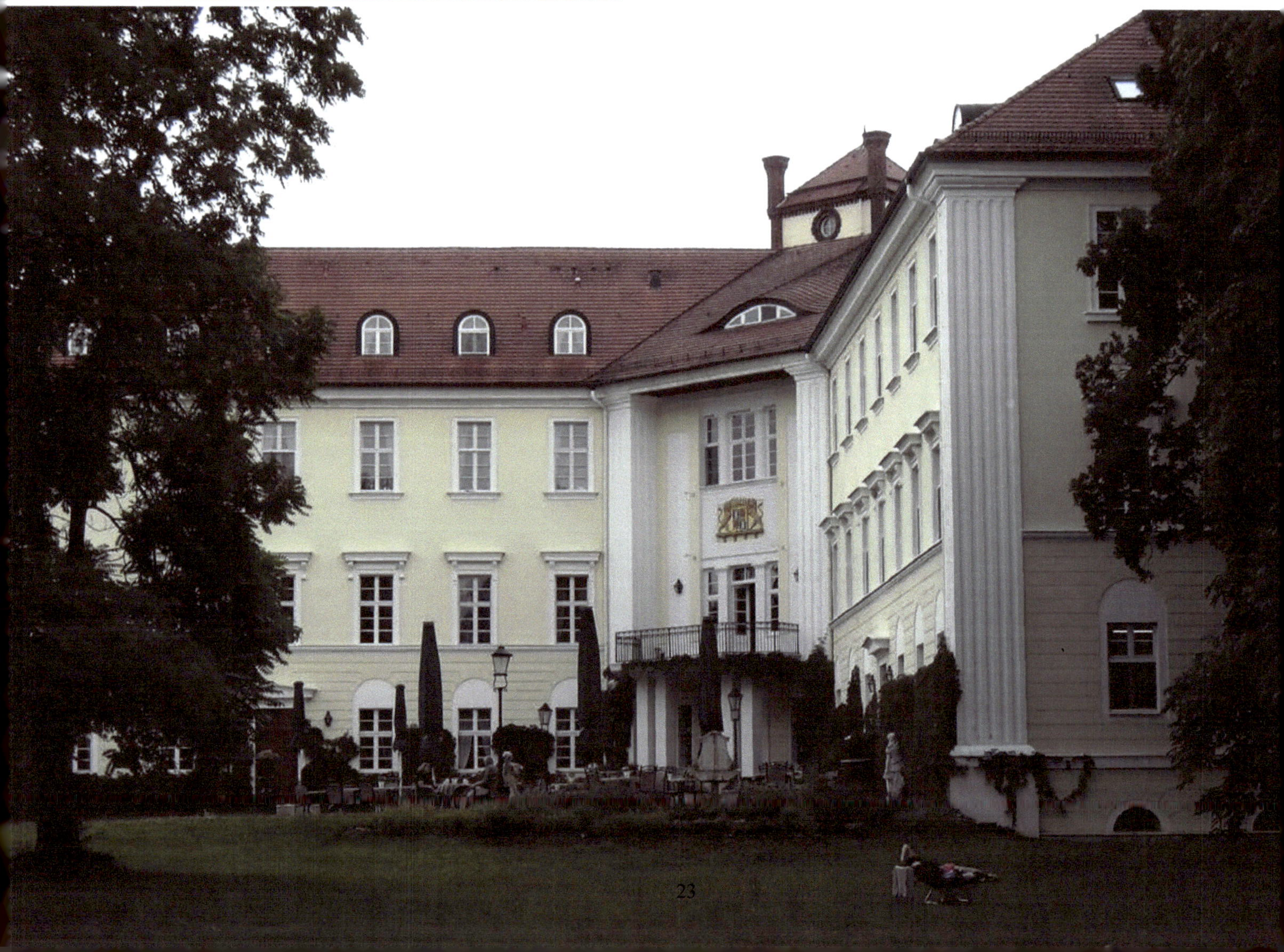

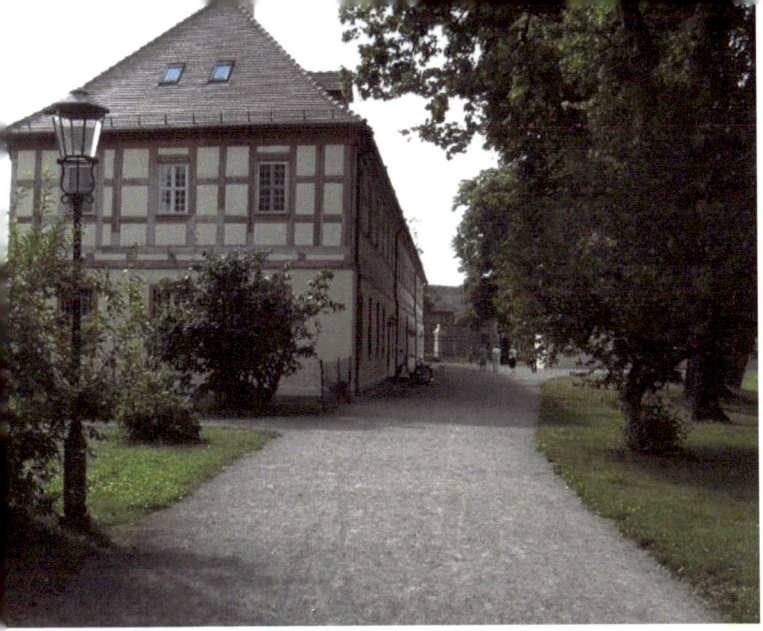
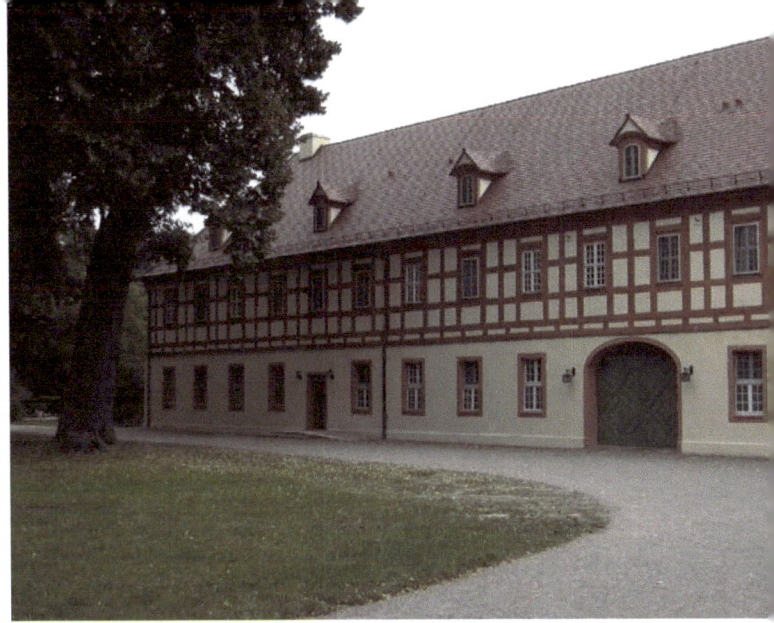

oben: Marstall. 1744-1746 als Cavalierhaus errichtet, befinden sich darin heute Ferienappartements. Schön zu sehen ist an diesem Gebäude der Wechsel von Massivbauweise im Untergeschoss zum Fachwerk im Obergeschoss.

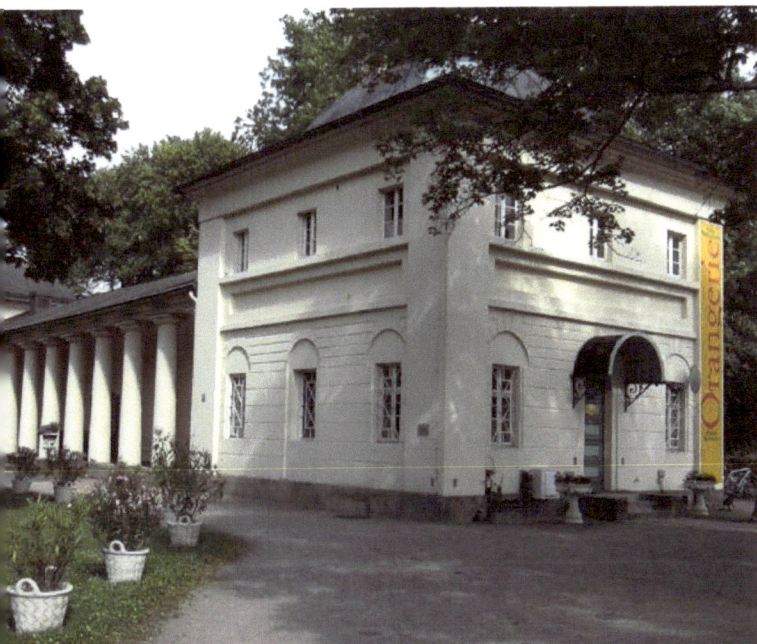

links: Die Orangerie mit ihren seitlichen Kuppelbauten und ihrem dorischen Säulengang wurde um 1820 gebaut um die frostempfindlichen Pflanzen des Schlossparks zu überwintern. Nach der Sanierung der Orangerie 2004, wurde sie als Café genutzt.

unten: Blick vom Schloss auf die Kirche St. Nikolai.

unten: Gerichtskanzlei. 1745-1748 im Stil des Barock erbaut, war dies der Sitz des gräflichen Hofrichters.

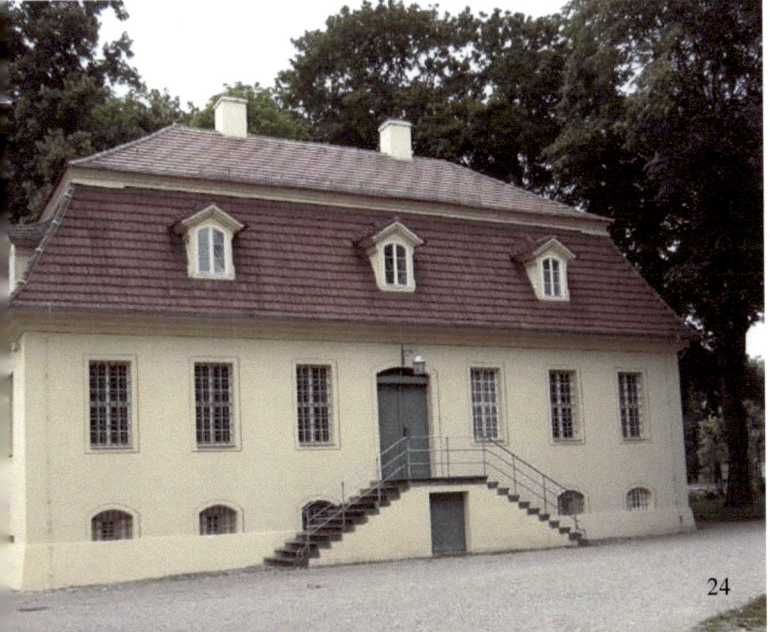

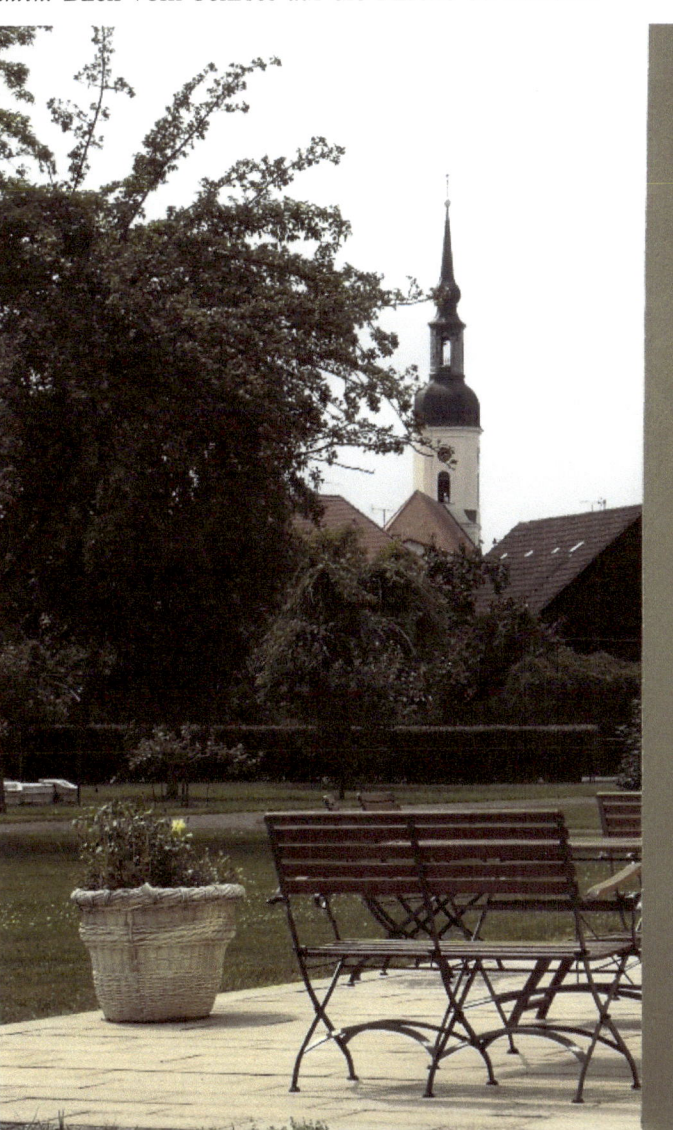

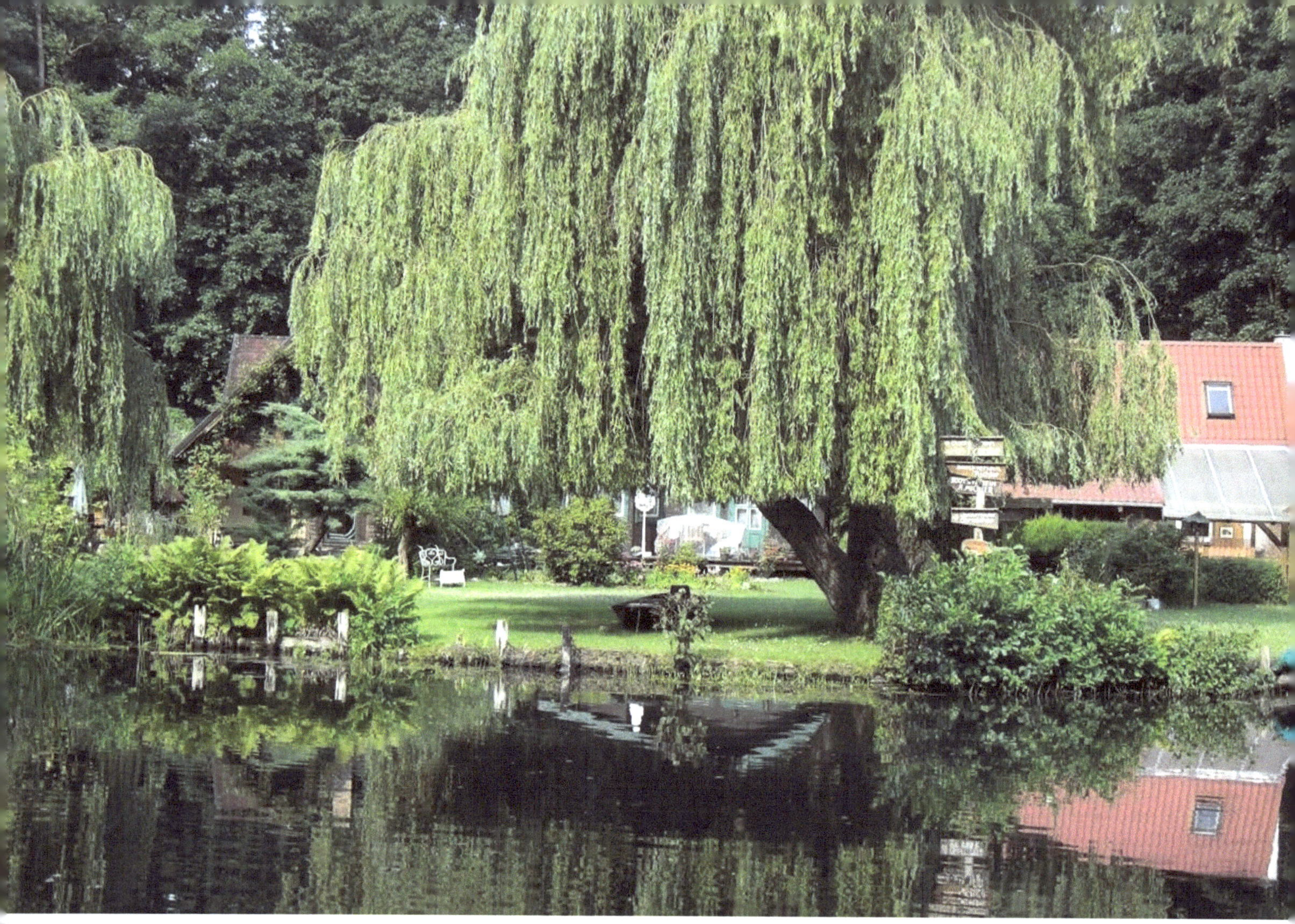

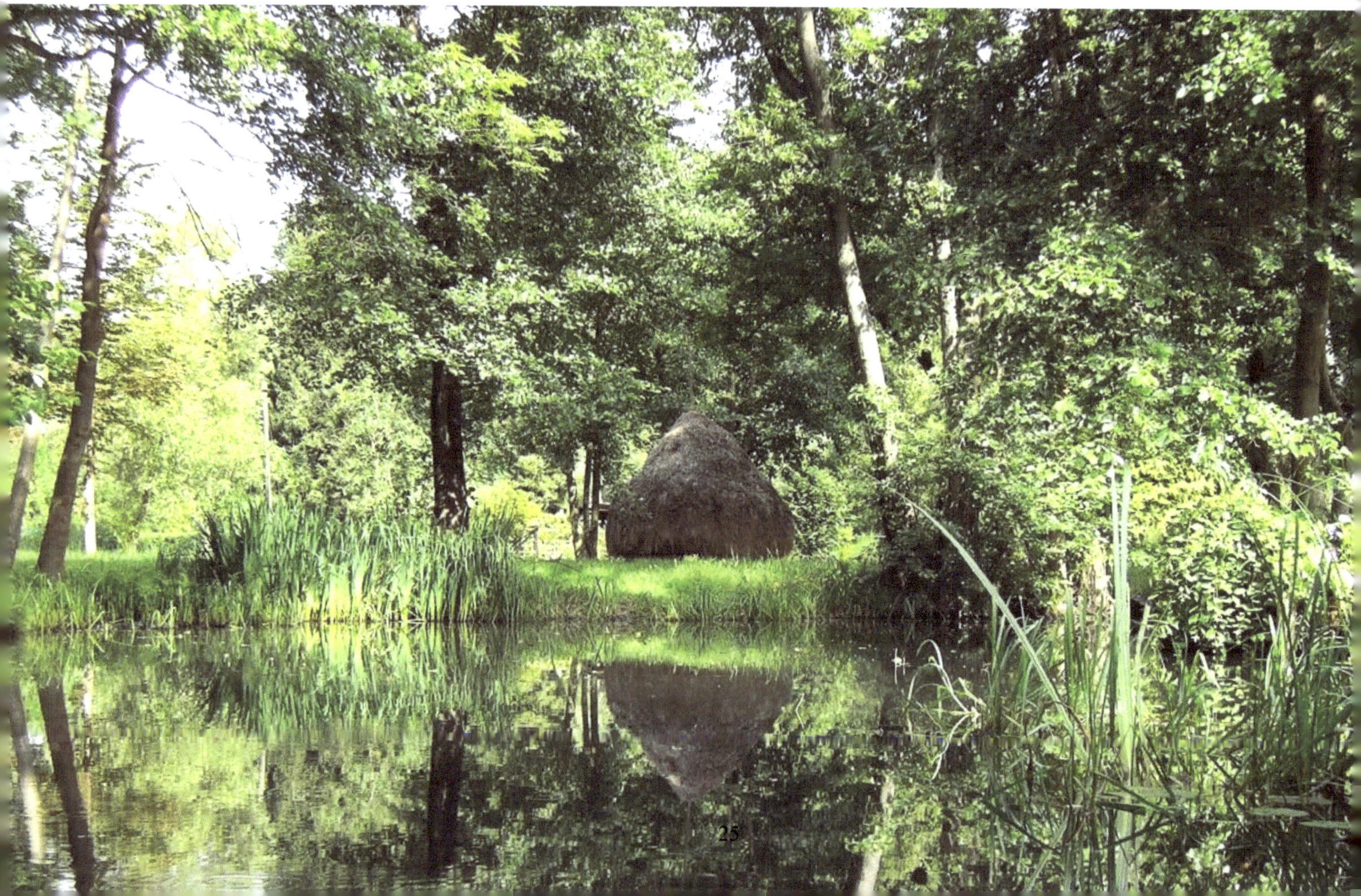

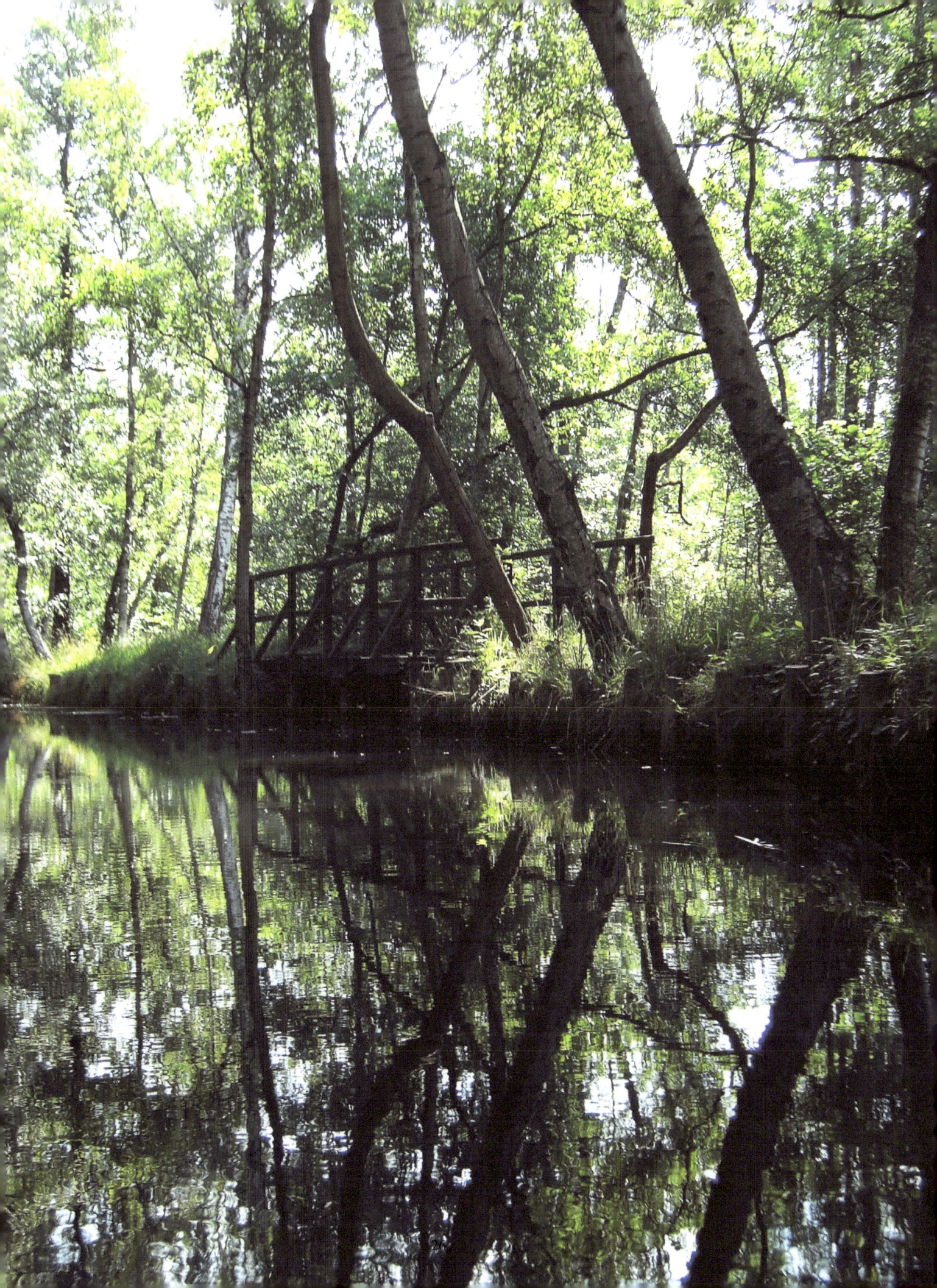

Die Gaststätte Wotschofska liegt tief im Hochwald verborgen. Ihr Name stammt vom wendischen Wort "Wotso" ab und bedeutet Erleninsel. 1894 wurde sie von der Stadt Lübbenau errichtet und ist bis heute ein beliebtes Ausflugslokal. Wenn man bedenkt, dass der Kahn das dominierende Transportmittel für die Spreewälder ist, wundert es nicht, dass die Wotschofska bis 1911 nur über den Wasserweg erreichbar war.

Inzwischen führt auch ein 3,4 km langer Wanderweg vom Kleinen Hafen Lübbenaus zur Wotschofska. Dieser von Birken, Pappeln und Erlen gesäumte Weg führt über 14 Brücken und Stege.

Bei einem Ausflug zur Wotschofska sollte man aber auf jeden Fall auf die Wegweiser achten, denn versteckt zwischen den mächtigen Bäumen, ist sie nicht leicht zu finden. Eben aus diesem Grund war die Wotschofska eine Zufluchtsstätte in Notzeiten. Niemals sind feindliche Truppen bis zu ihr vorgedrungen.

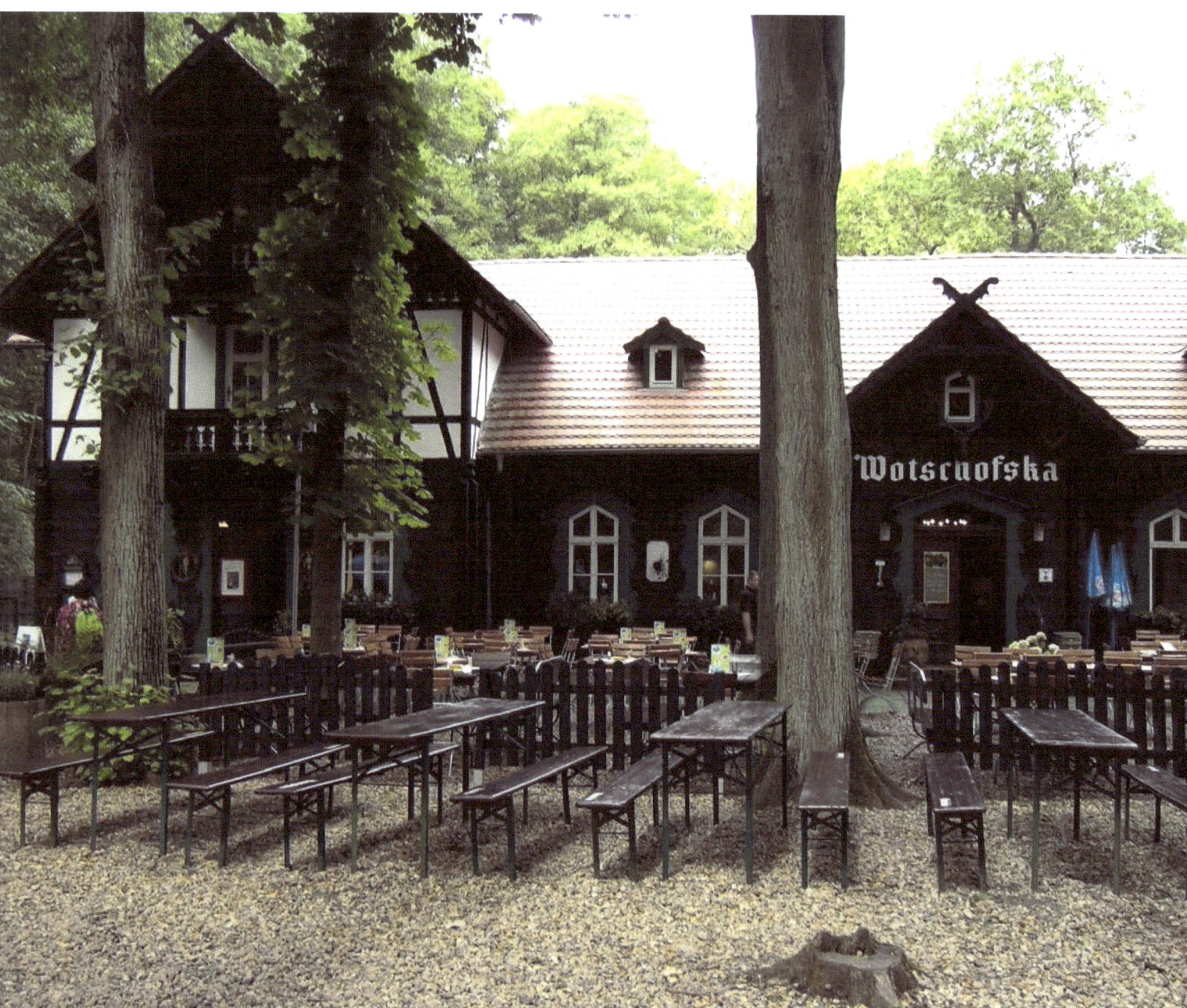

Eine Kahnfahrt in den Hochwald hat eine gänzlich andere Atmosphäre als eine Fahrt durch die Dörfer, den hier befindet man sich wirklich inmitten der Natur. Mächtige Bäume säumen die Wasserwege, welche endlos erscheinen. Hier beginnt man zu verstehen, was "endlose Weiten" bedeutet und doch kann man nur erahnen wie groß das Fließnetz tatsächlich ist.

Von den 1575 km Wasserarmen sind 260 km befahrbare Fließe. Kein Urlaub, mag er noch so lange sein, wird ausreichen um sie alle zu befahren.

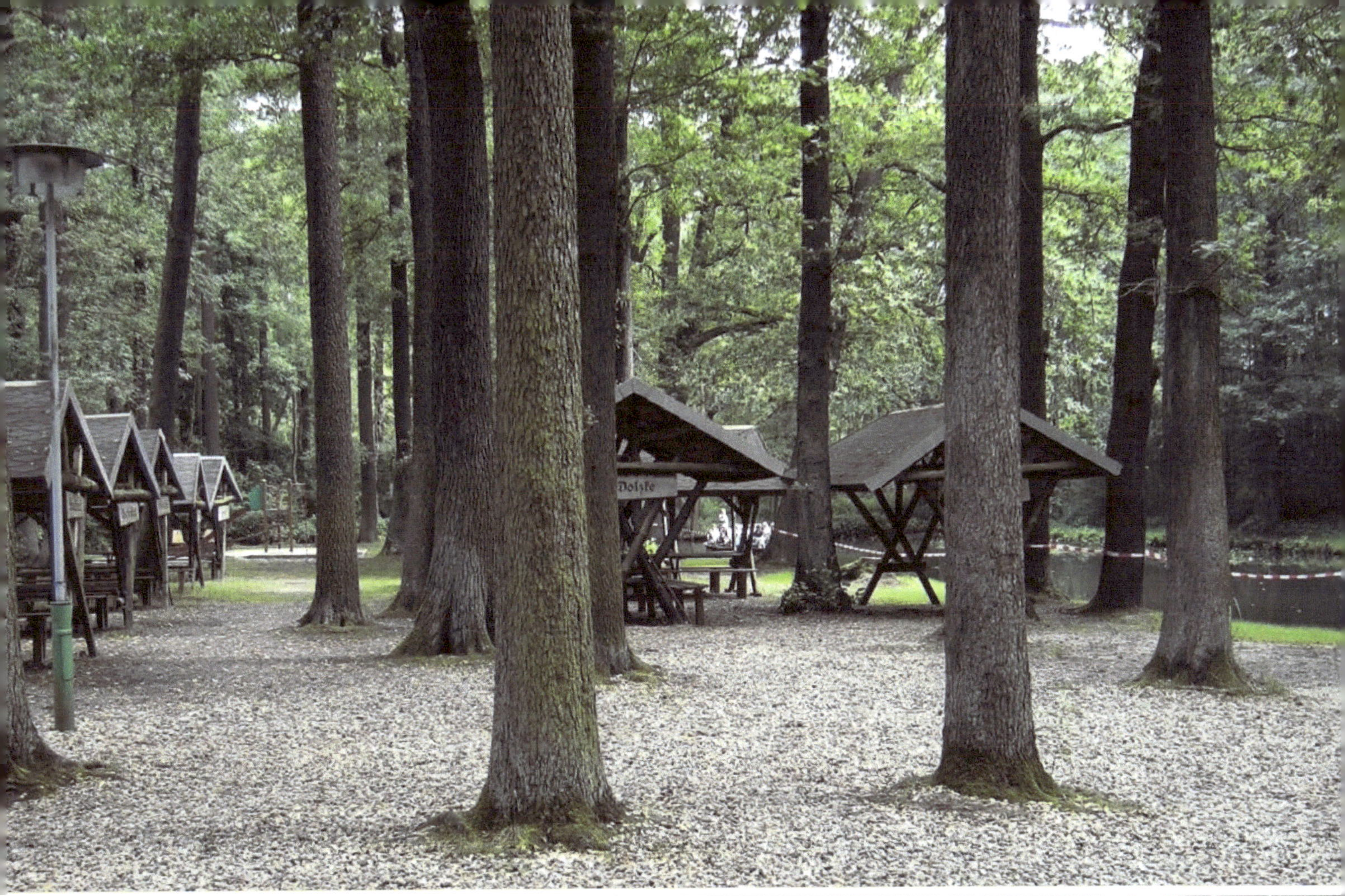
Dolzke

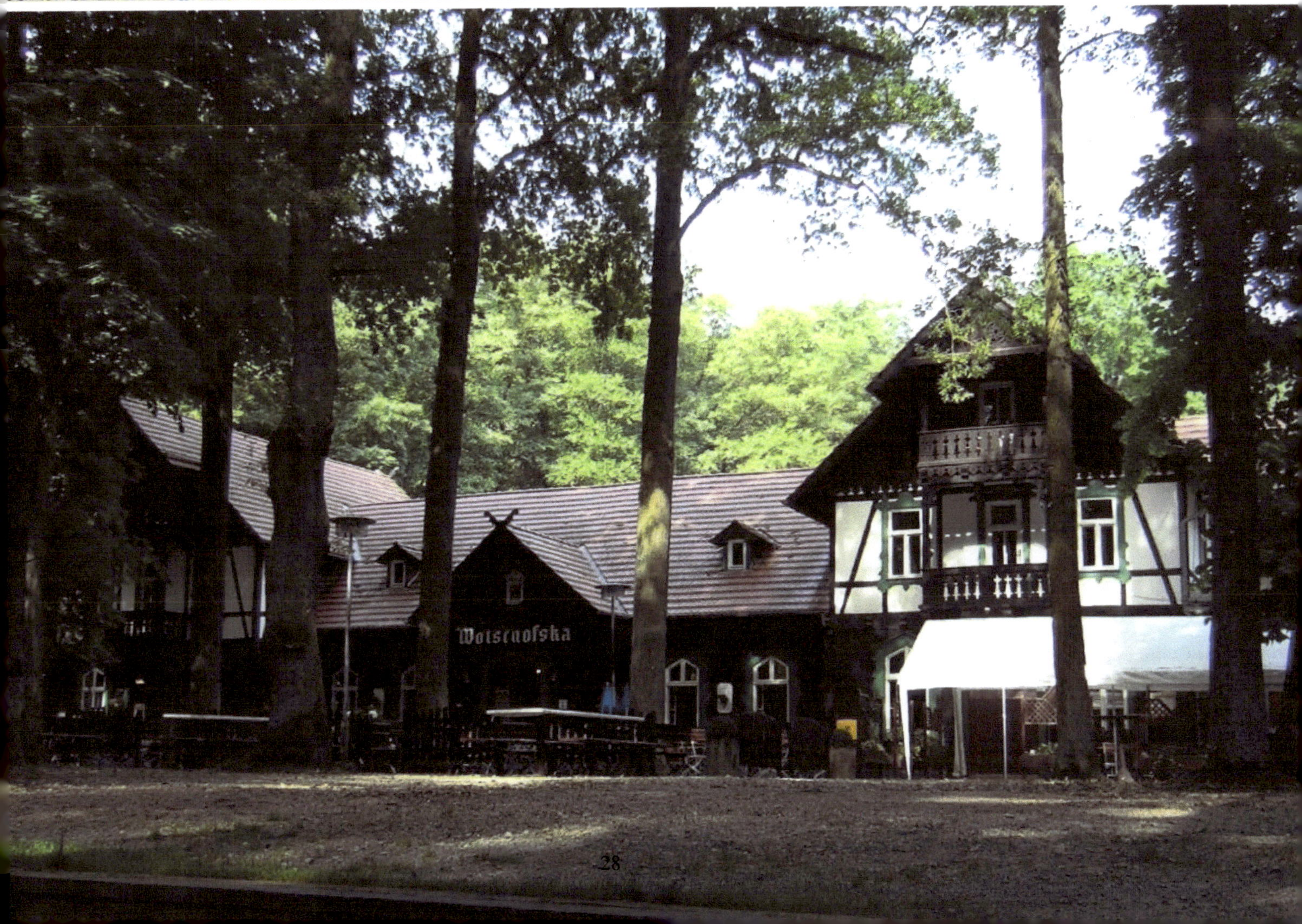
Wotschofska

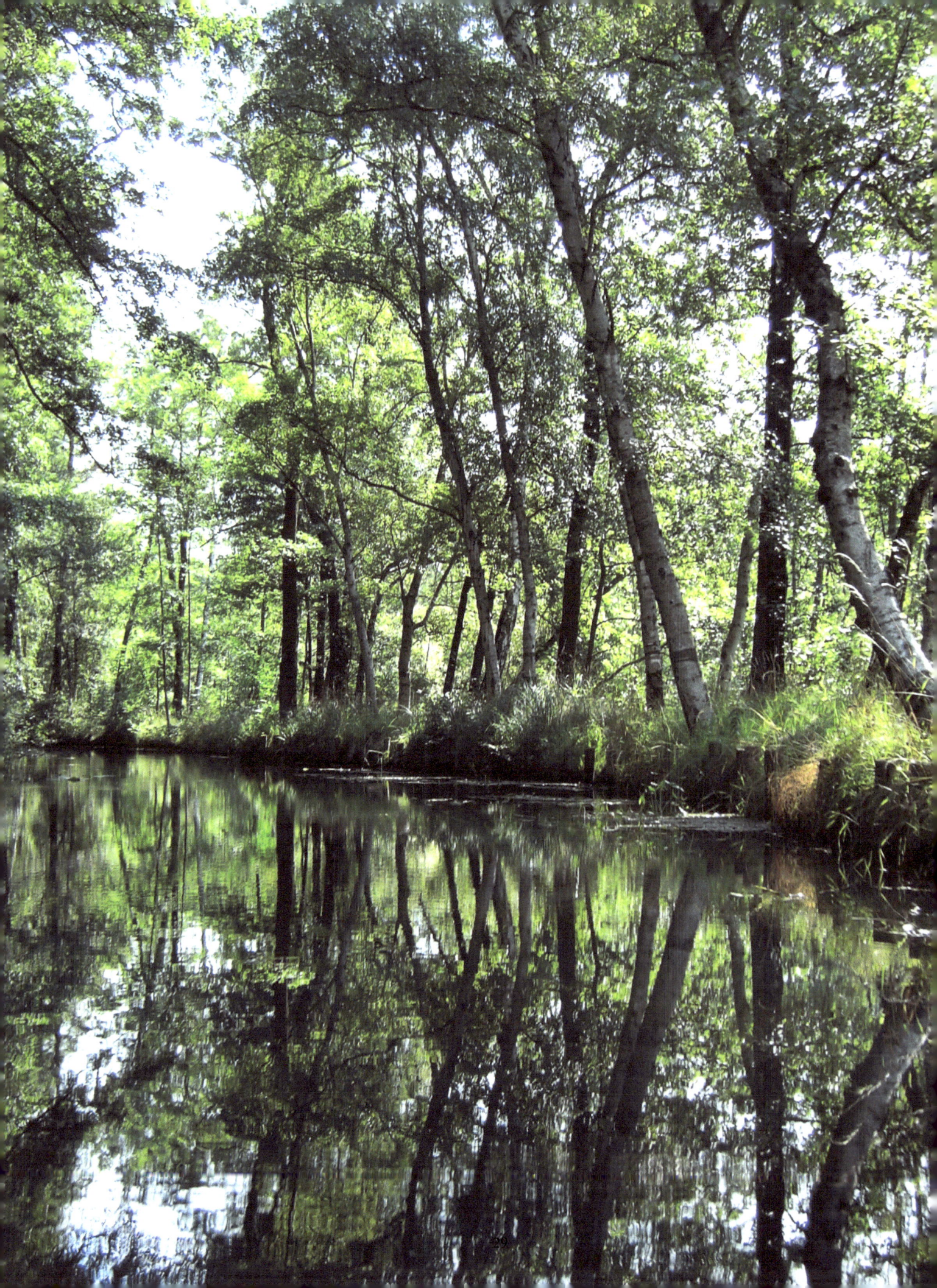

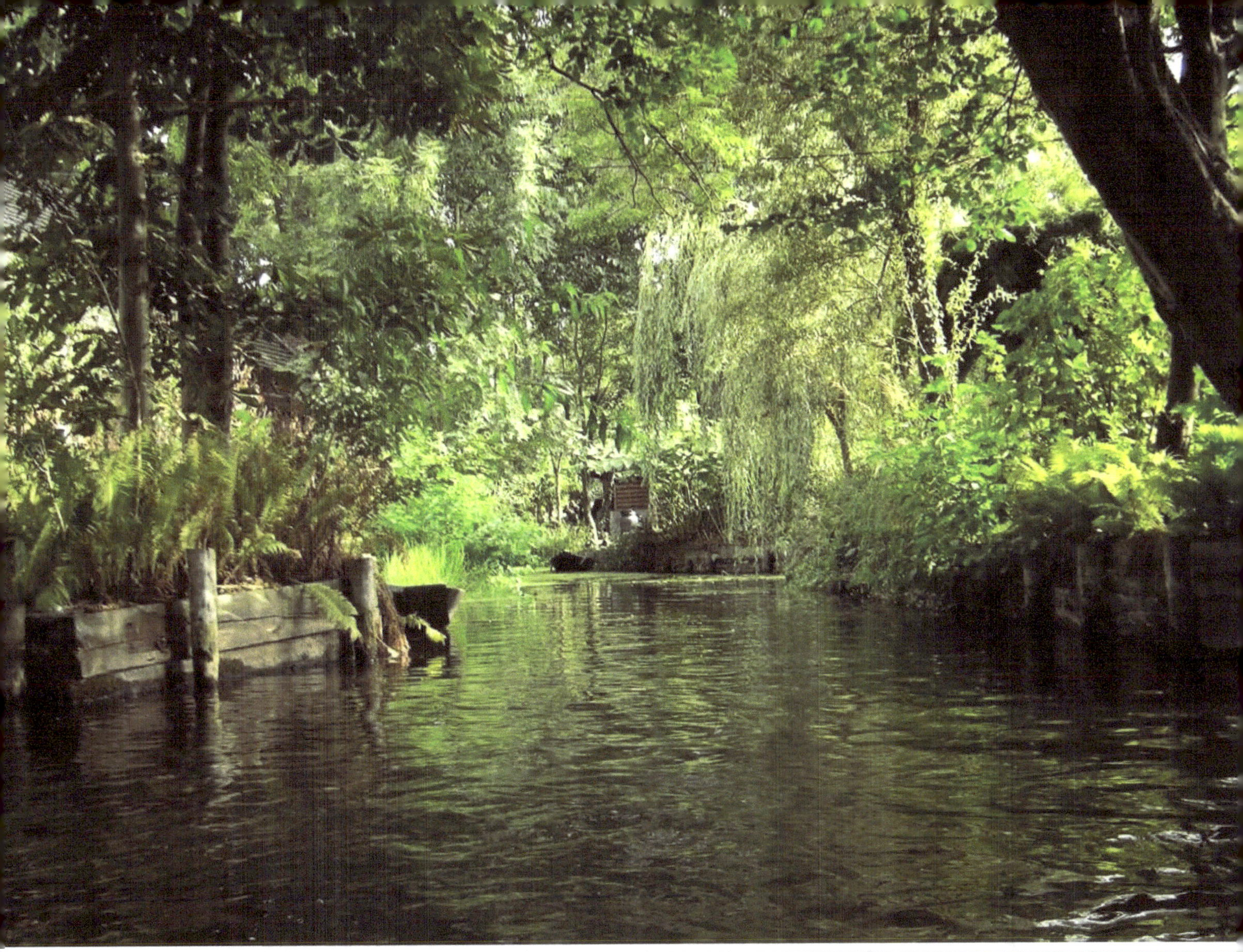

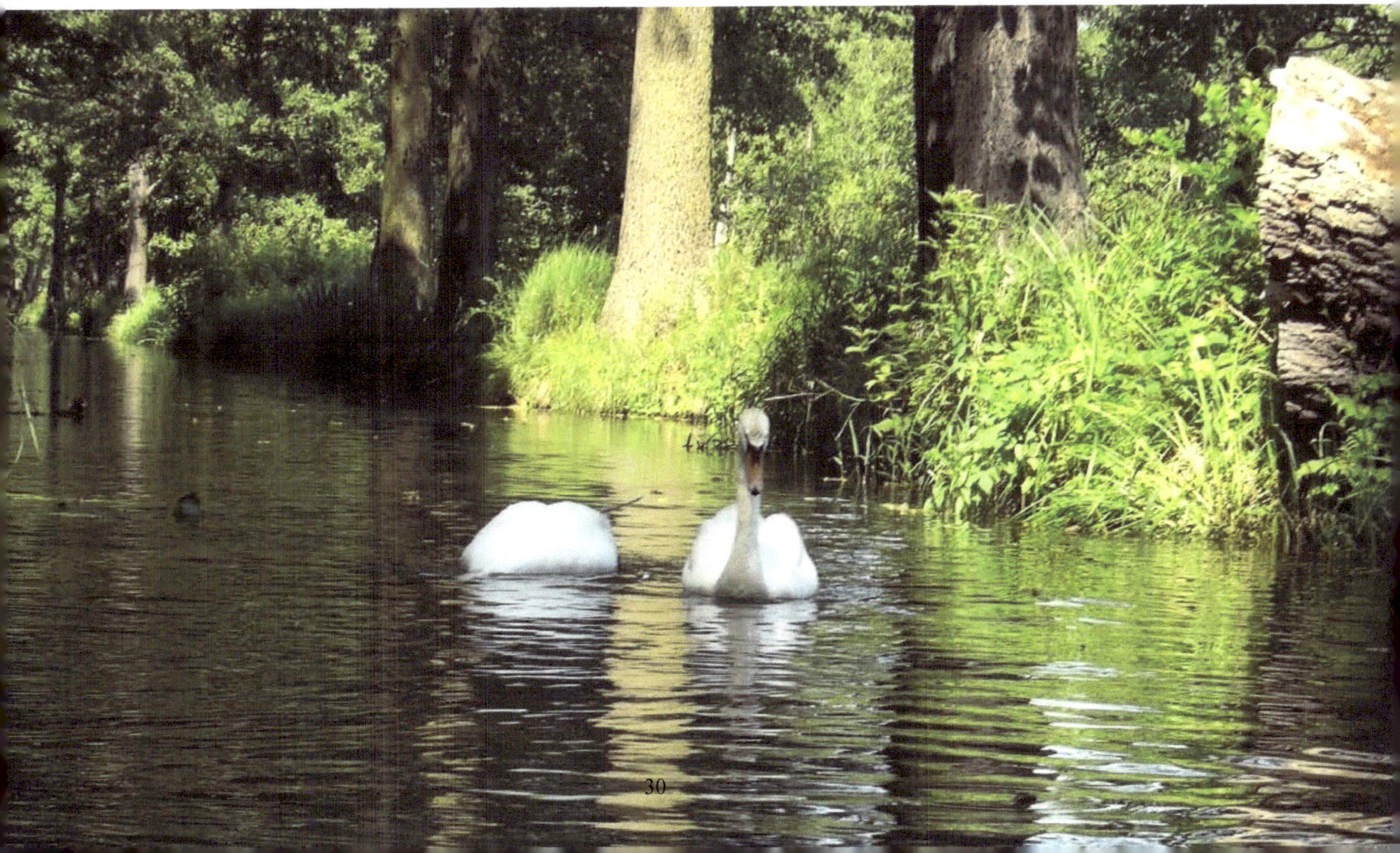

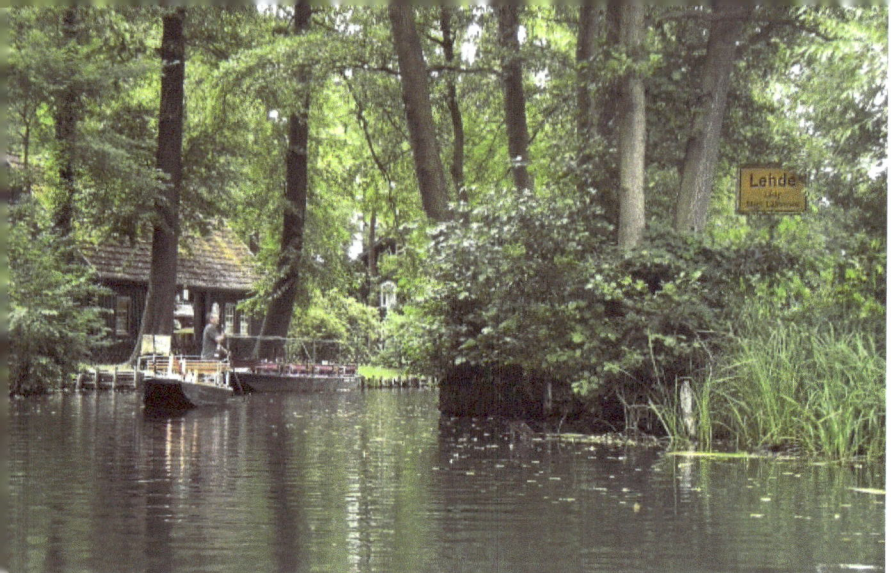

Lehde liegt 2 km von Lübbenau entfernt. Durch seine vielen, bis zu 200 Jahre alten historischen Blockhausbauten steht das gesamte Dorf unter Denkmalschutz. Der Name Lehde stammt vom sorbischen "Lĕdy" ab und bedeutet "Brachland".

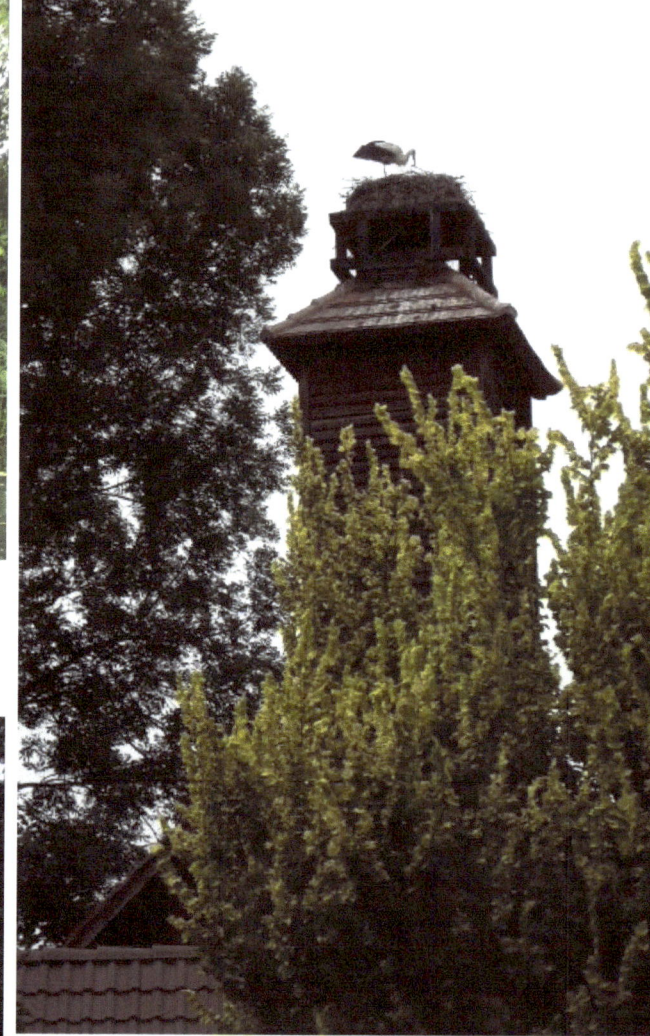

oben/unten: Feuerwehrhaus mit Storchennest (Lehde).

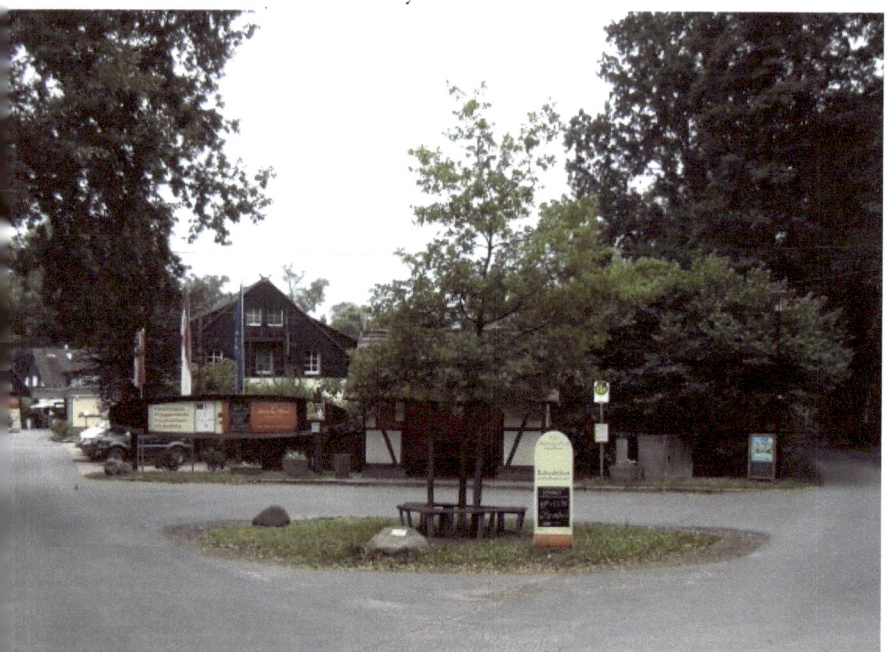

oben: Ortseingang   *unten:* Gerätehaus für Feuerwehrkahn.

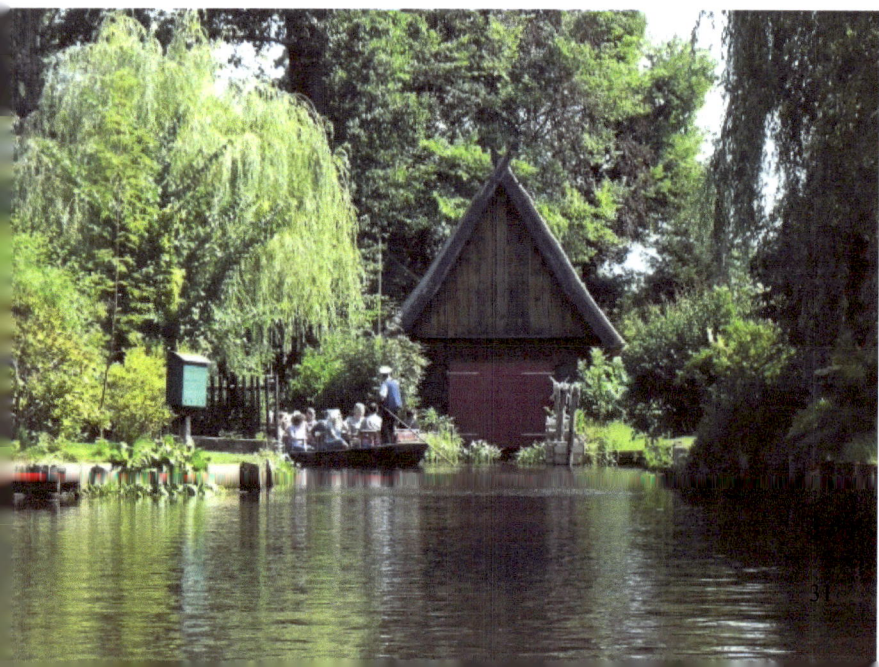

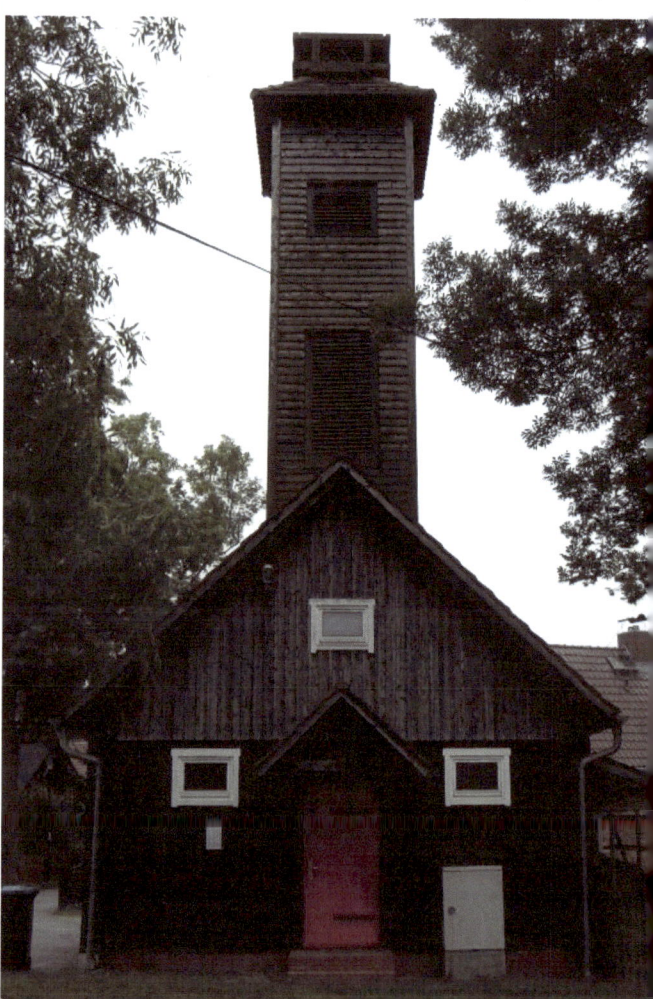

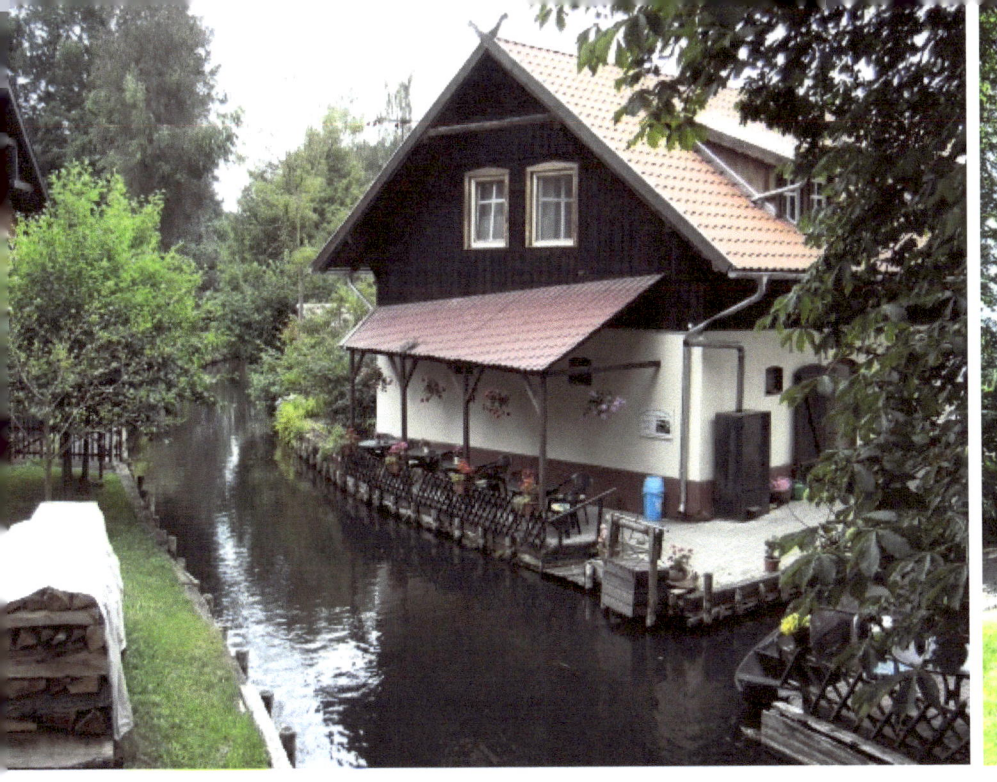

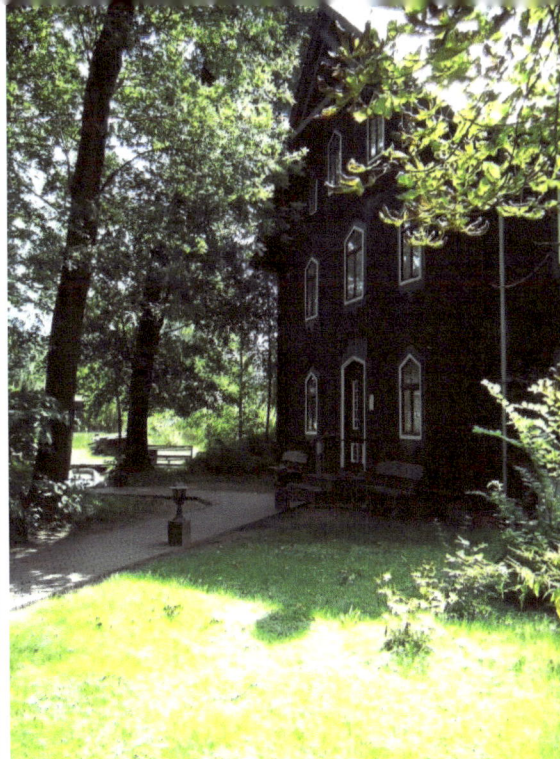

oben: Imbiss & Biergarten Pension unter der 250-jährigen Eiche.
unten: Gasthaus Fröhlicher Hecht und Spreewald-Aquarium.

oben: Das Logierhaus, 1900 errichtet, gehört zum Fröhlichen Hecht.

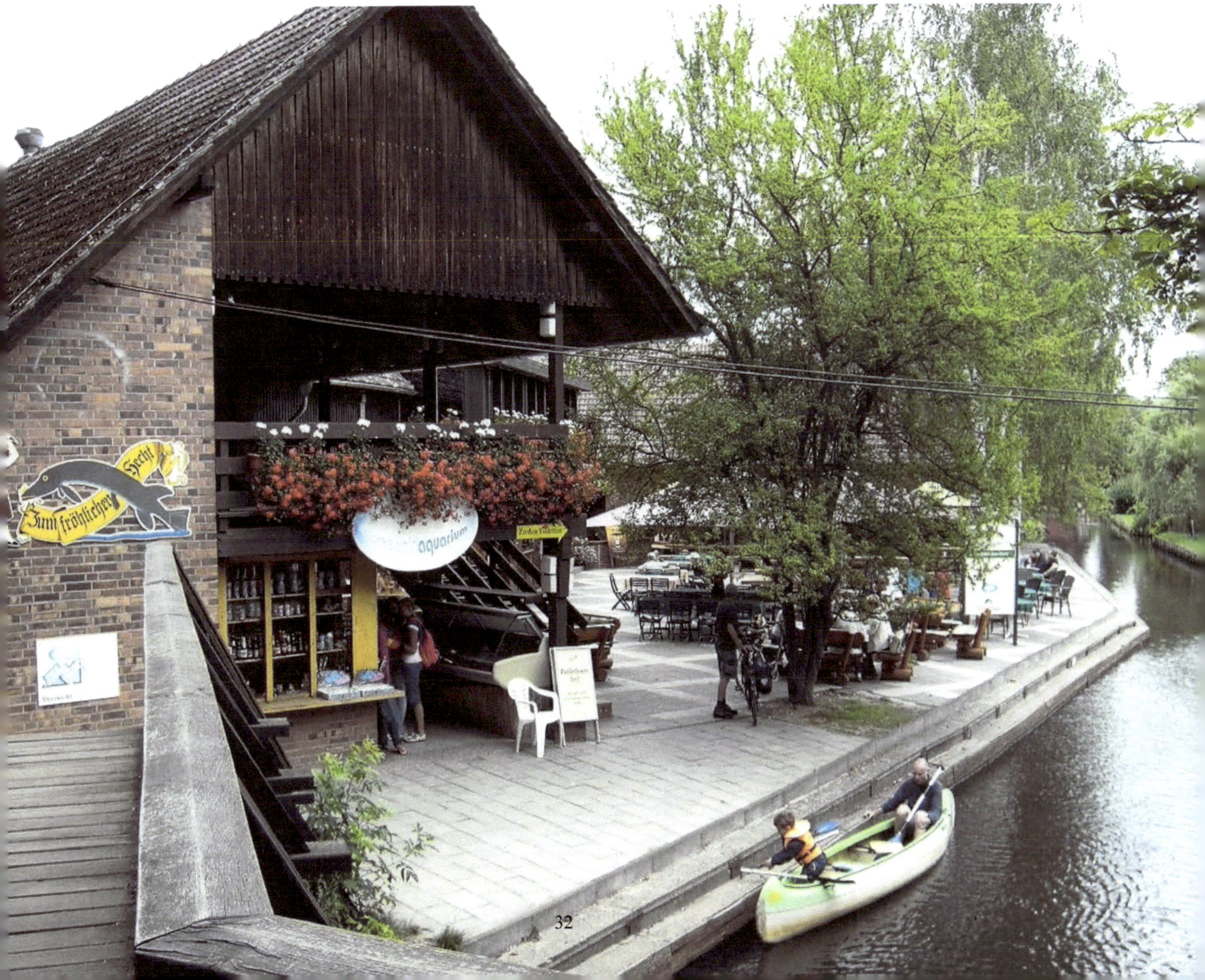

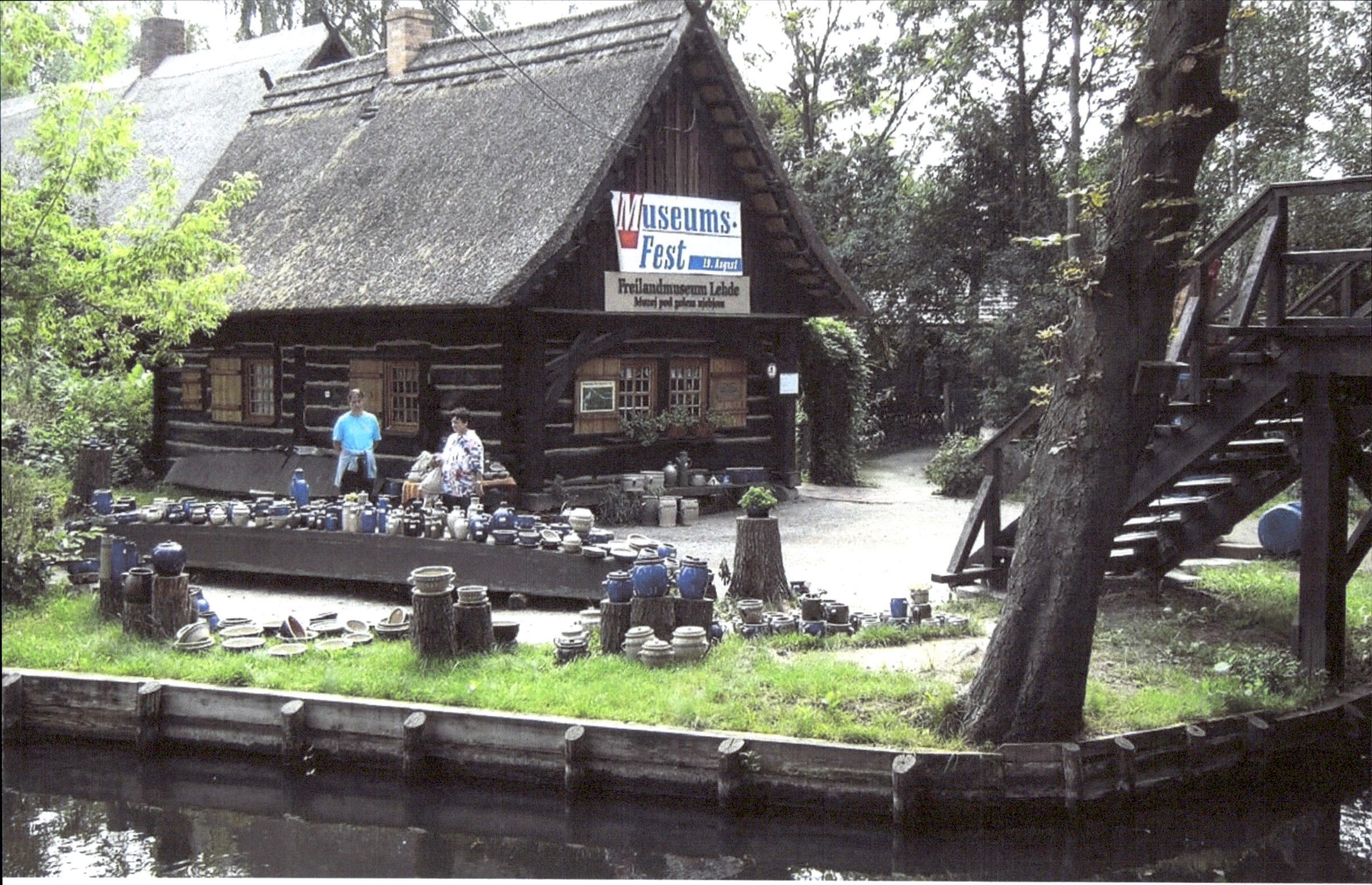

Das Freilandmuseum Lehde ist das älteste Brandenburgs und zeigt vier historische Bauernhöfe des Spreewaldes.

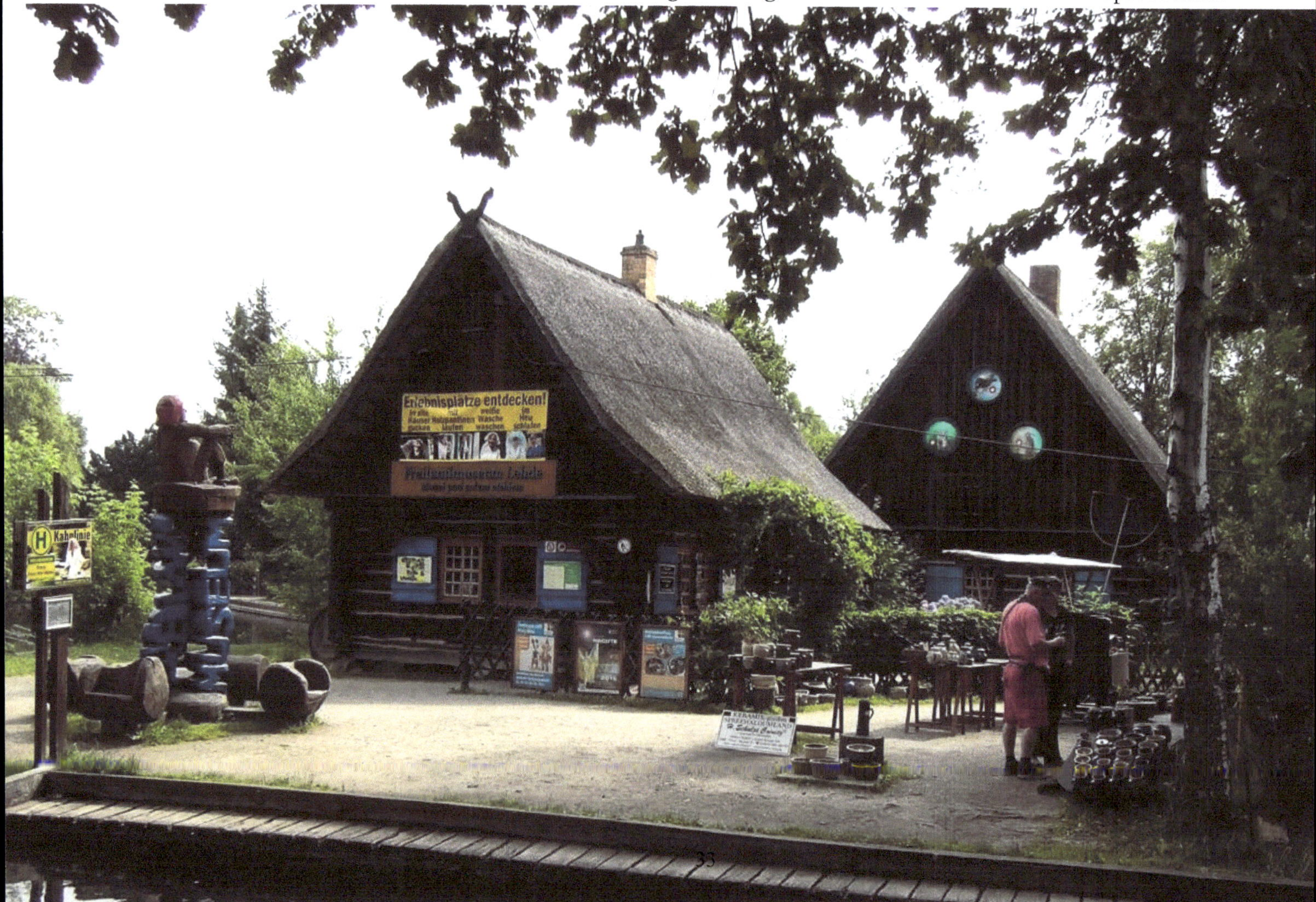

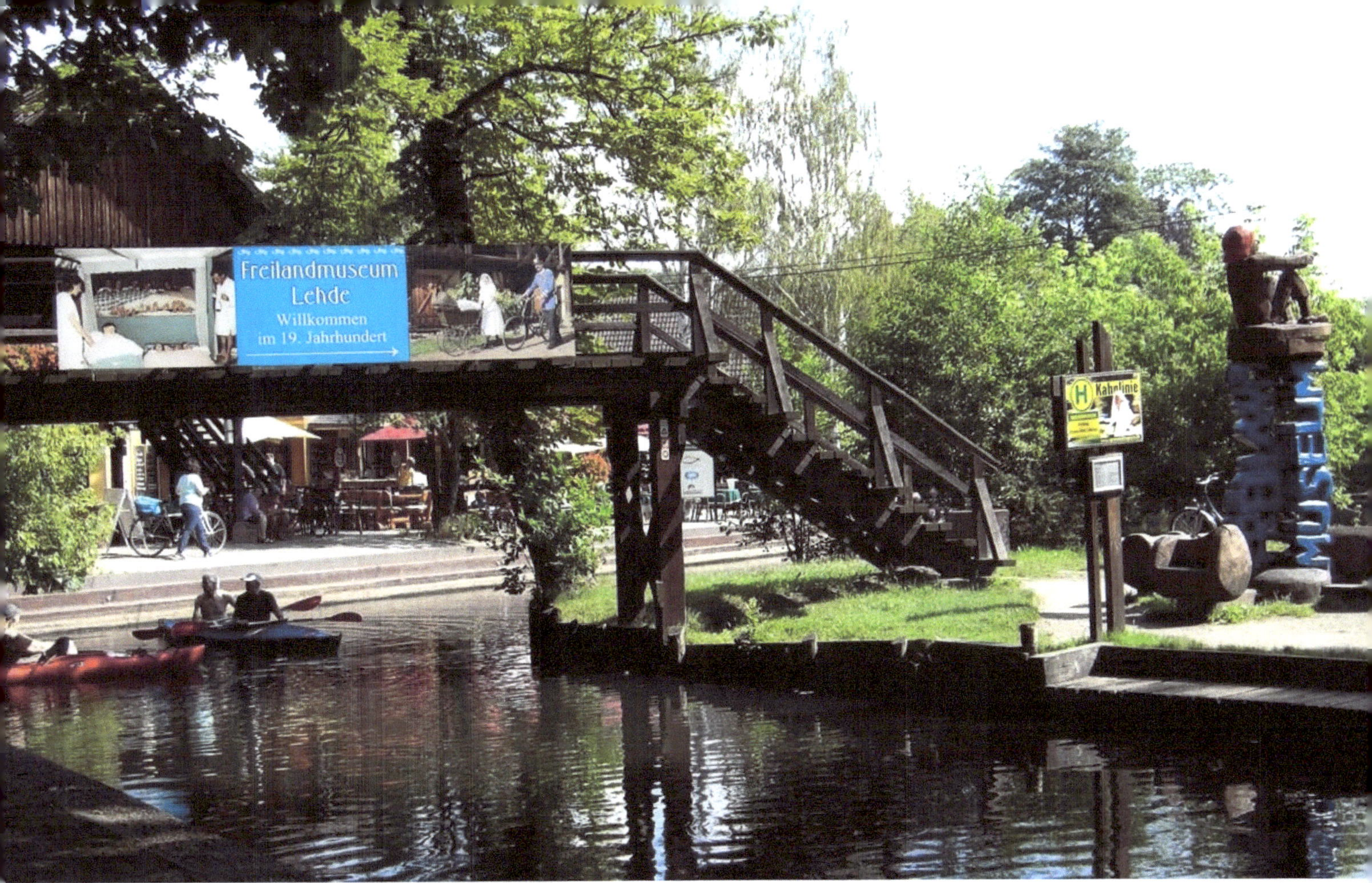
Freilandmuseum
Lehde
Willkommen
im 19. Jahrhundert
Kahnlinie
MUSEUM

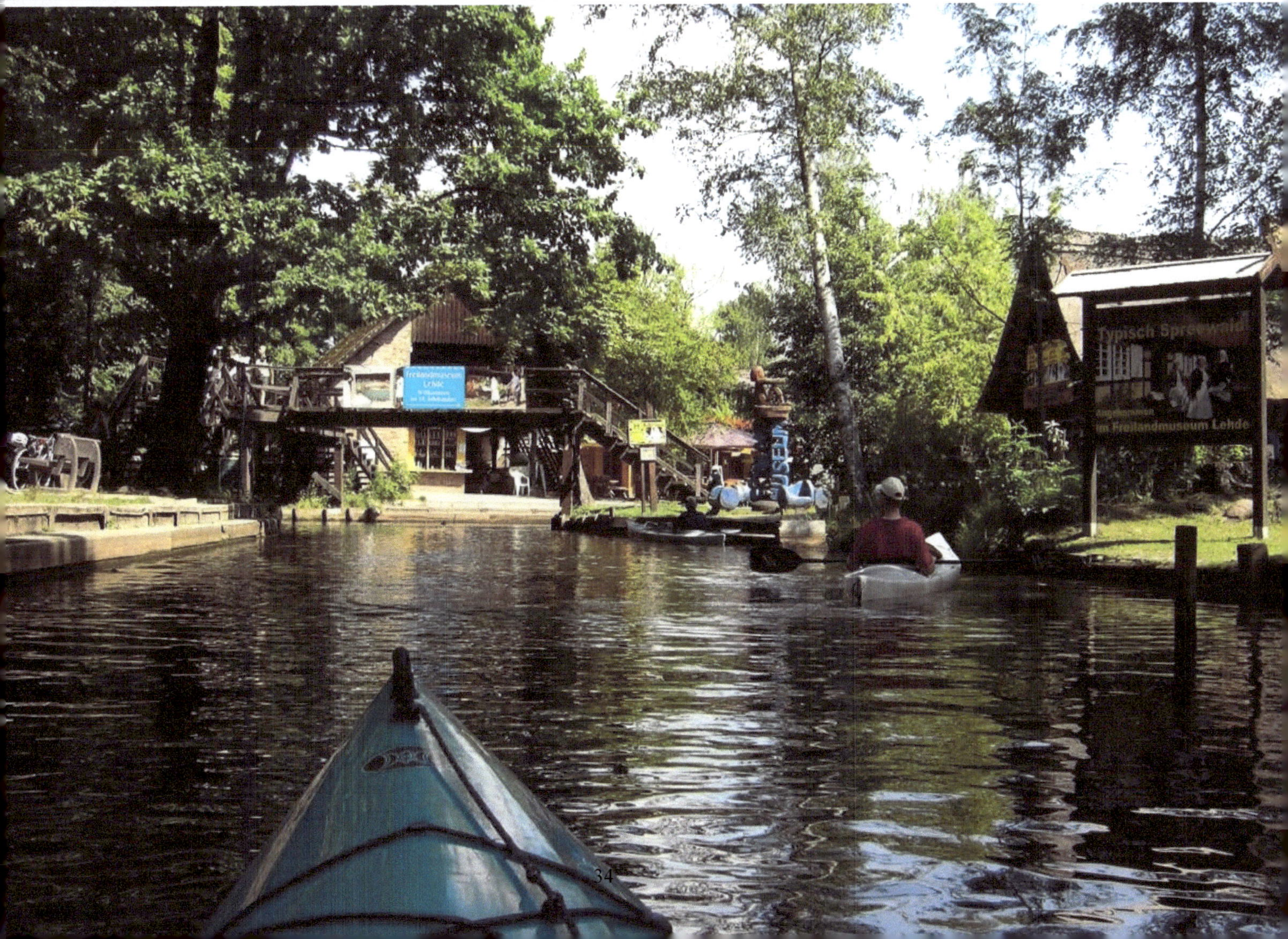
Freilandmuseum
Lehde
im Freilandmuseum Lehde

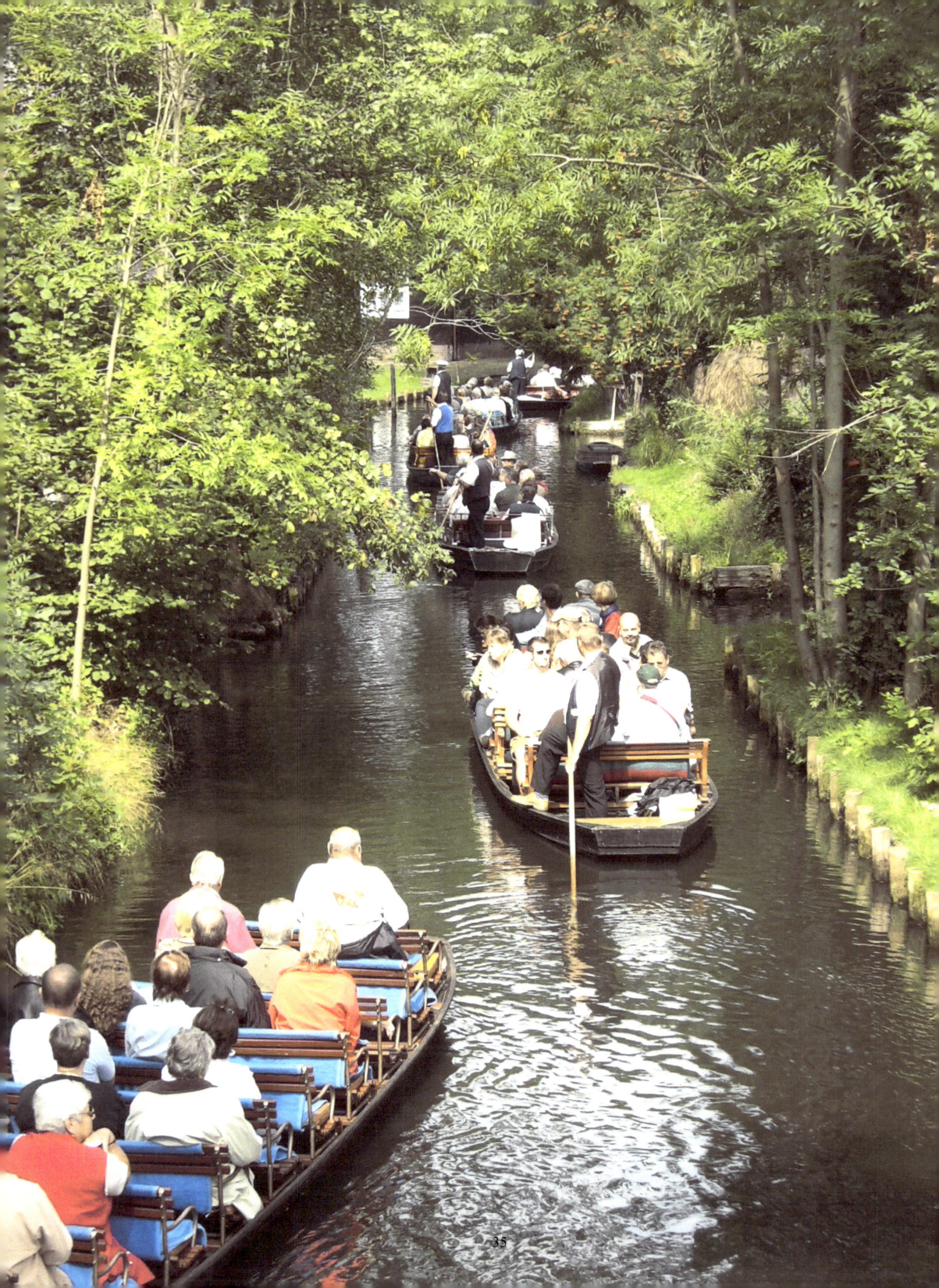

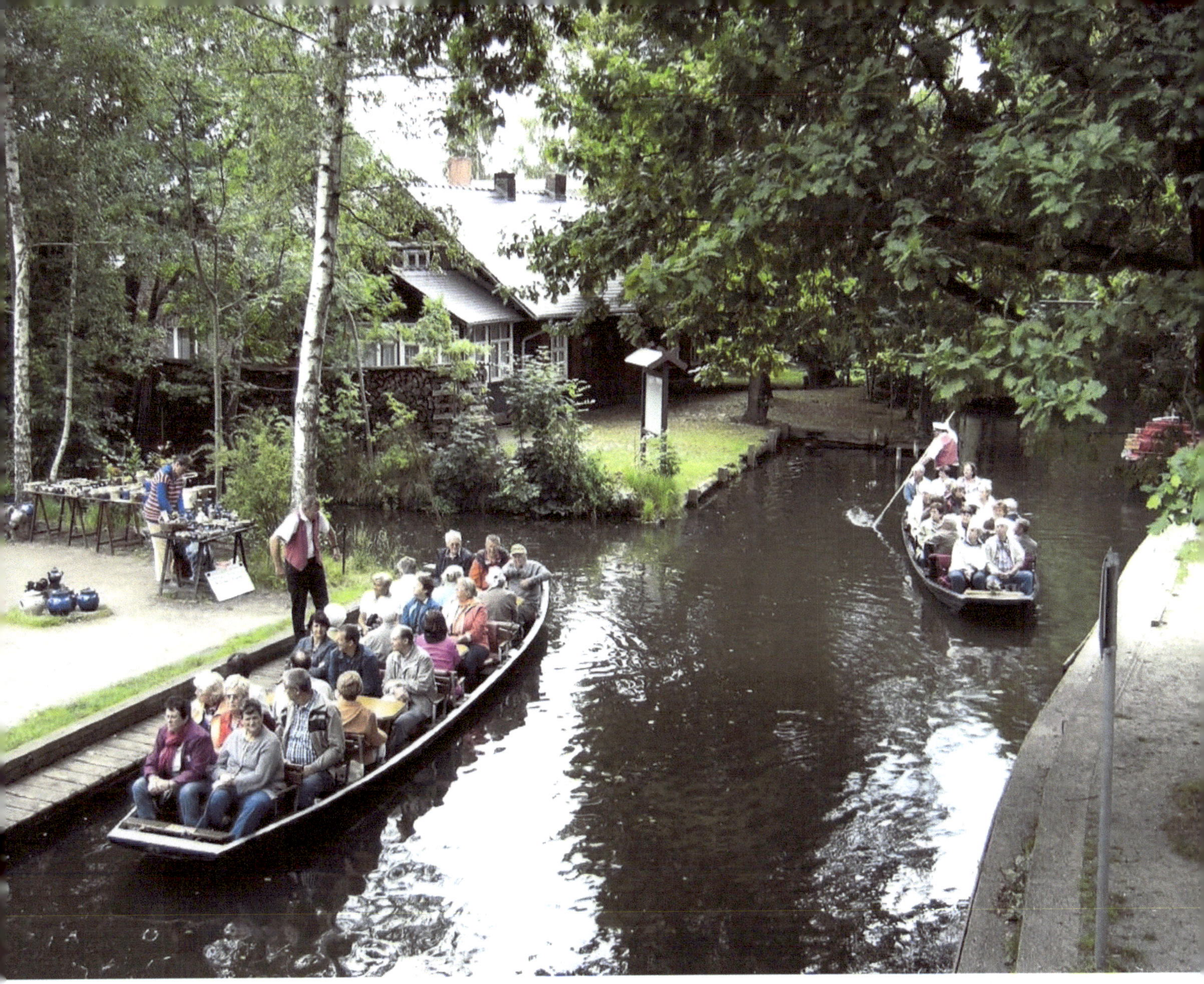

Eine beliebte Kahntour führt zum Freilandmuseum in dem man das Leben wie vor 100 Jahren kennenlernen kann. Die vier im Museum aufgebauten Bauernhöfe stammen aus der Region und sind originalgetreu eingerichtet. Selbst die Mitarbeiter tragen hier Tracht, was die Besucher umso mehr in das einstige Leben der Sorben und Wenden eintauchen lässt. Zu sehen bekommt man hier vom Kuhstall bis zur Kahnbauerei vieles, was einst zum Dorfleben gehörte und teilweise sogar noch bis heute gehört.

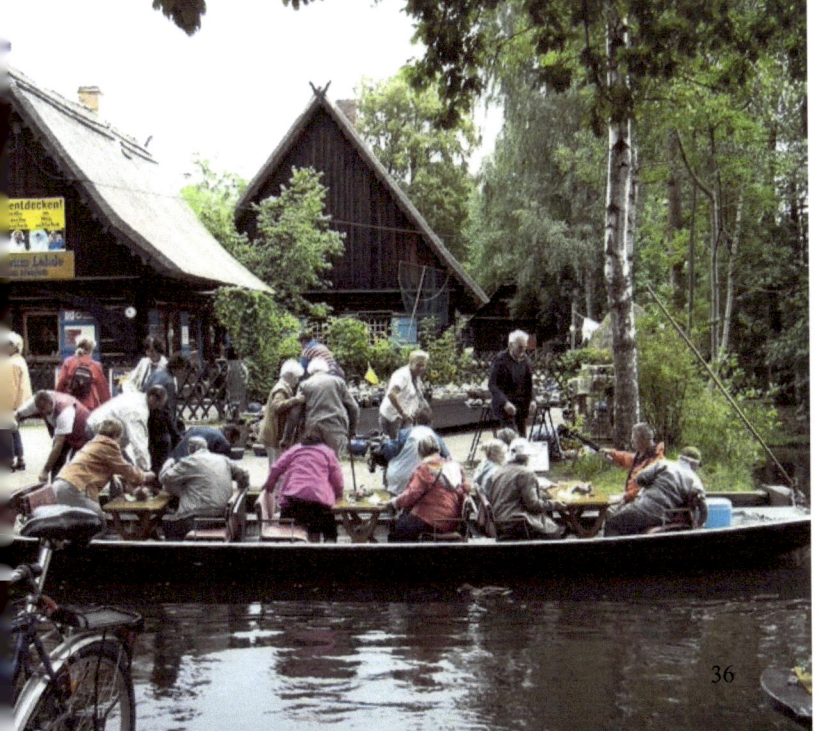

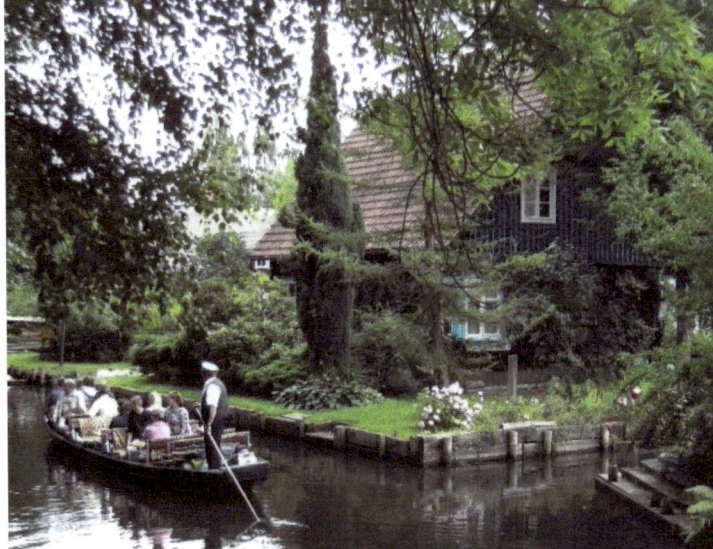

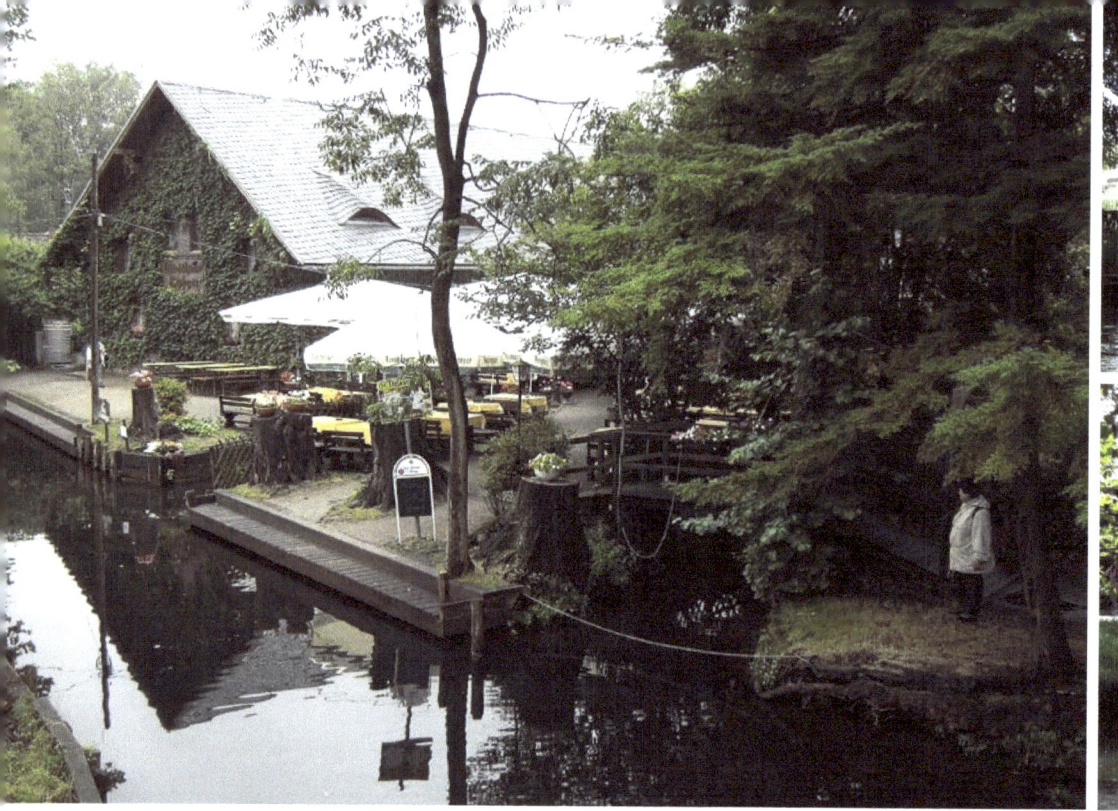

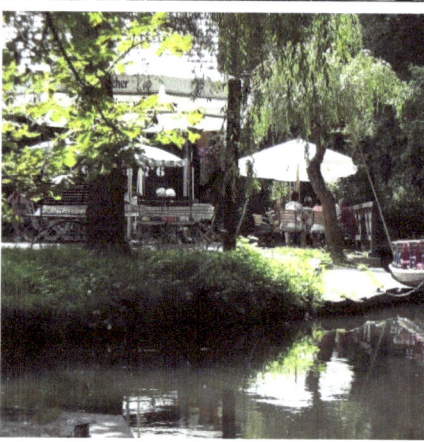

oben: Gasthaus Oppott in Lehde.

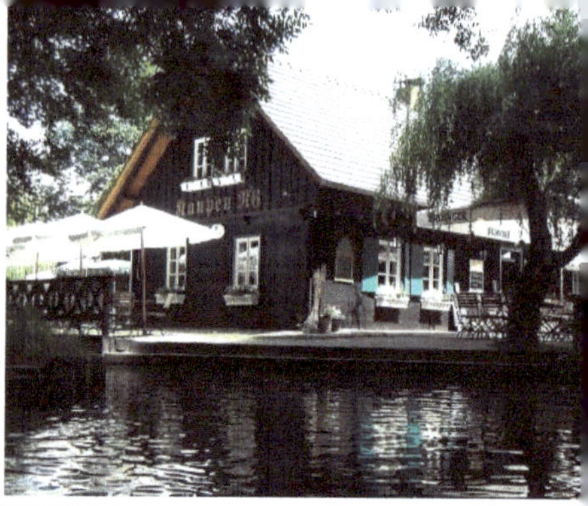

oben/unten: Gathaus Kaupen Nr. 6.

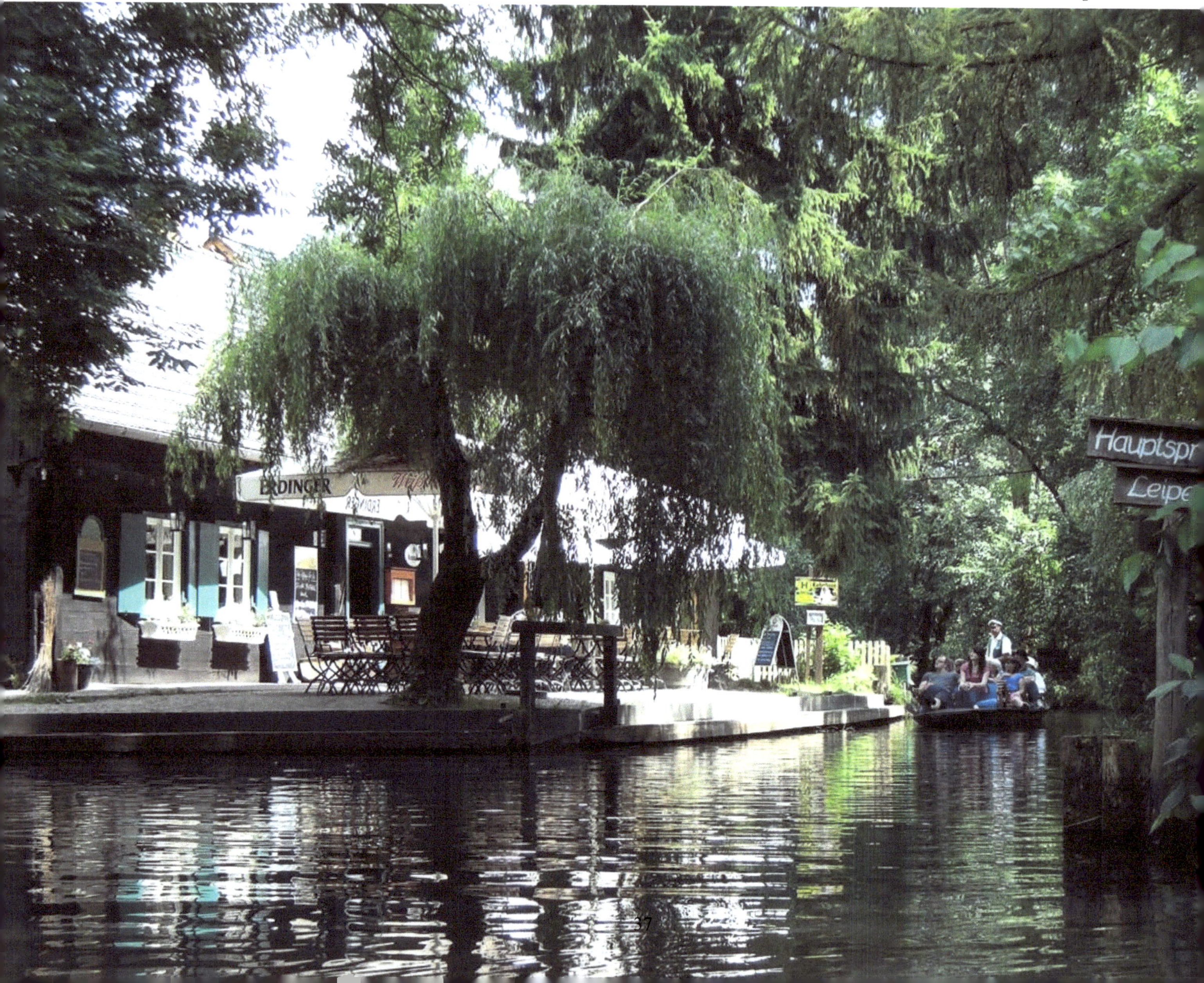

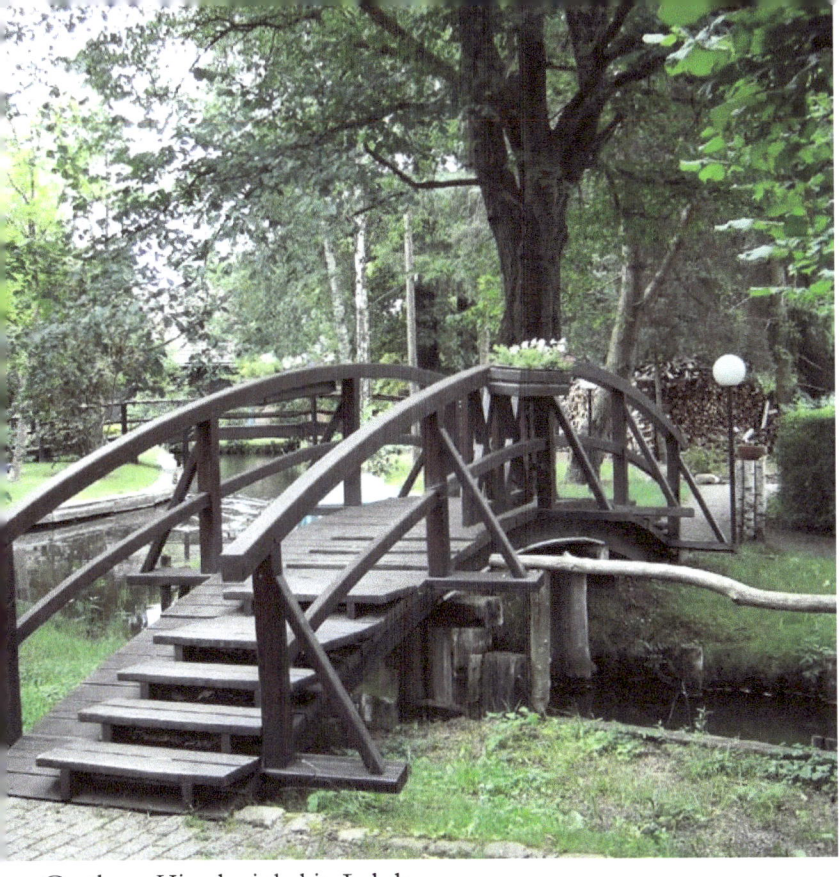
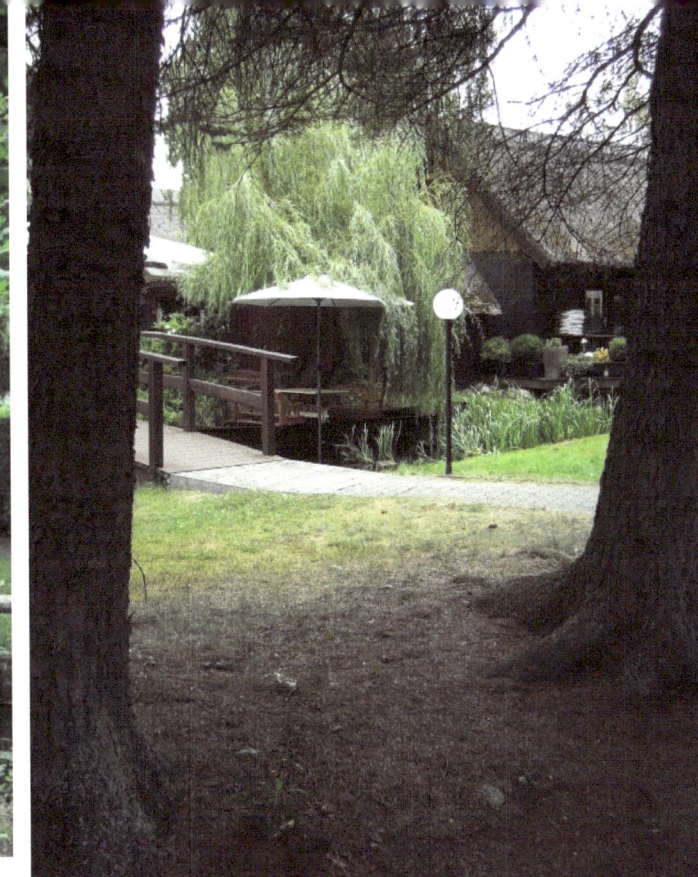

Gasthaus Hirschwinkel in Lehde.

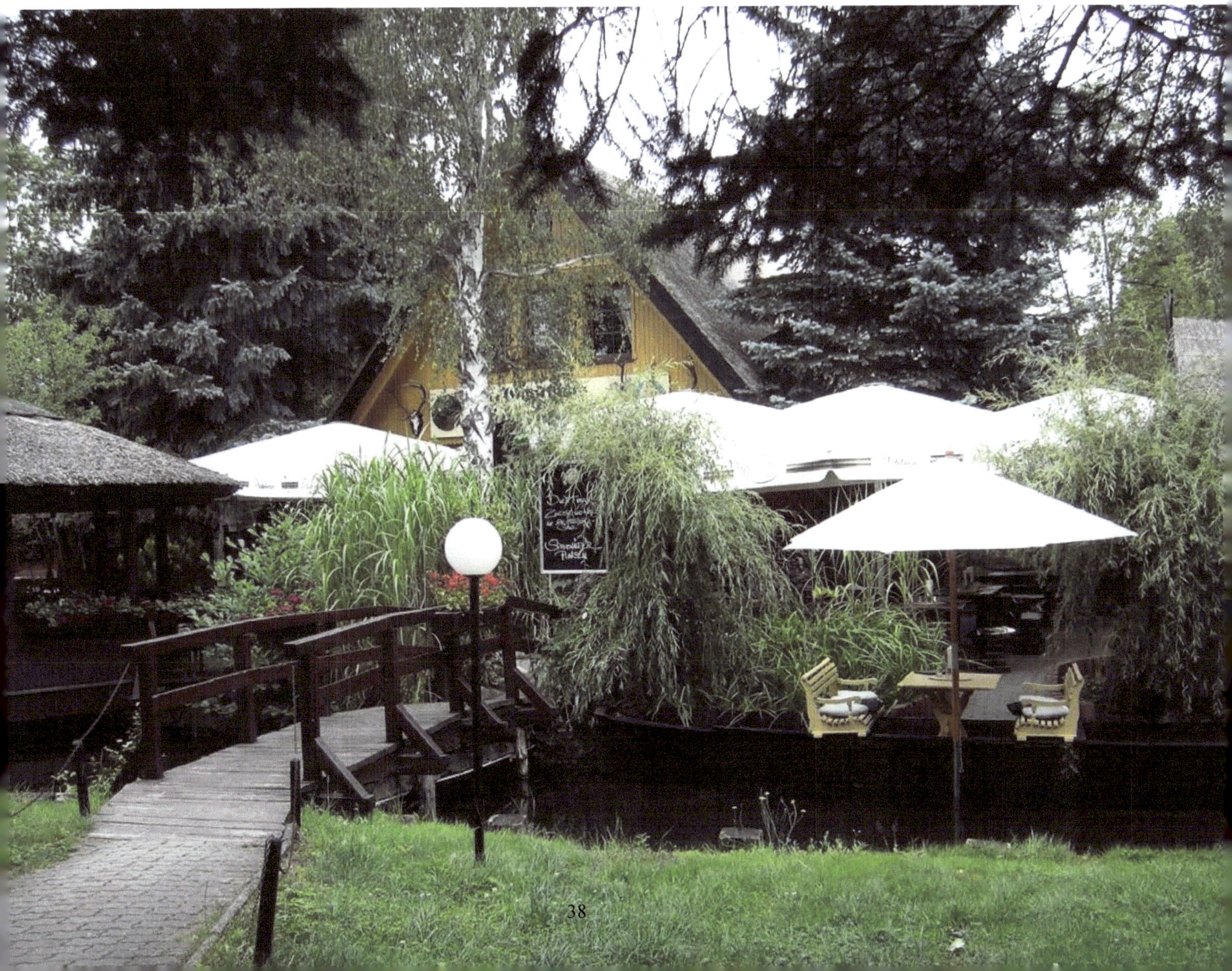

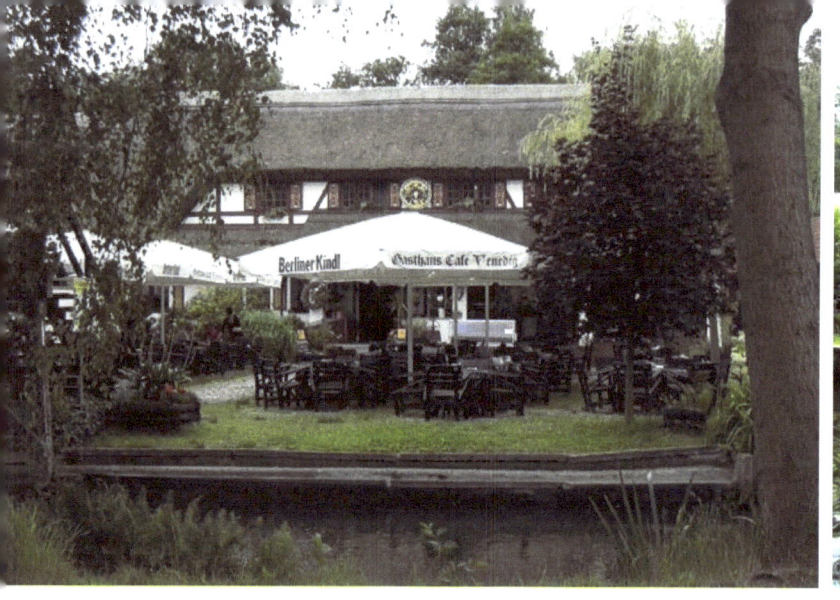
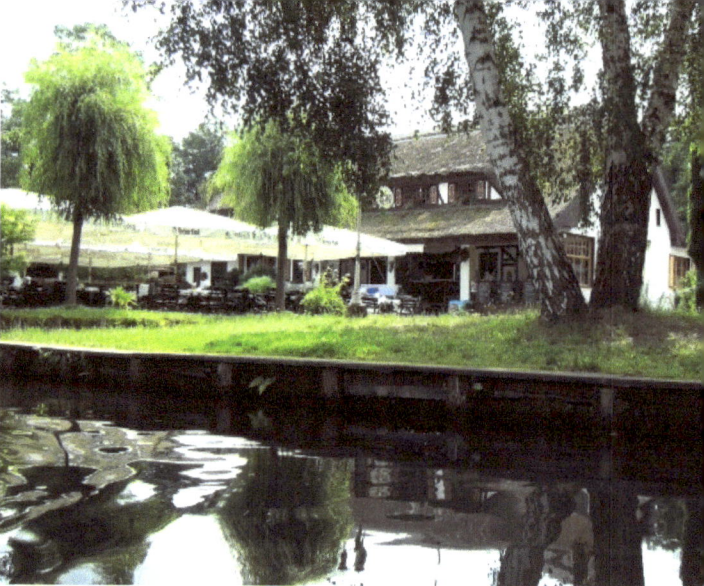

Viele Gebäude befinden sich auf kleinen Inseln, so auch das Gasthaus Café Venedig. Das schilfgedeckte Gebäude mit seinem weitläufigen Biergarten ist eine von vielen Anlandstellen der Kahnfährleute um eine kleine Mittagsrast einzulegen.

Bei weniger gutem Wetter ist man in der Gaststube des Café Venedig bestens aufgehoben. Hier ist auch eine rund 100 Jahre alte Sammlung von Postkarten und Schmetterlingen ausgestellt, sowie etliche Jagdtrophäen.

Das Café Venedig befindet sich an den Fließen Lehder Graben und Venediggraben, ist aber auch zu Fuß oder mit dem Fahrrad erreichbar.

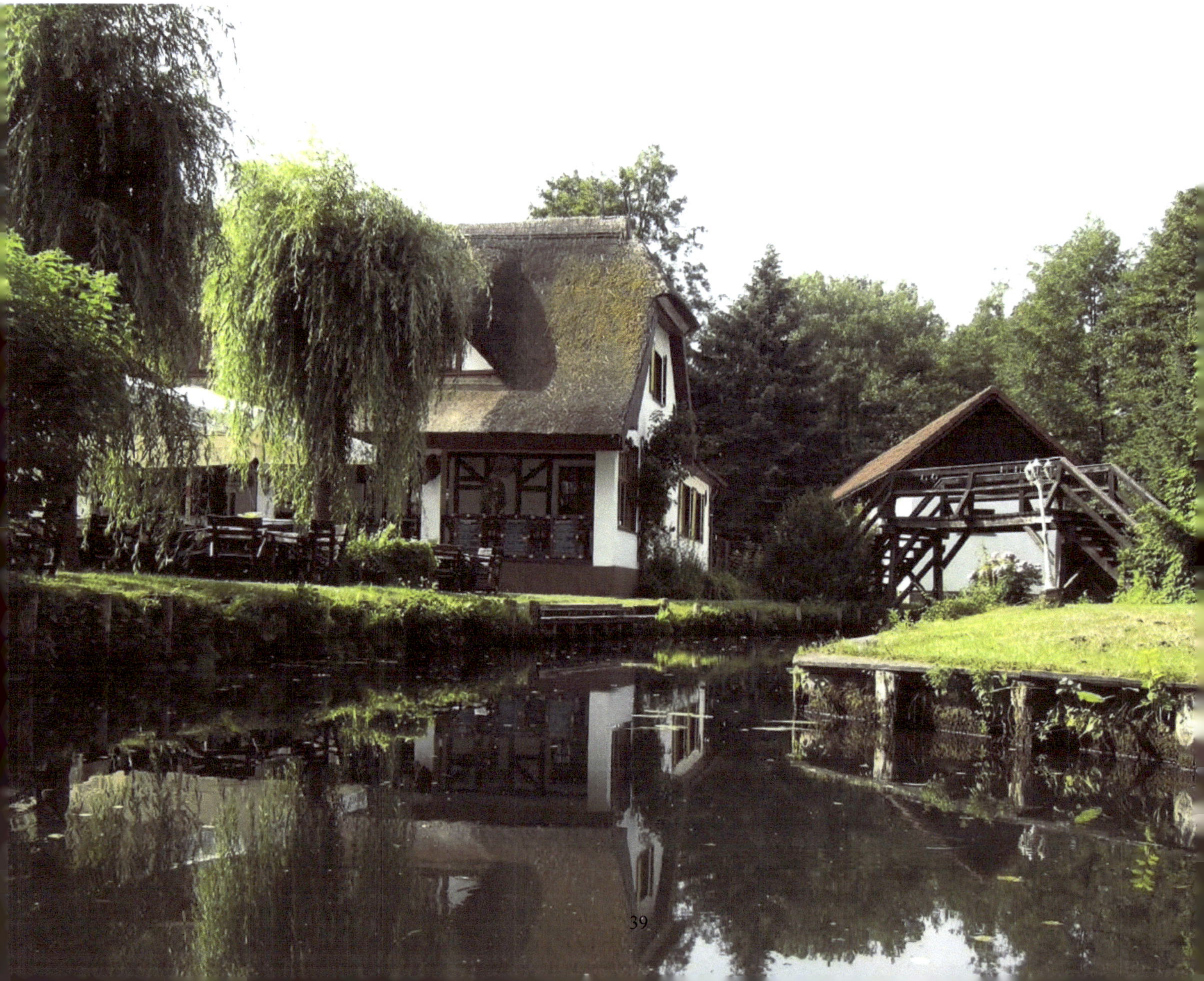

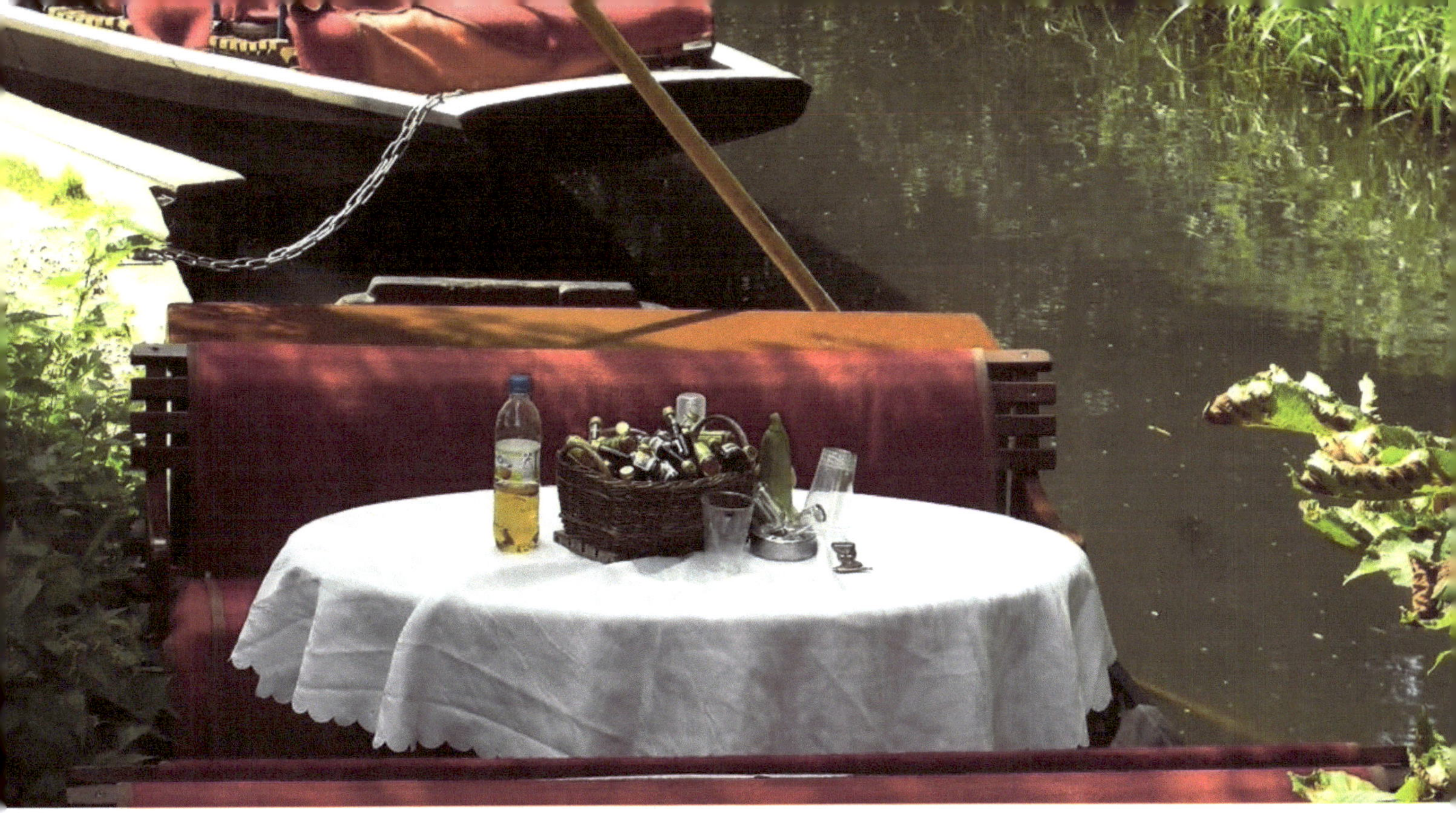

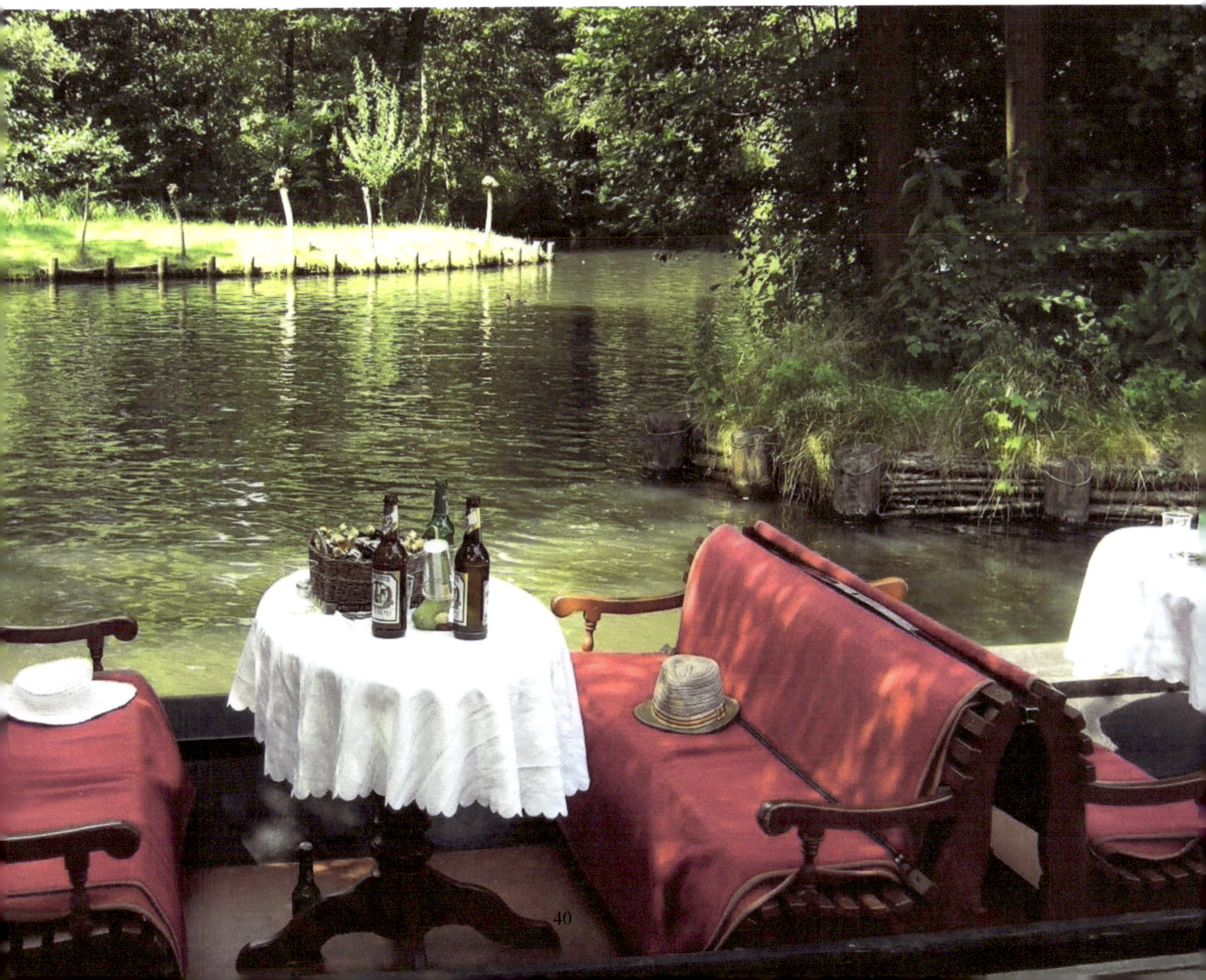

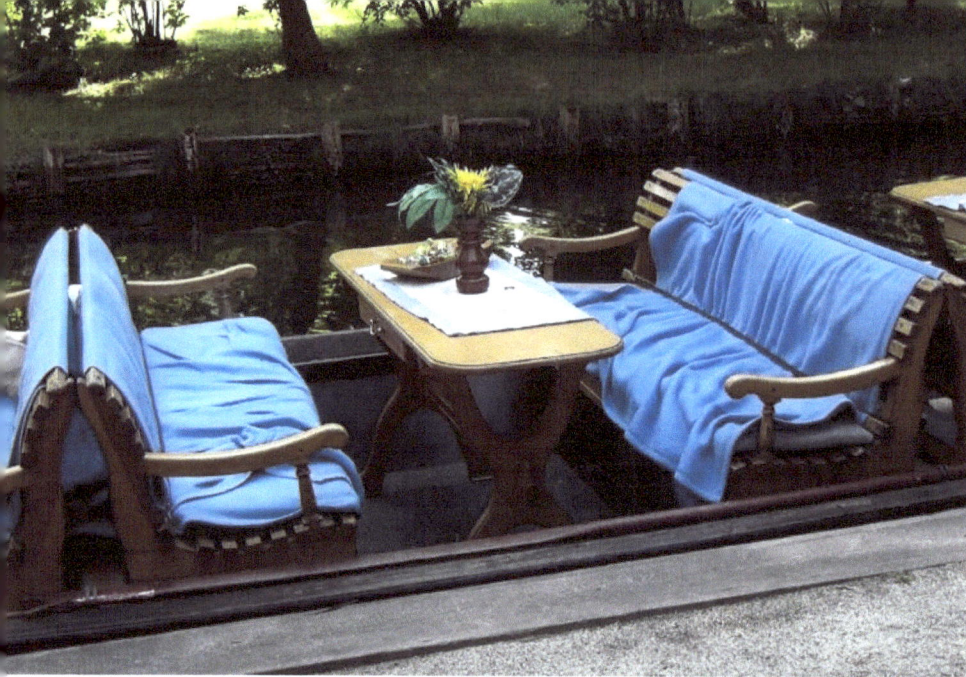

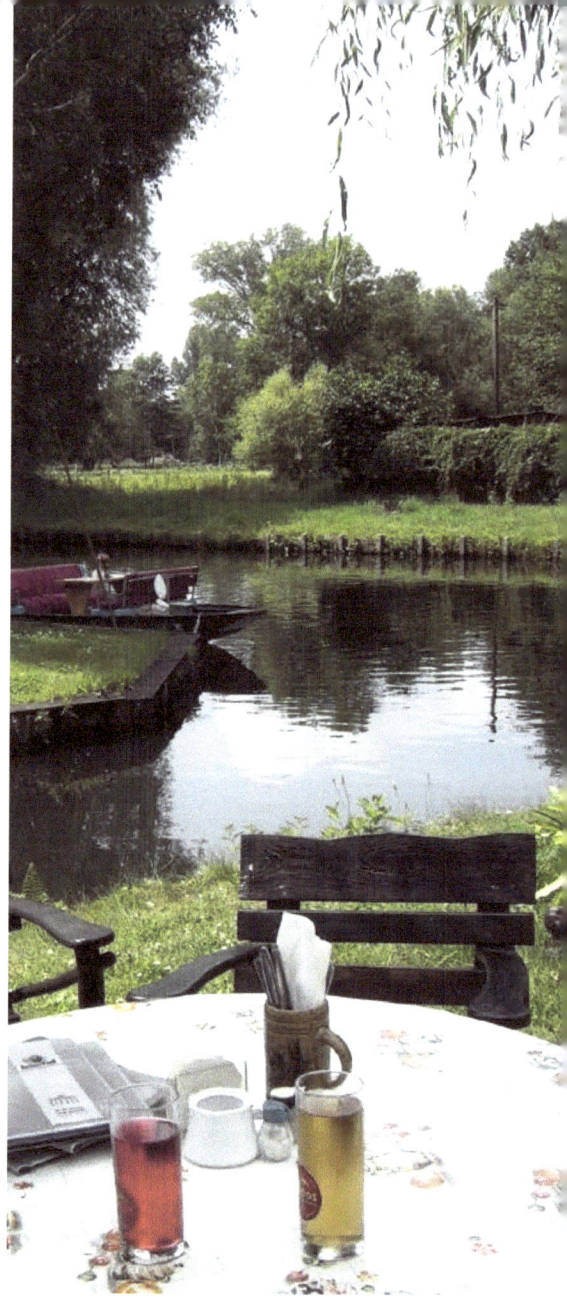

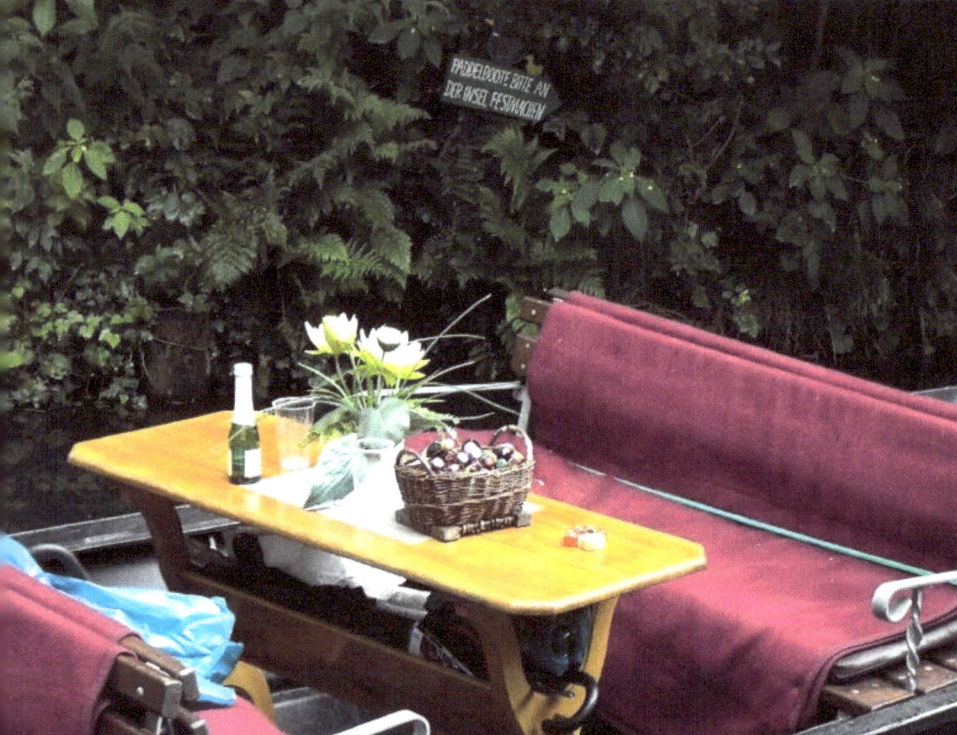

Nicht nur in den Gasthäusern, sondern auch im Kahn selbst sitzt man sehr gemütlich. Viele Kähne haben kleine Tische, die liebevoll dekoriert und mit reichlich Spirituosen ausgestattet sind.

Auf diese Weise macht so eine Kahnfahrt natürlich doppelt Spaß.

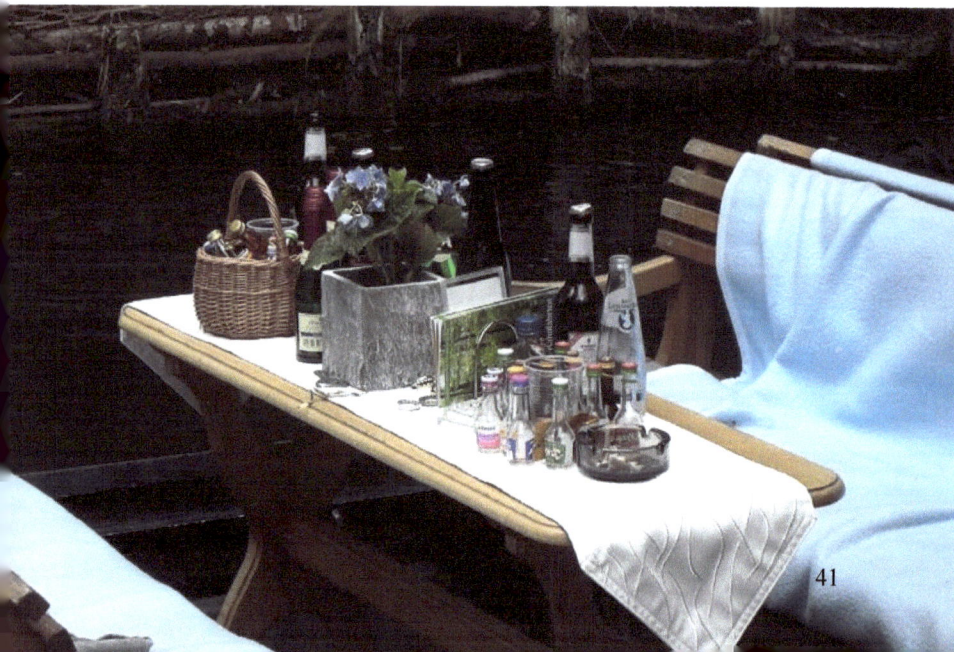

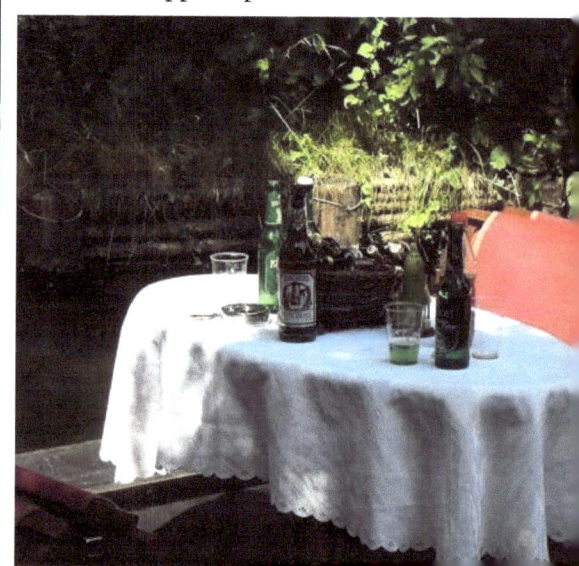

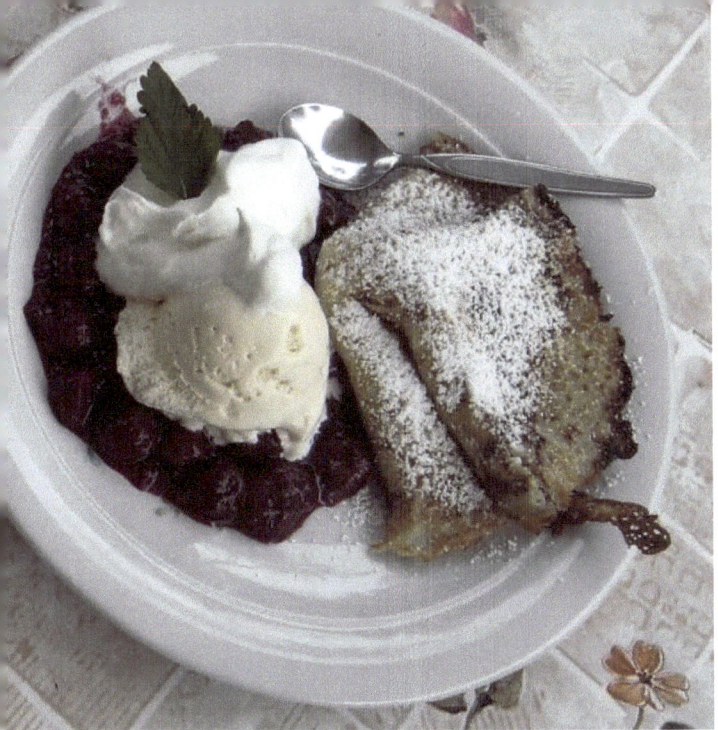

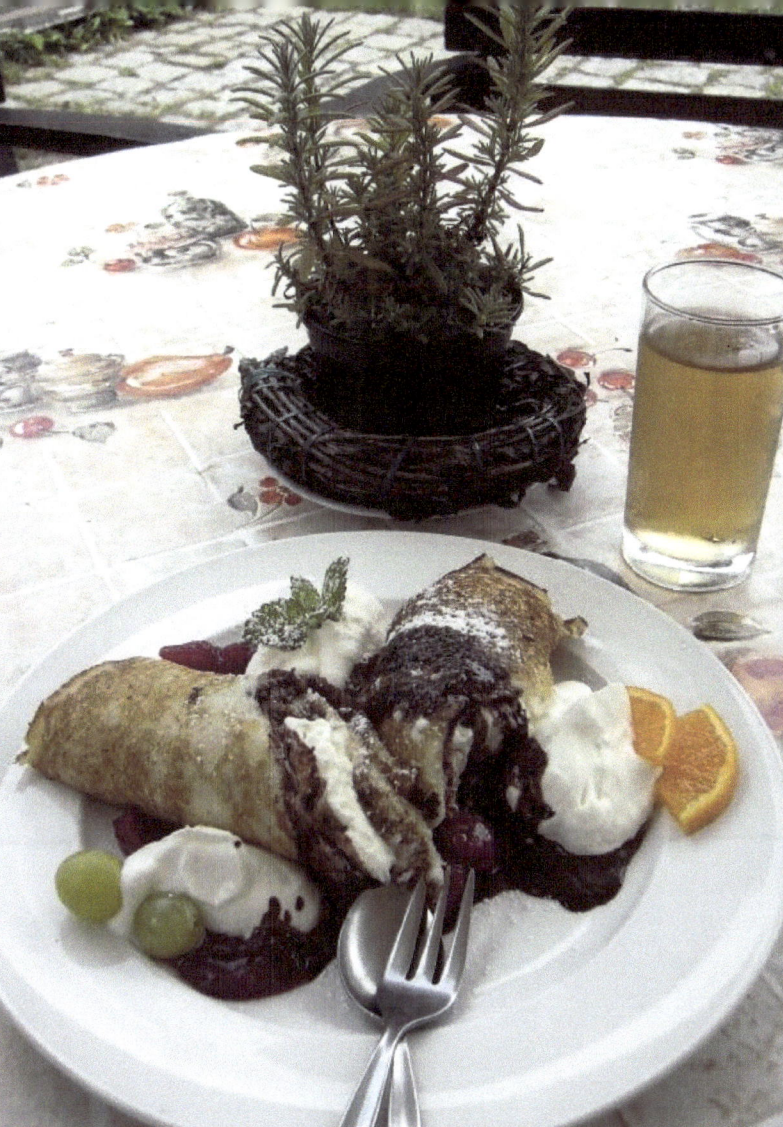

oben: Plinsen mit Kirschen und Eis. *rechts:* mit Zitronenquark
Plinsen sind ein pfannkuchenartiges Hefegebäck.

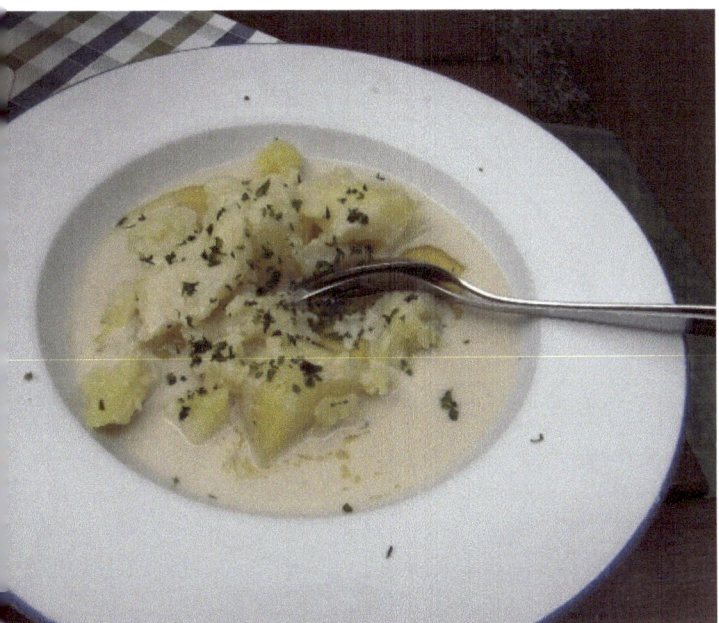

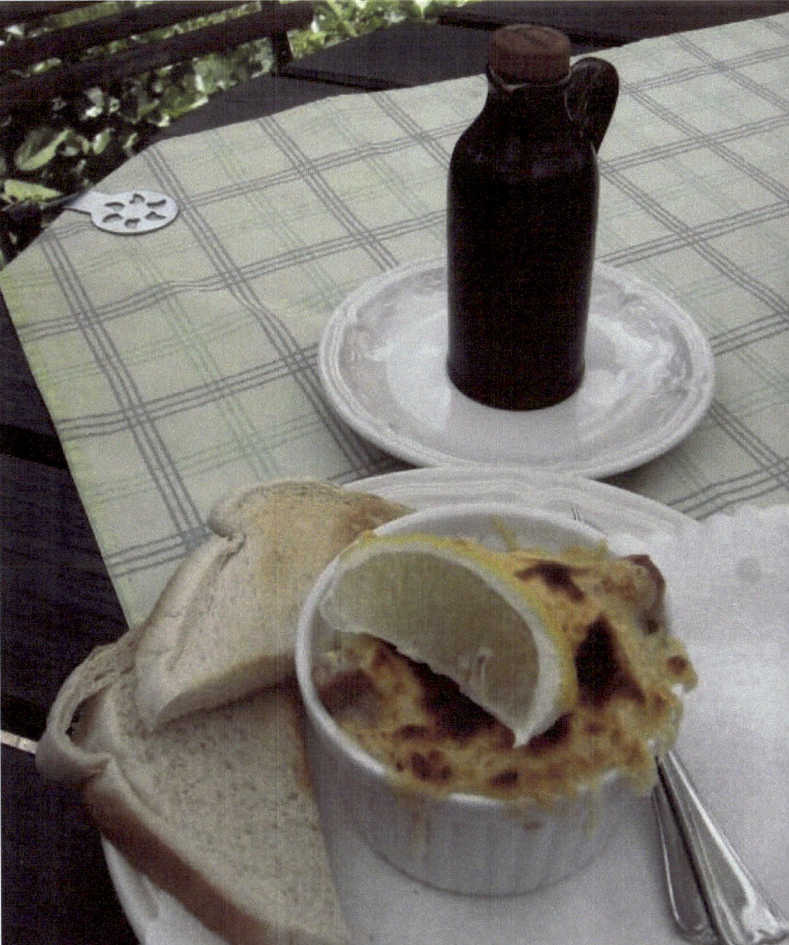

oben: Spreewälder Kartoffeln mit Fischsauce.
rechts: Würzfleisch mit Worcestersauce.
unten: Putensteak mit Kartoffeln und Kräuterquark.

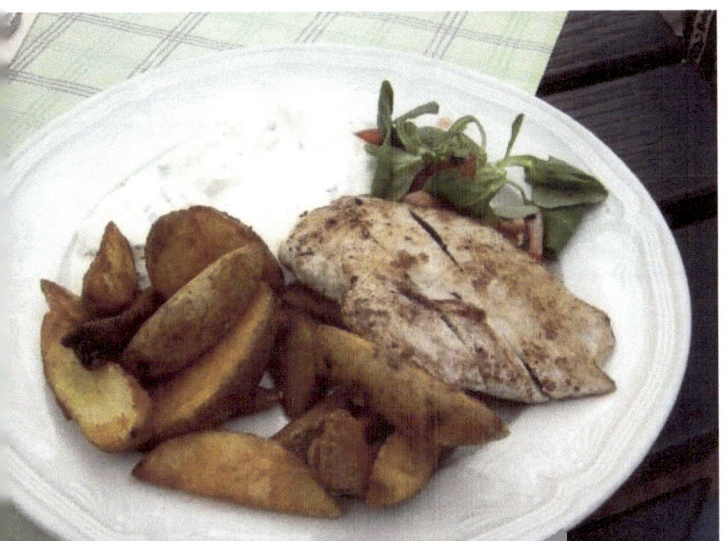

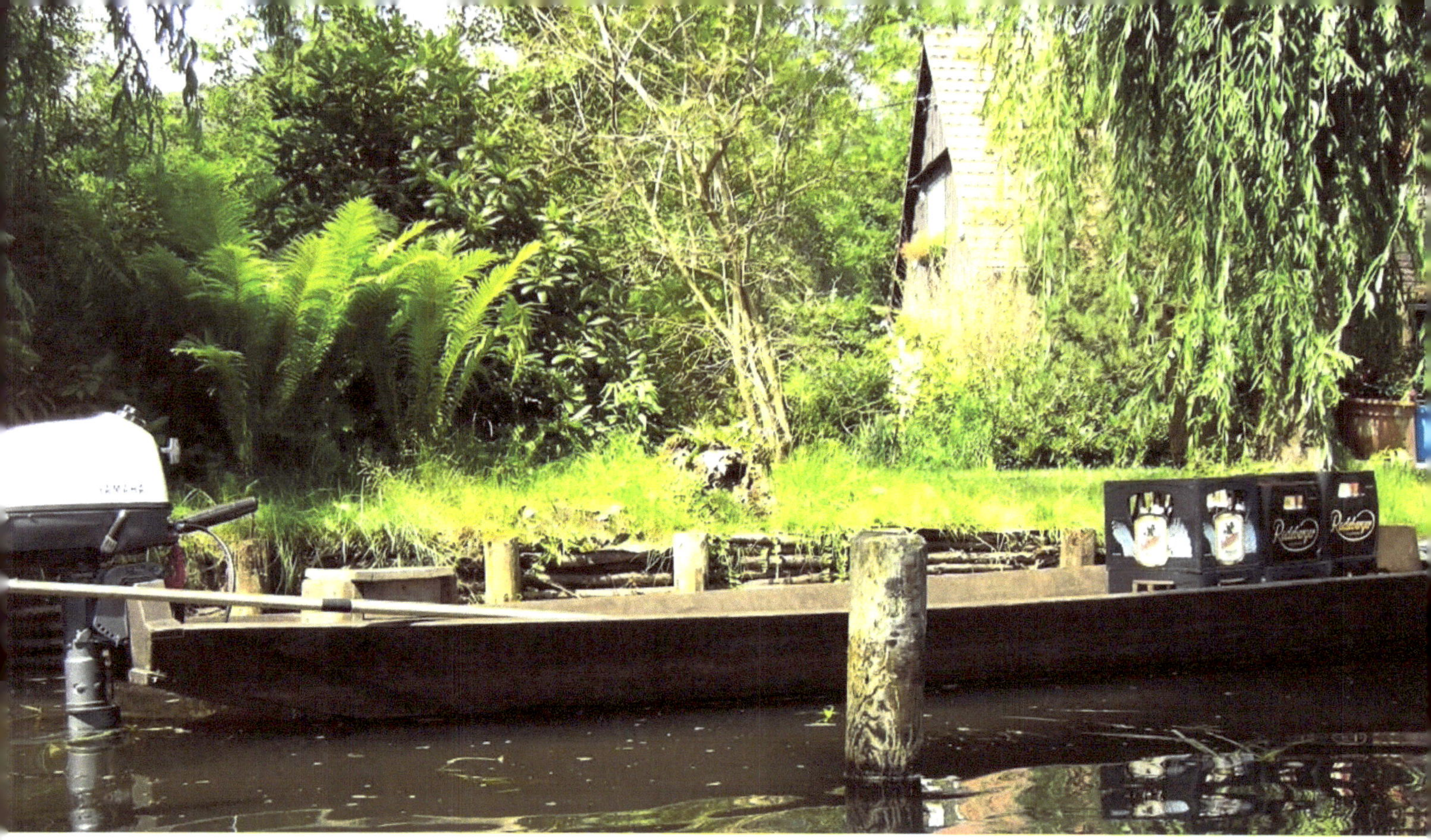

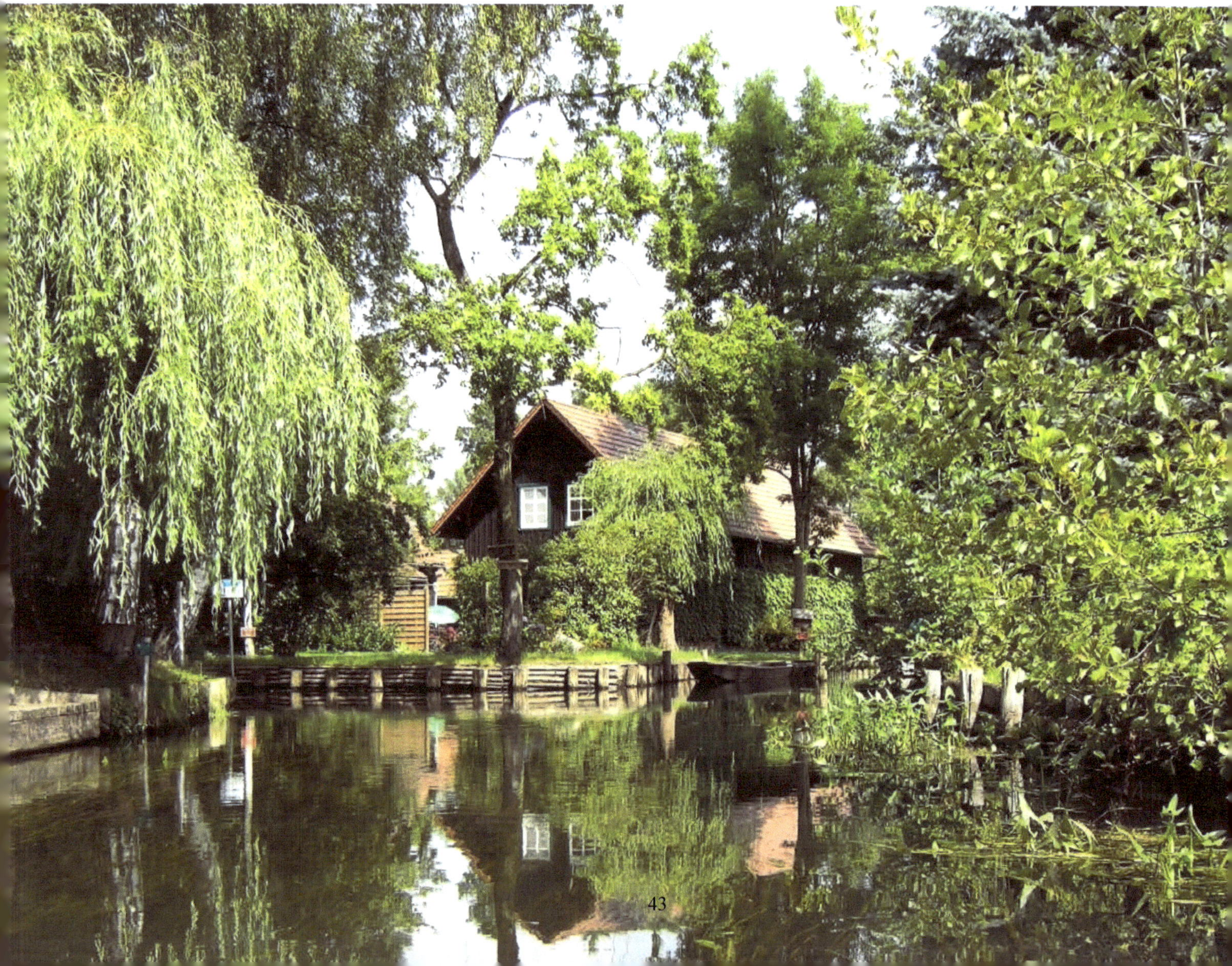

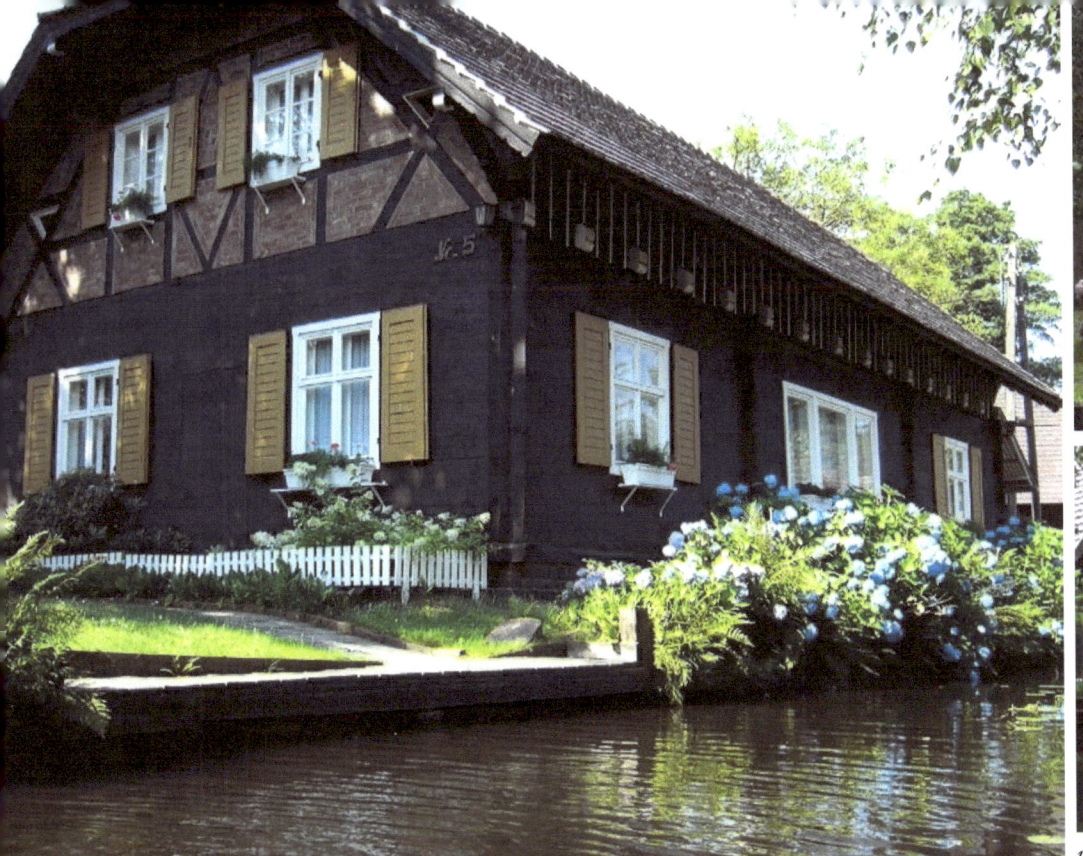

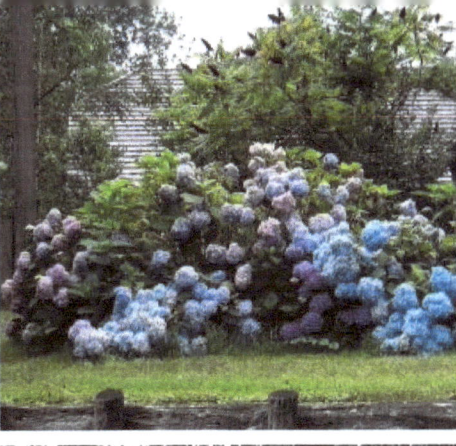

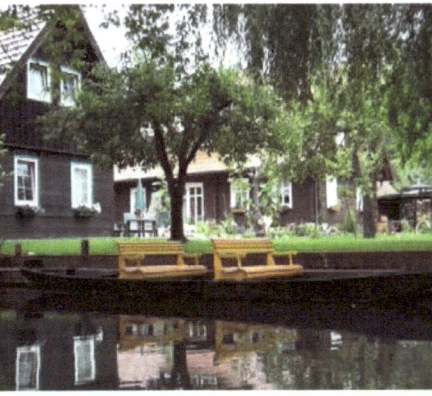

unten: Hotelanlage Starick

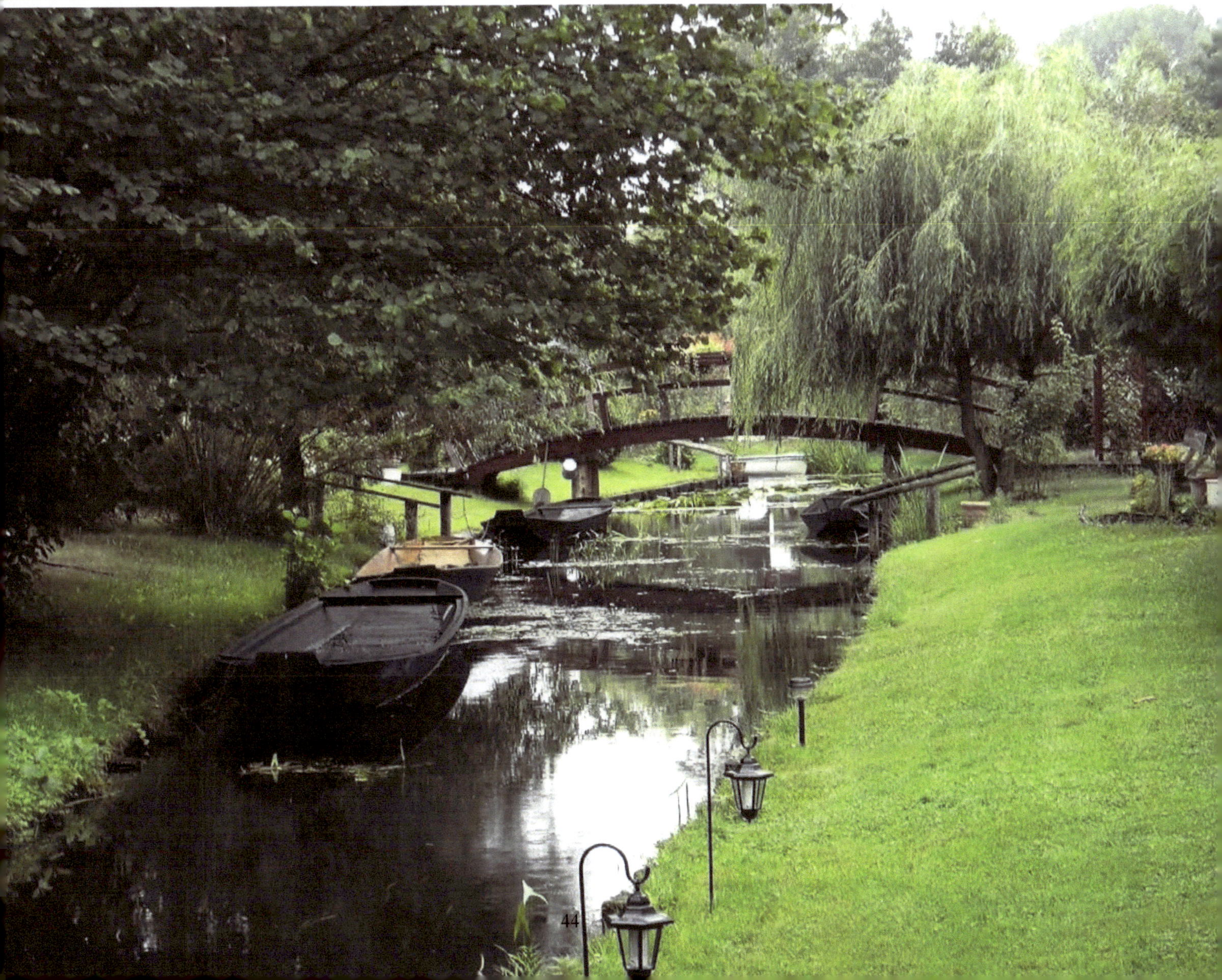

44

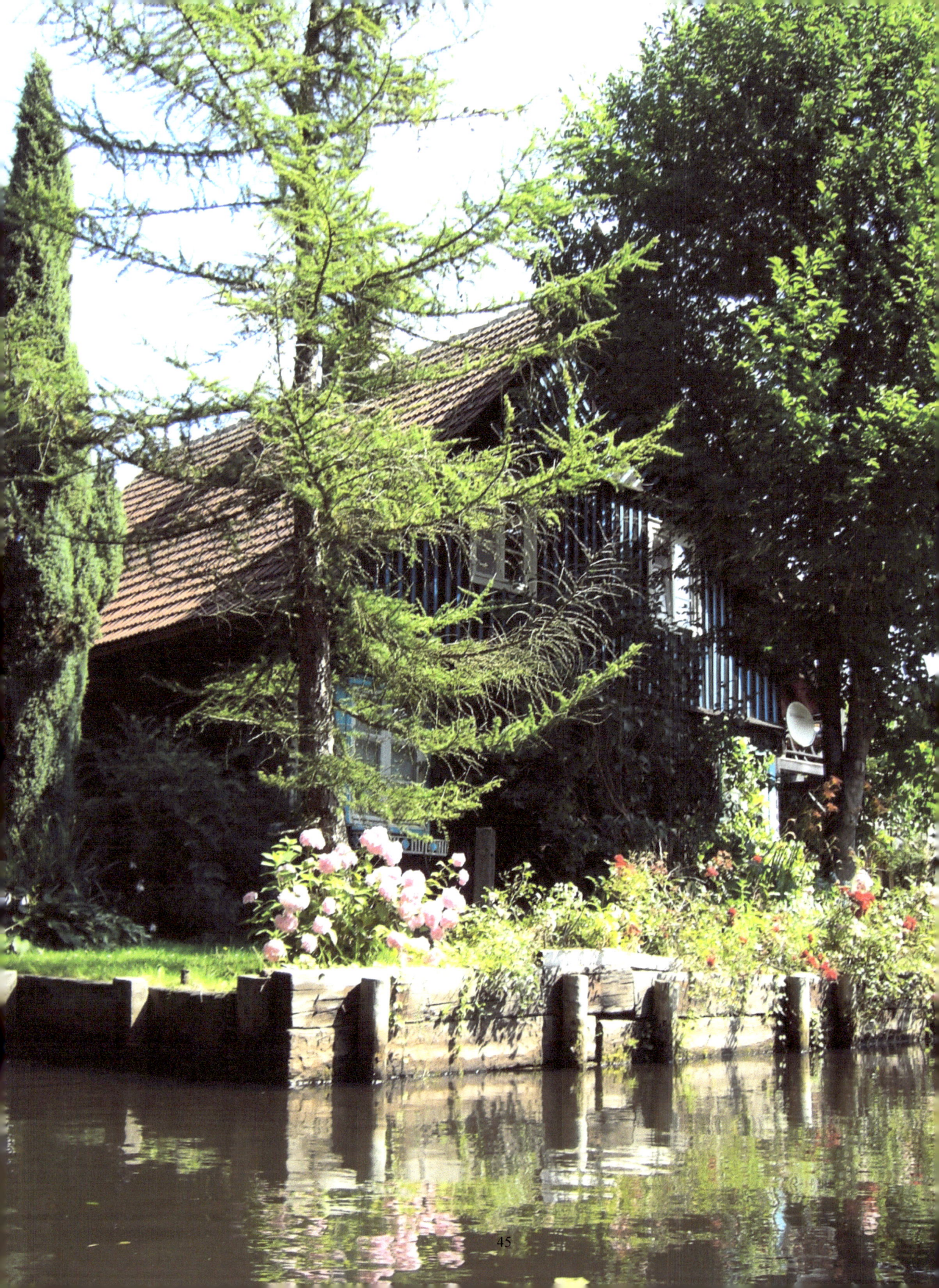

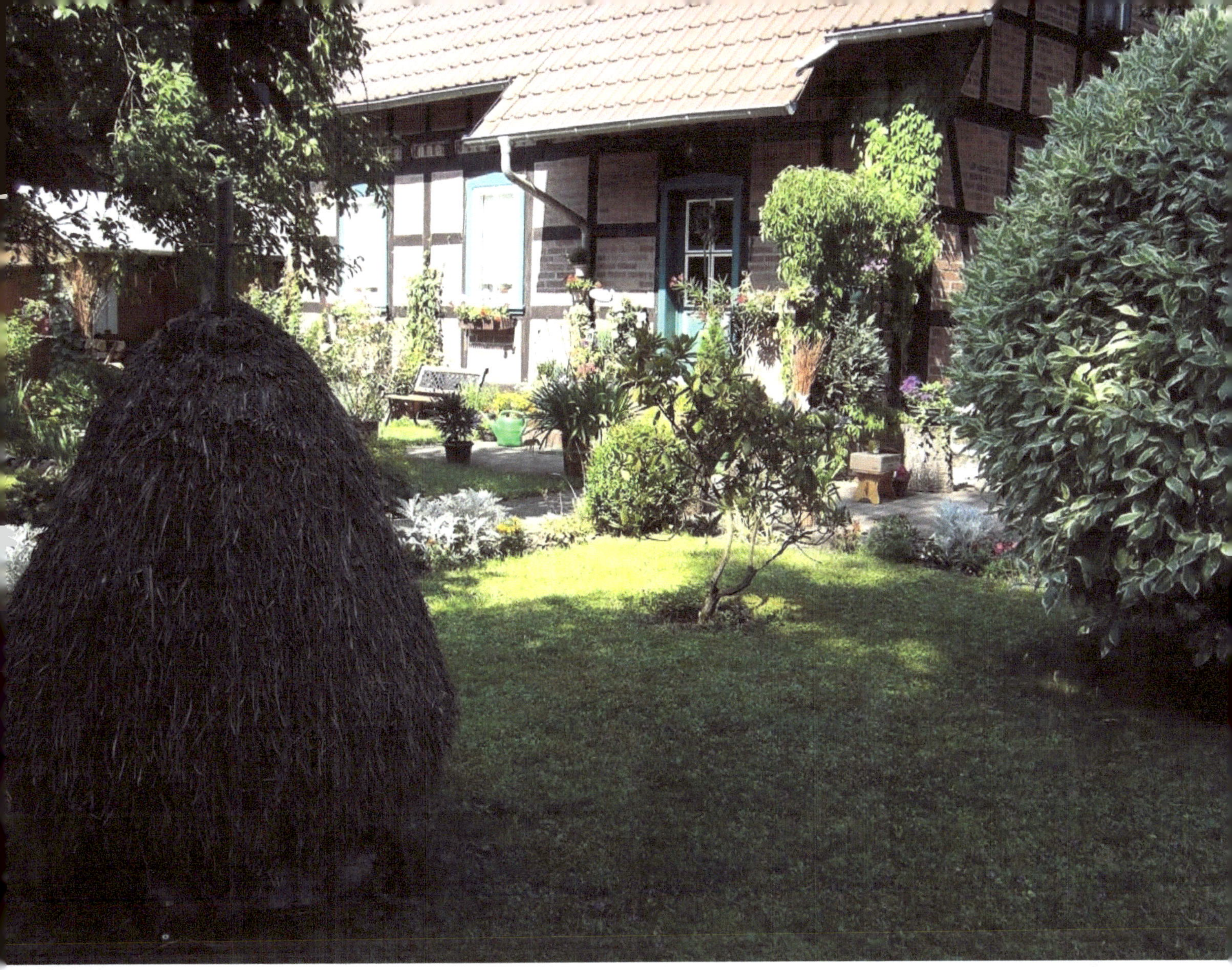

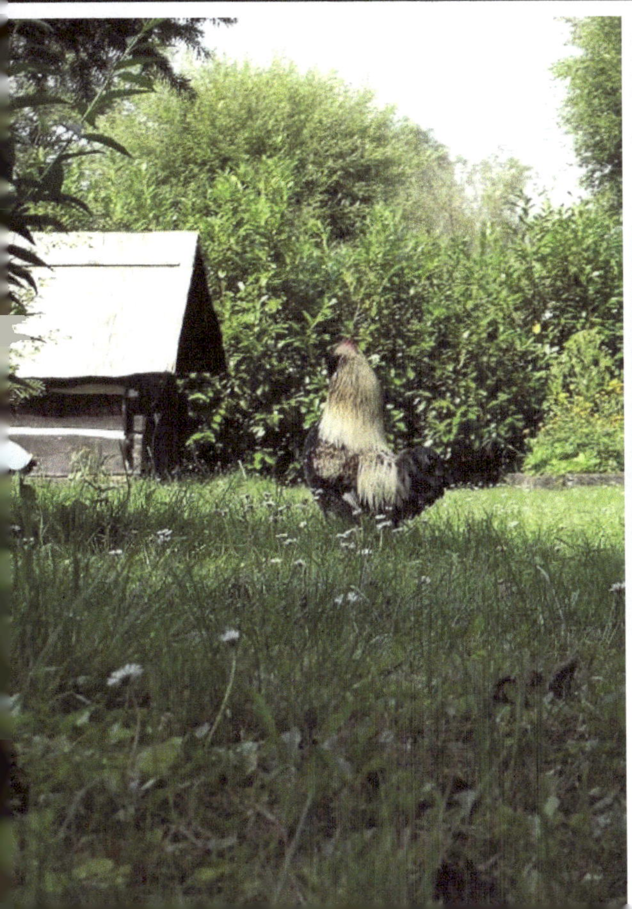

oben: Diemen sieht man auf den Wiesen, aber auch dekorativ in Hausgärten. Sie stehen zumeist auf Paletten, damit das Heu vor Wasser geschützt ist. Hier kann man heute noch sehen, wie früher das Heu in Handarbeit aufgeschichtet wurde.

unten: Gasthaus Bludnik

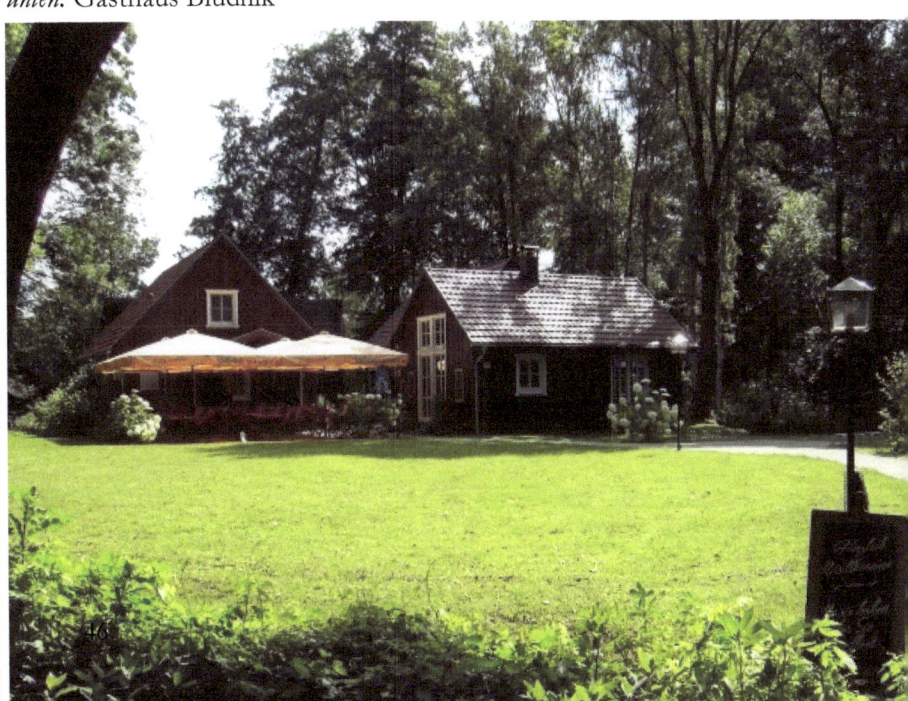

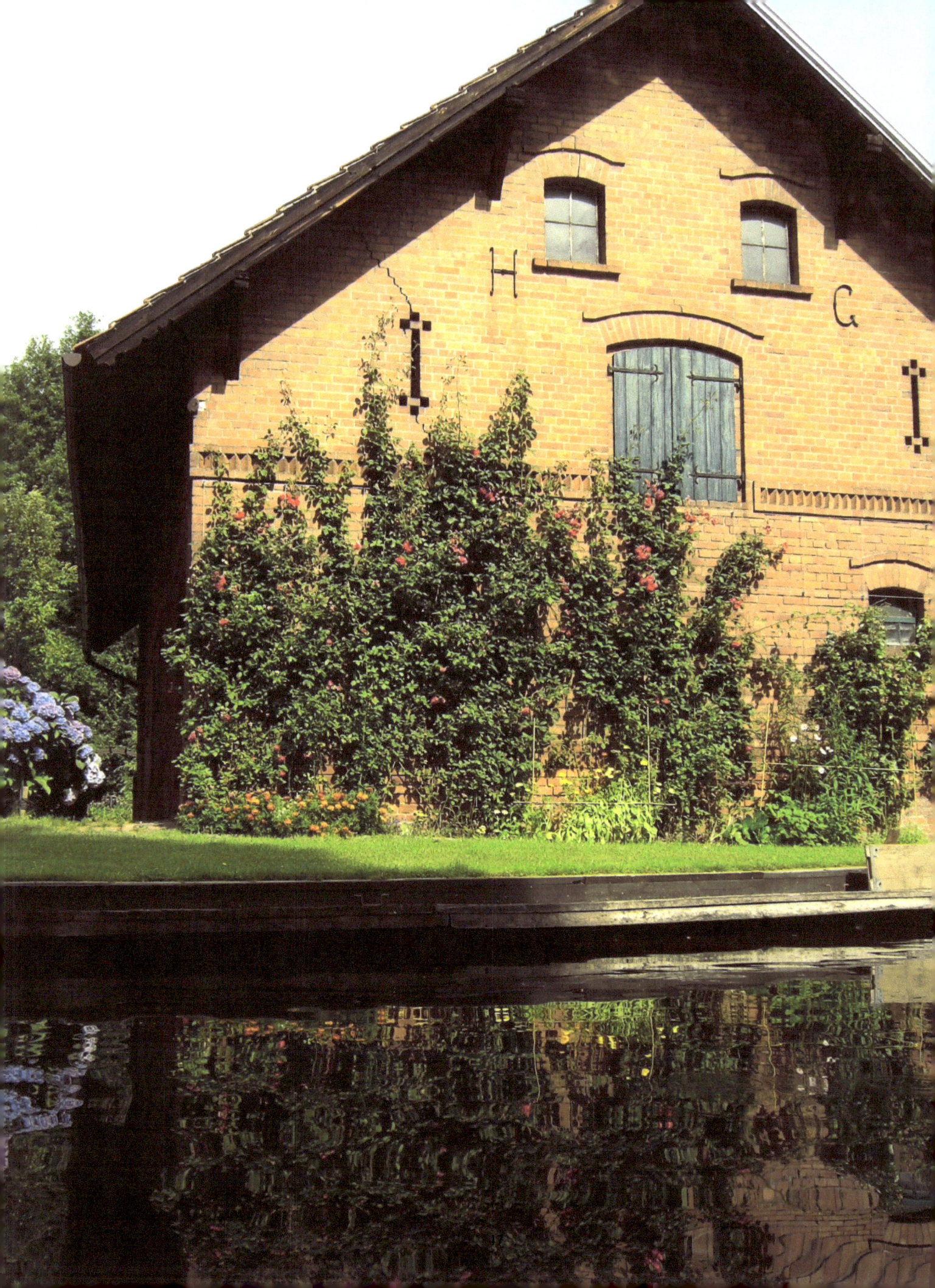

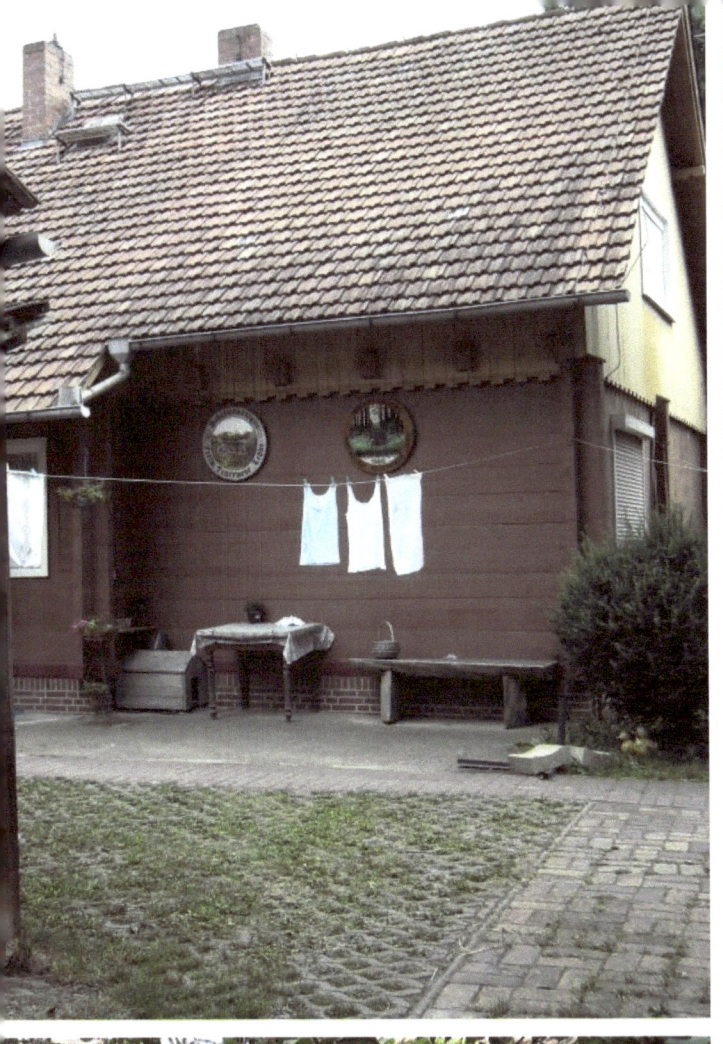
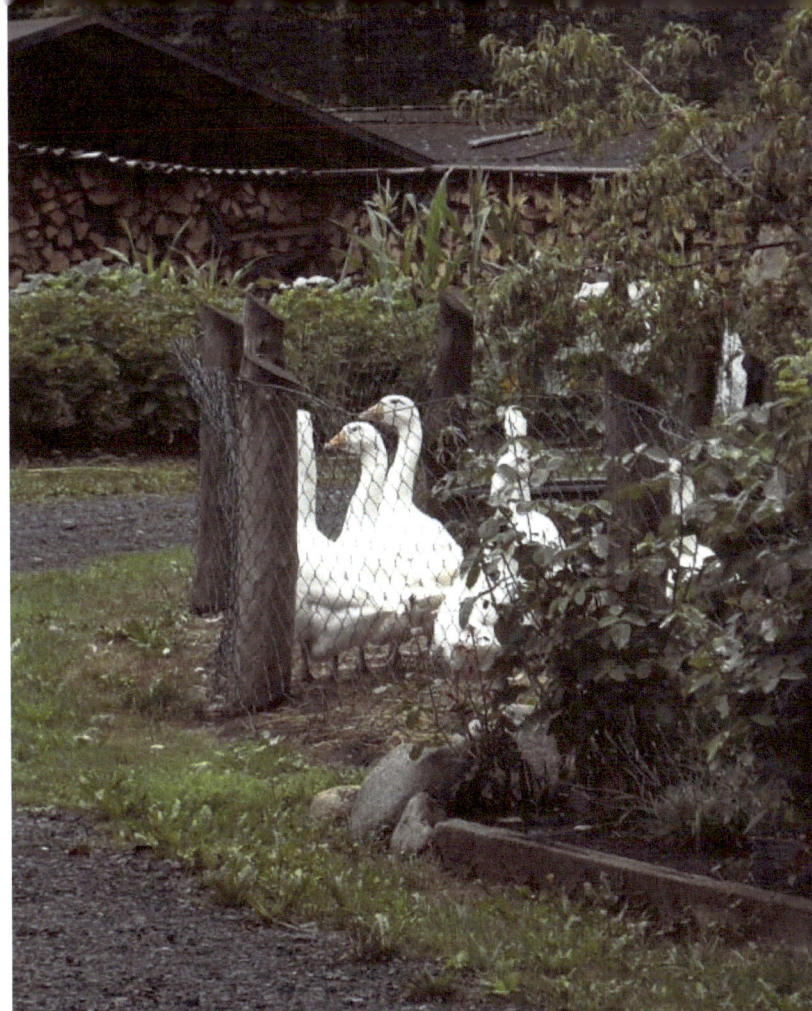
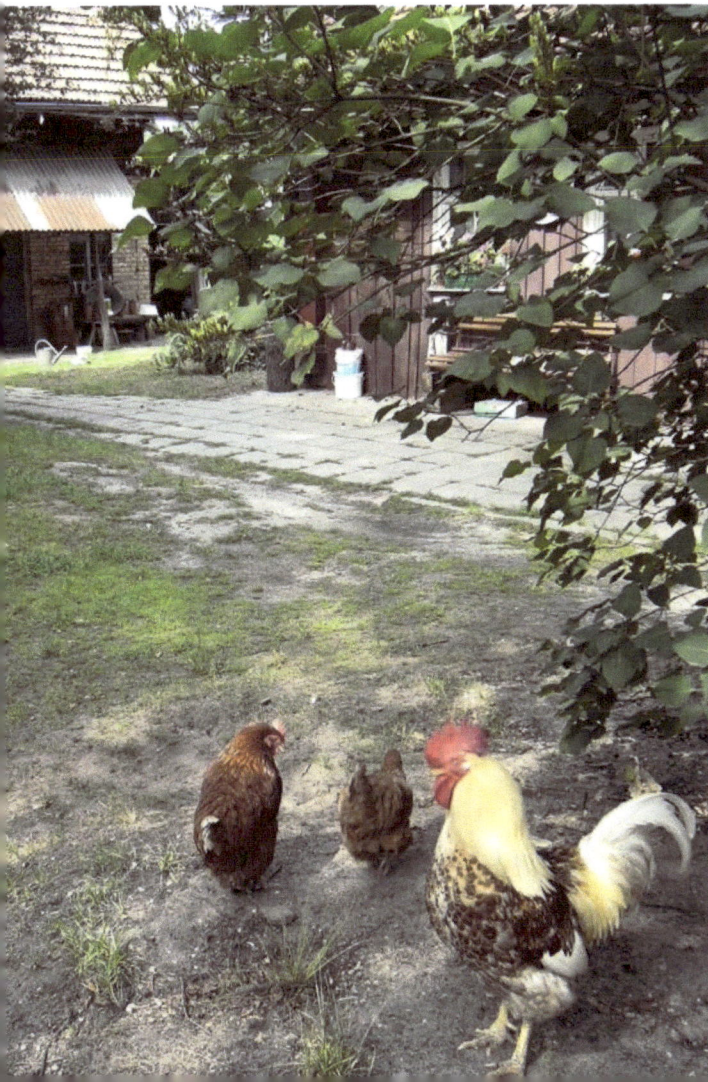
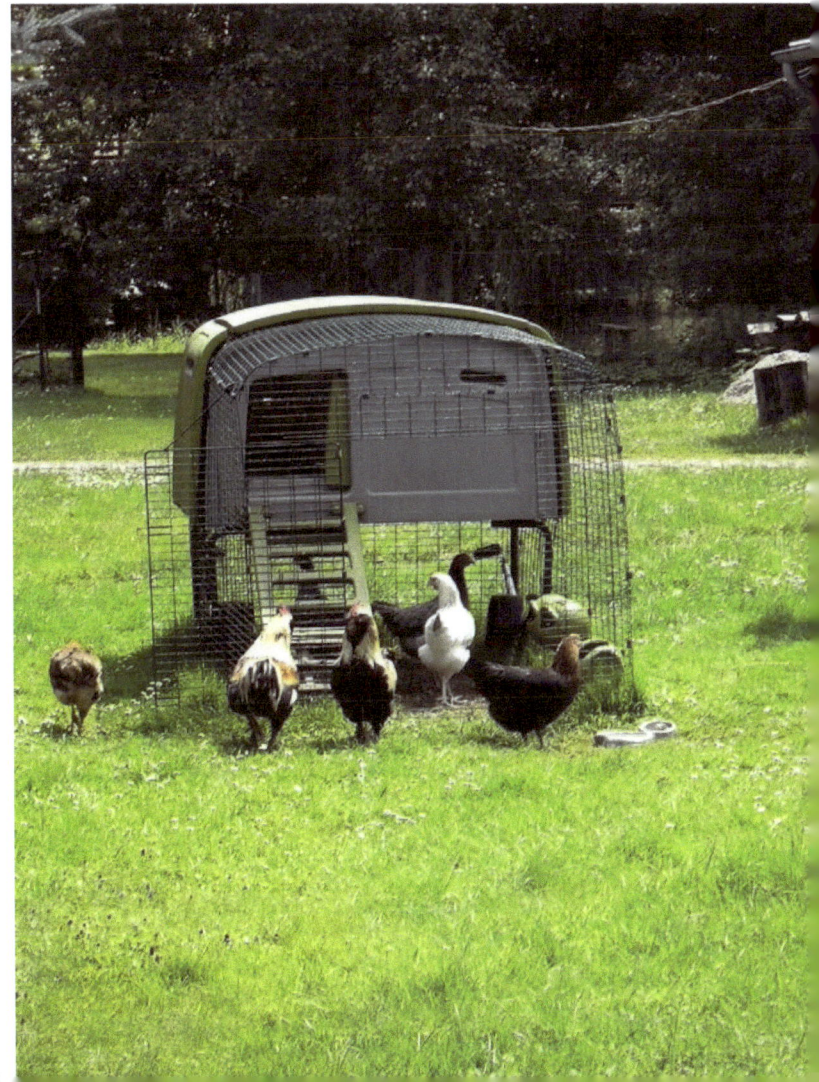

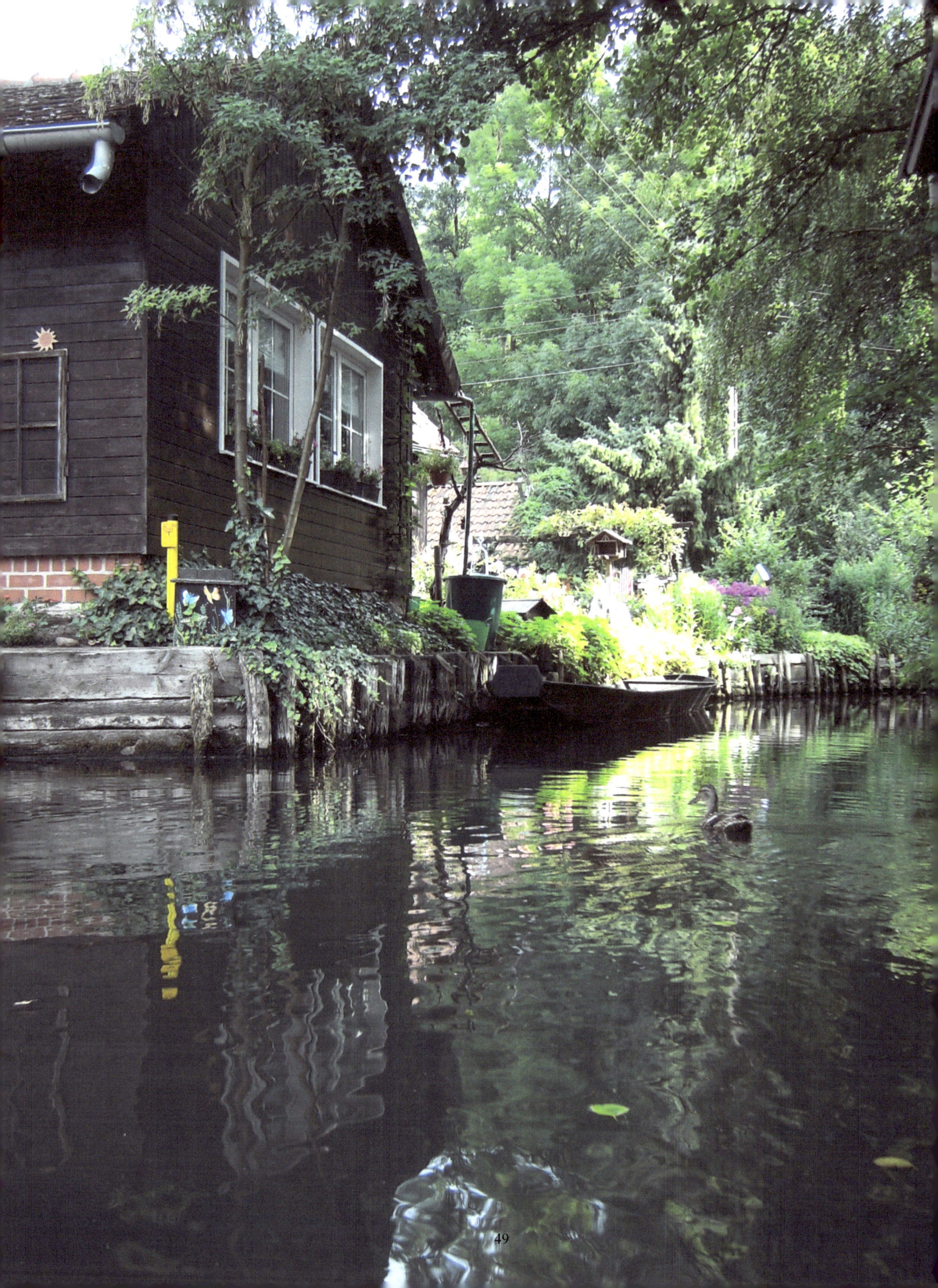

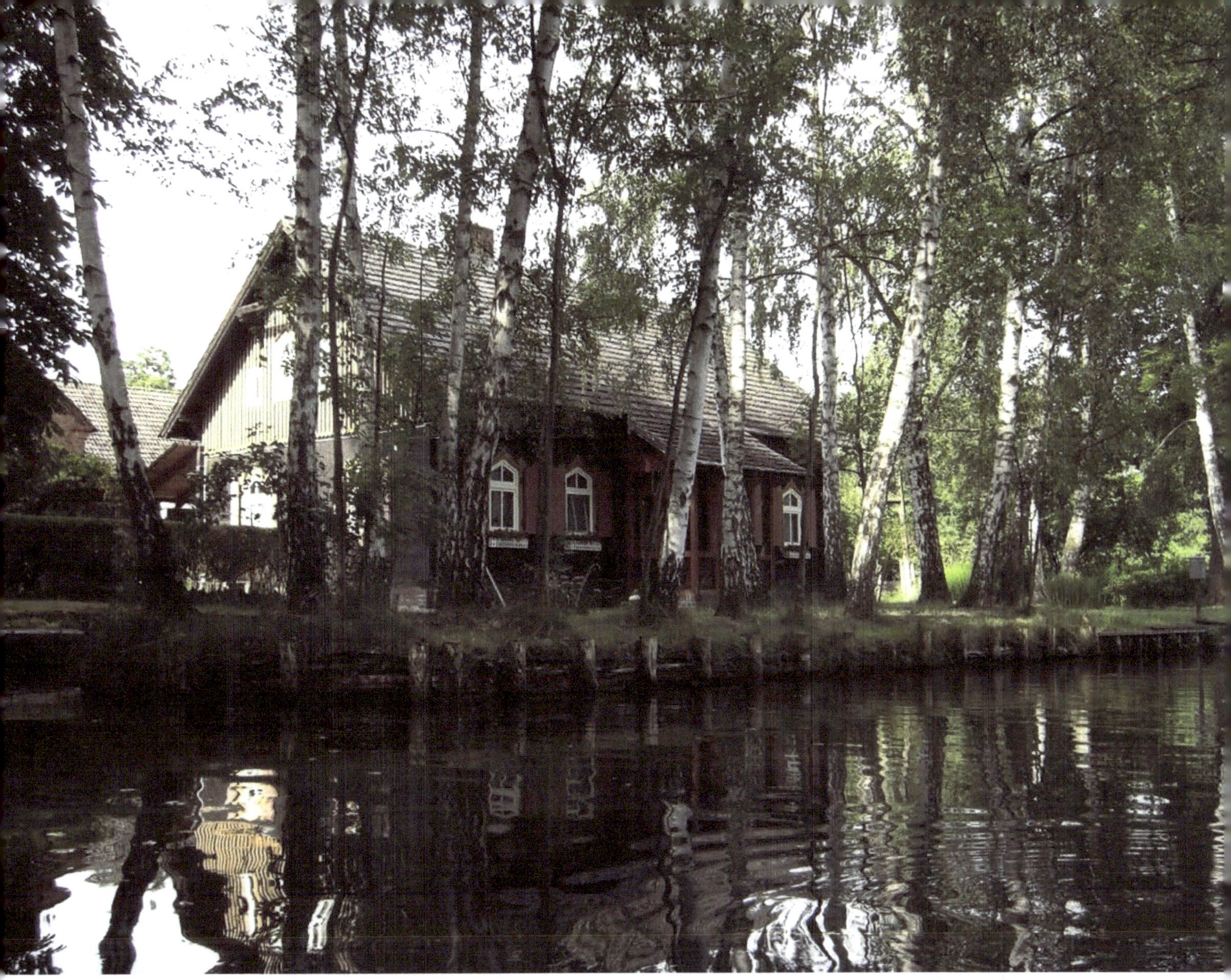

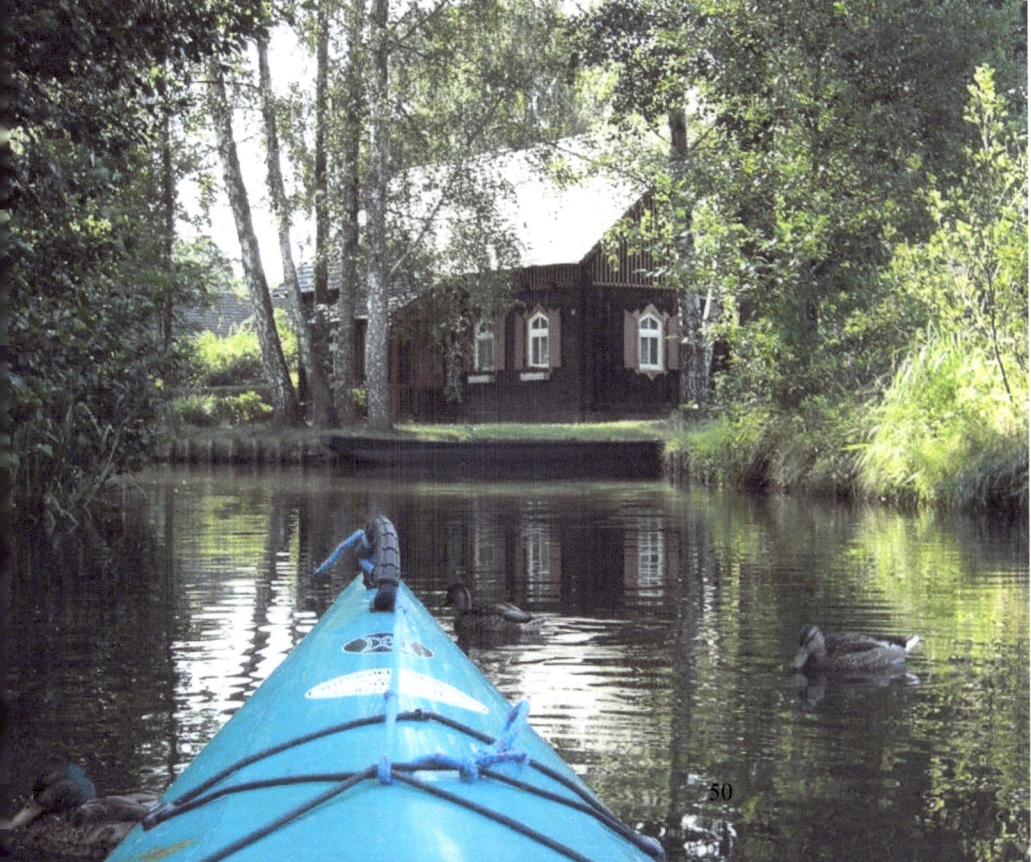
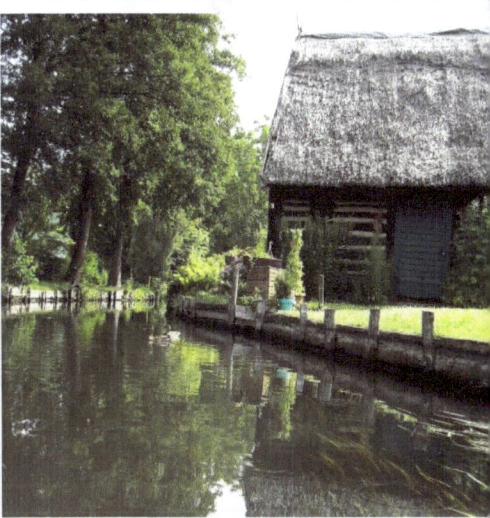
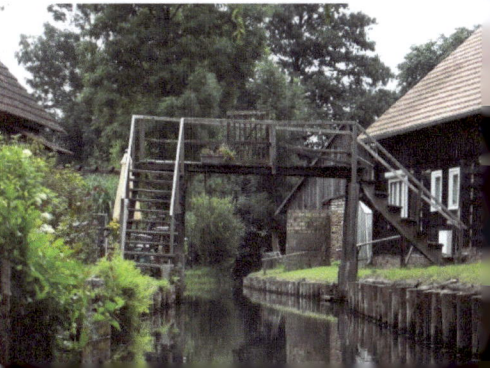

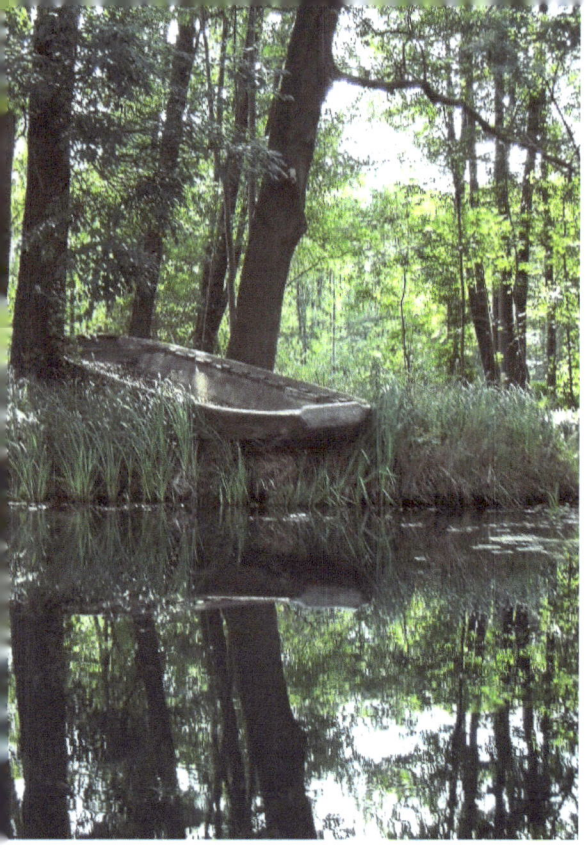

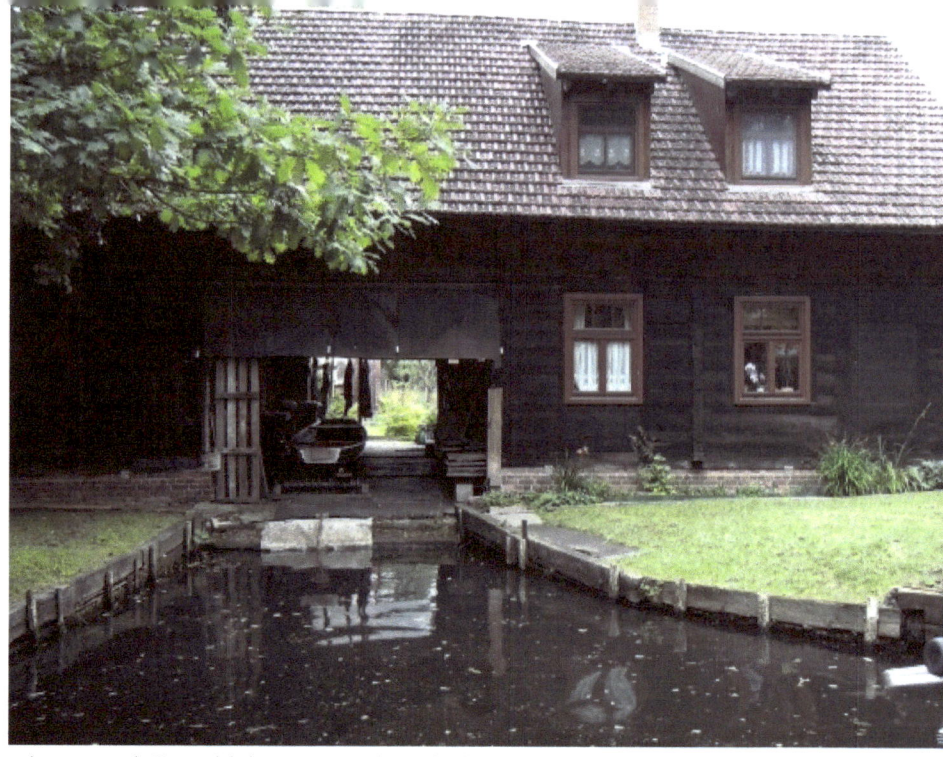

Auto und Bus hielten zwar inzwischen Einzug, durch die Bauweise des Dorfes ist aber nach wie vor der Kahn dominierend. Es gibt sogar einen Kahn-Linienverkehr, der zwischen den Gaststätten verkehrt.

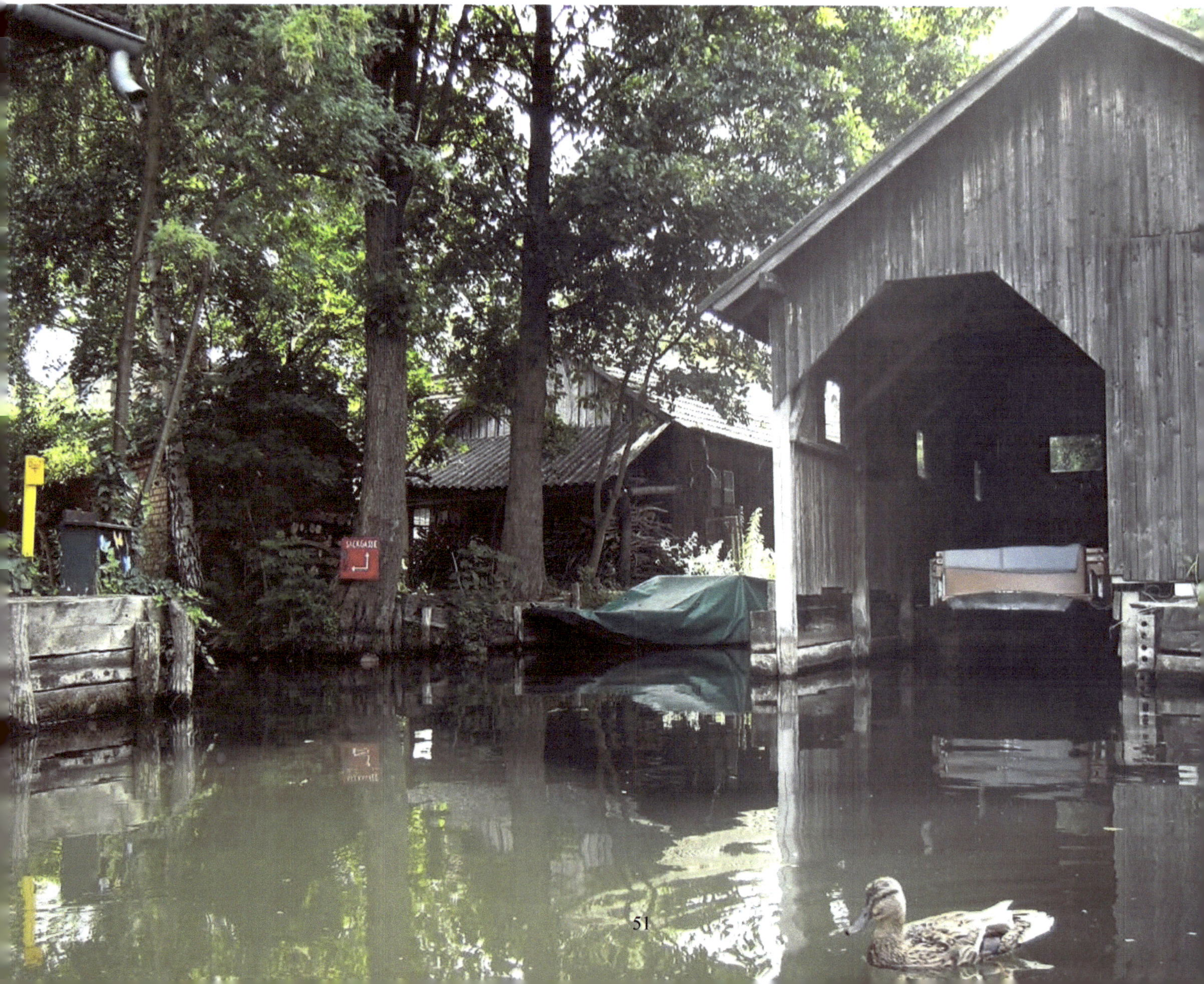

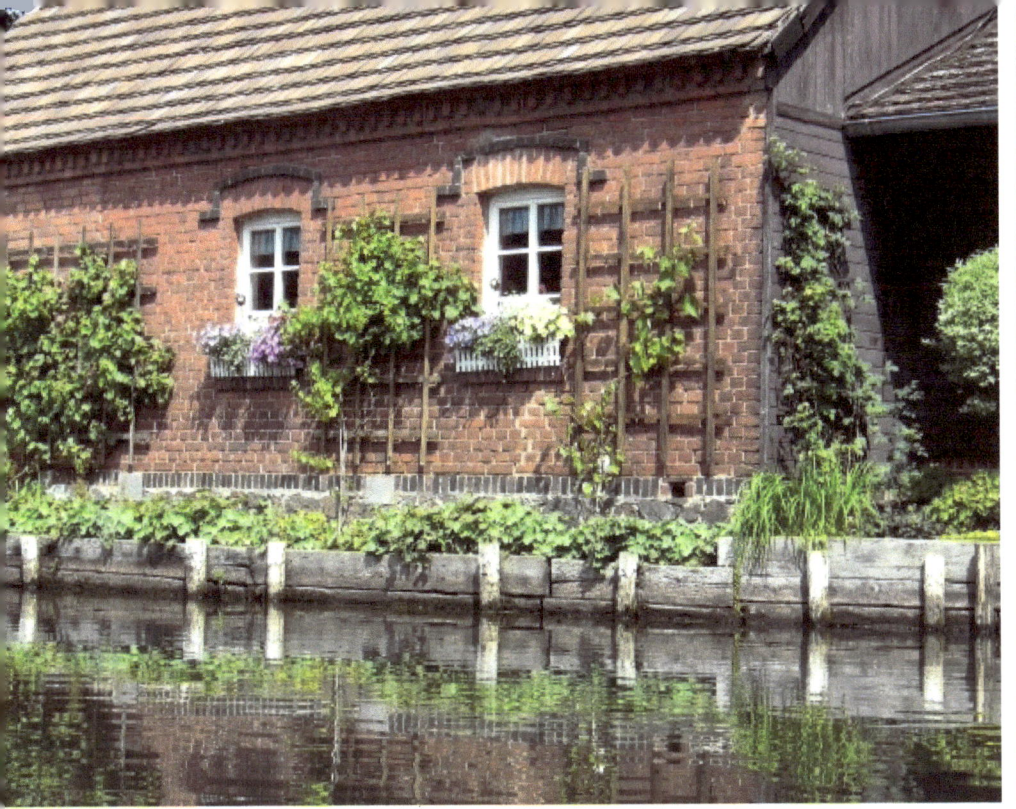

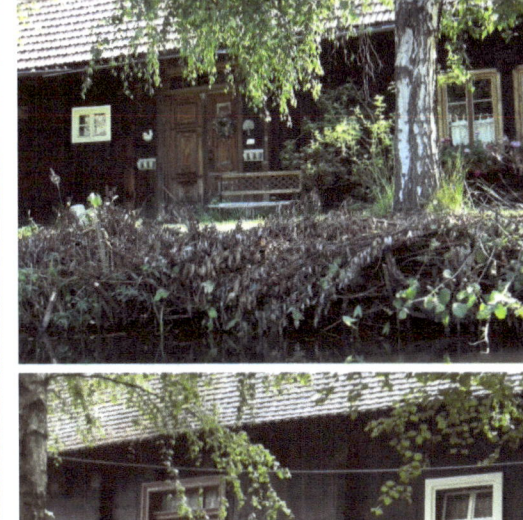

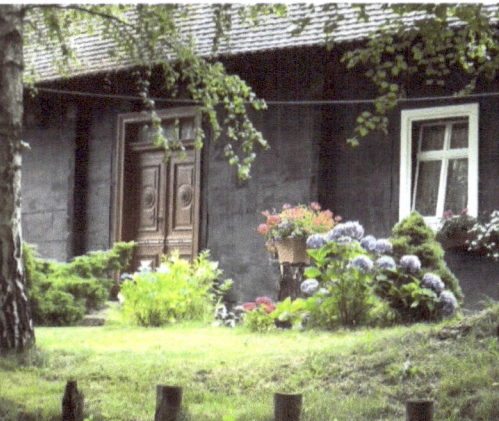

Lehde ist zwar seit 1929 auch auf dem Landweg erreichbar, aber die schönsten Wege, sind die Wasserwege.

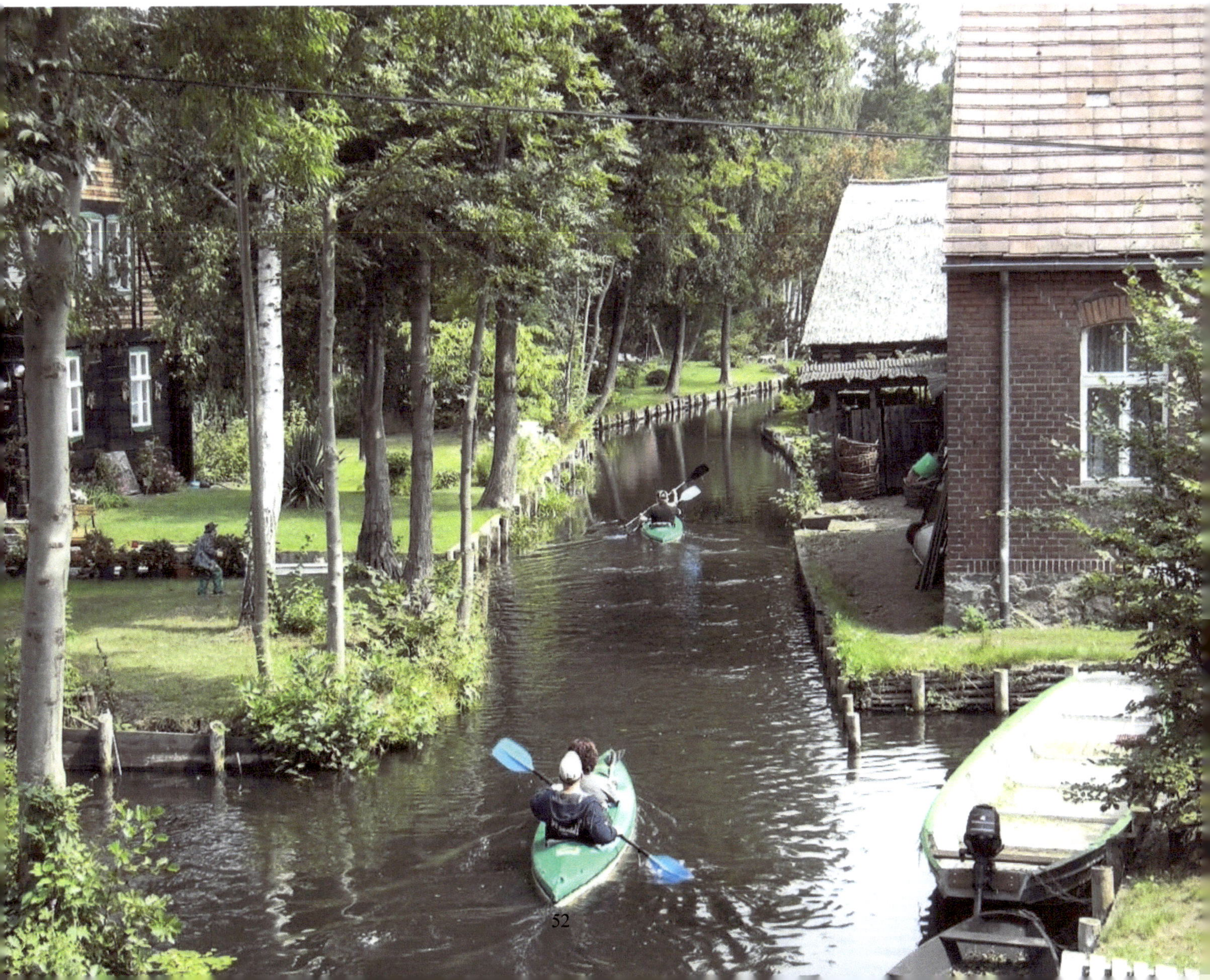

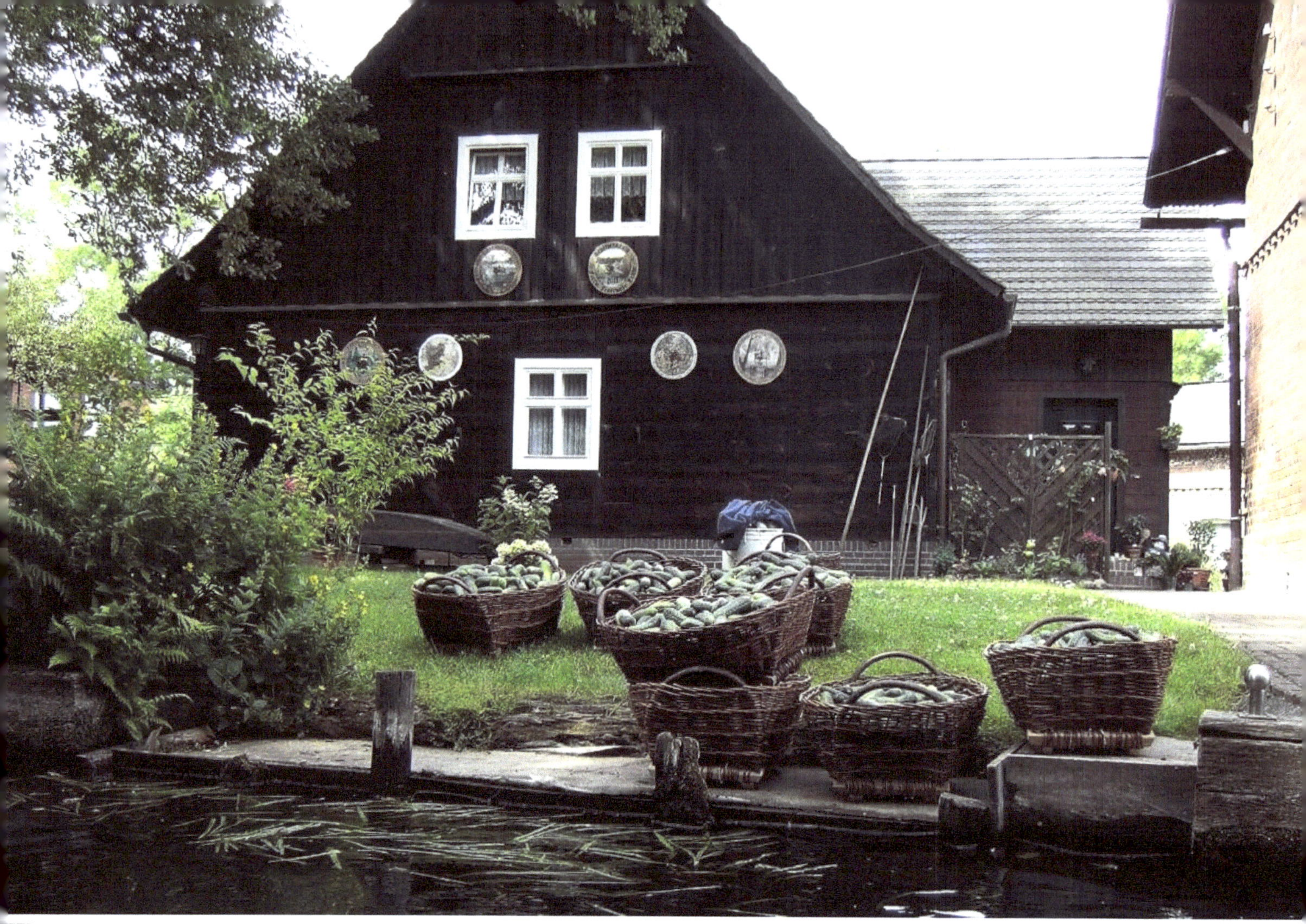

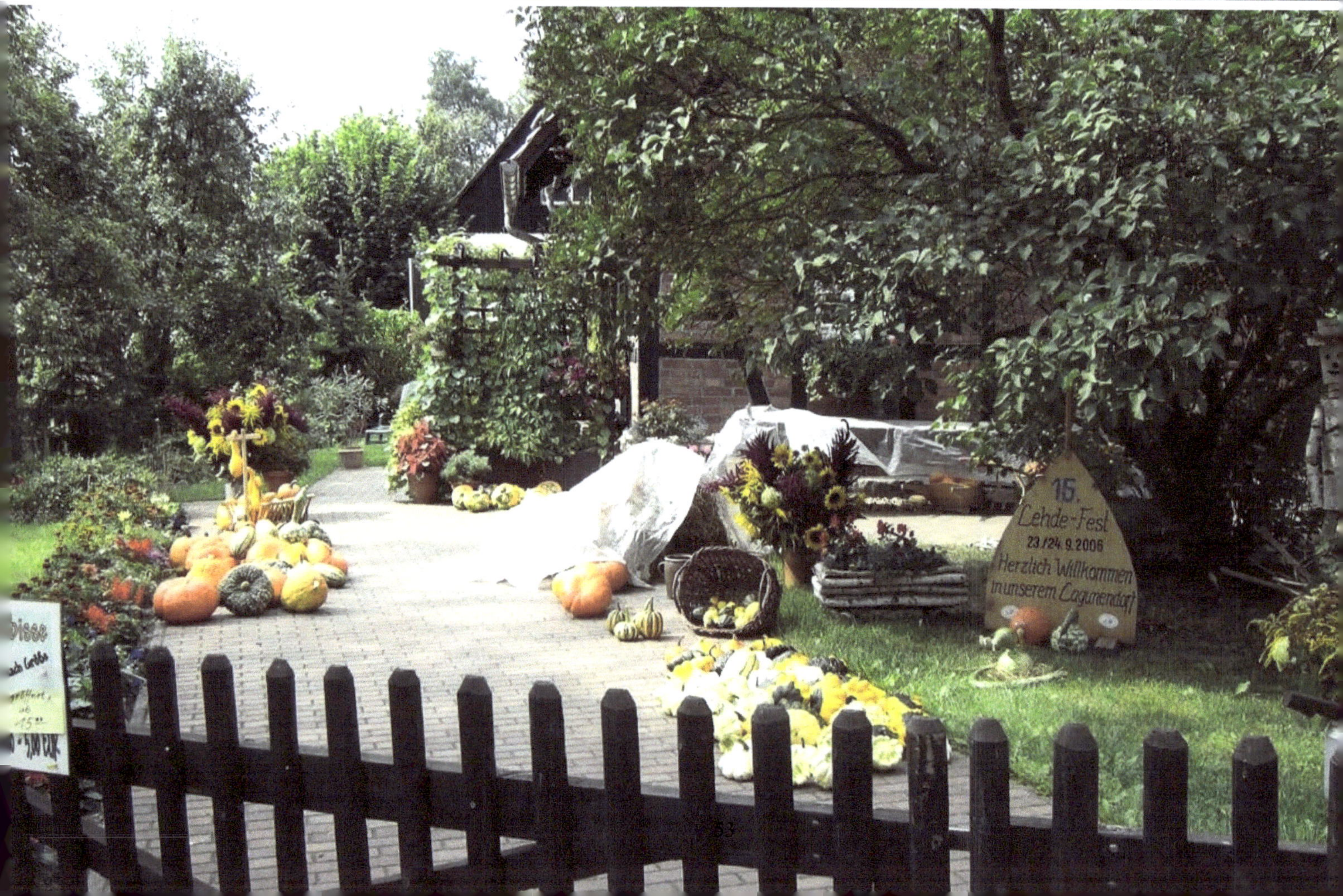
15.
Lehde-Fest
23./24.9.2006
Herzlich Willkommen
in unserem Gagurendorf

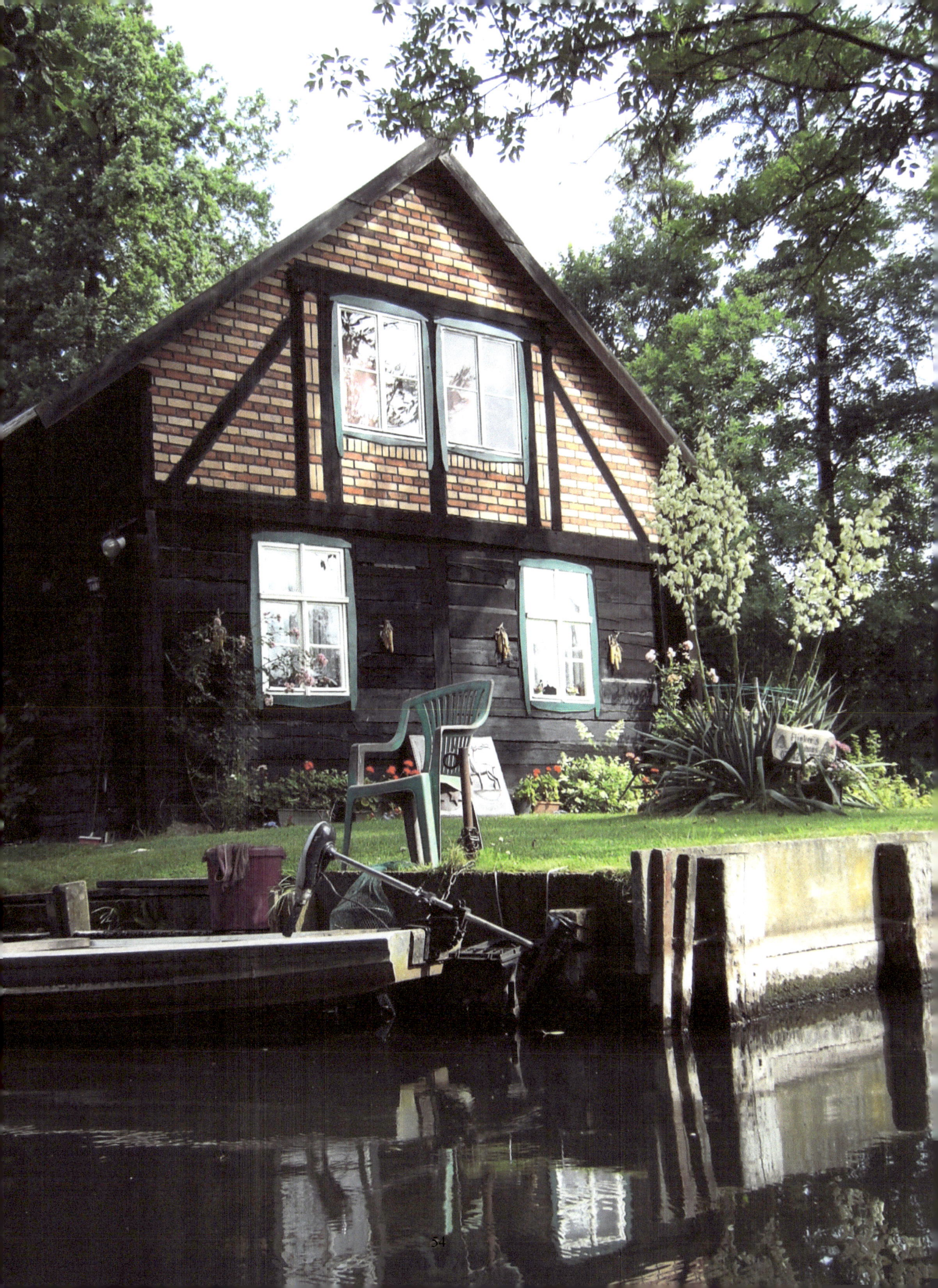

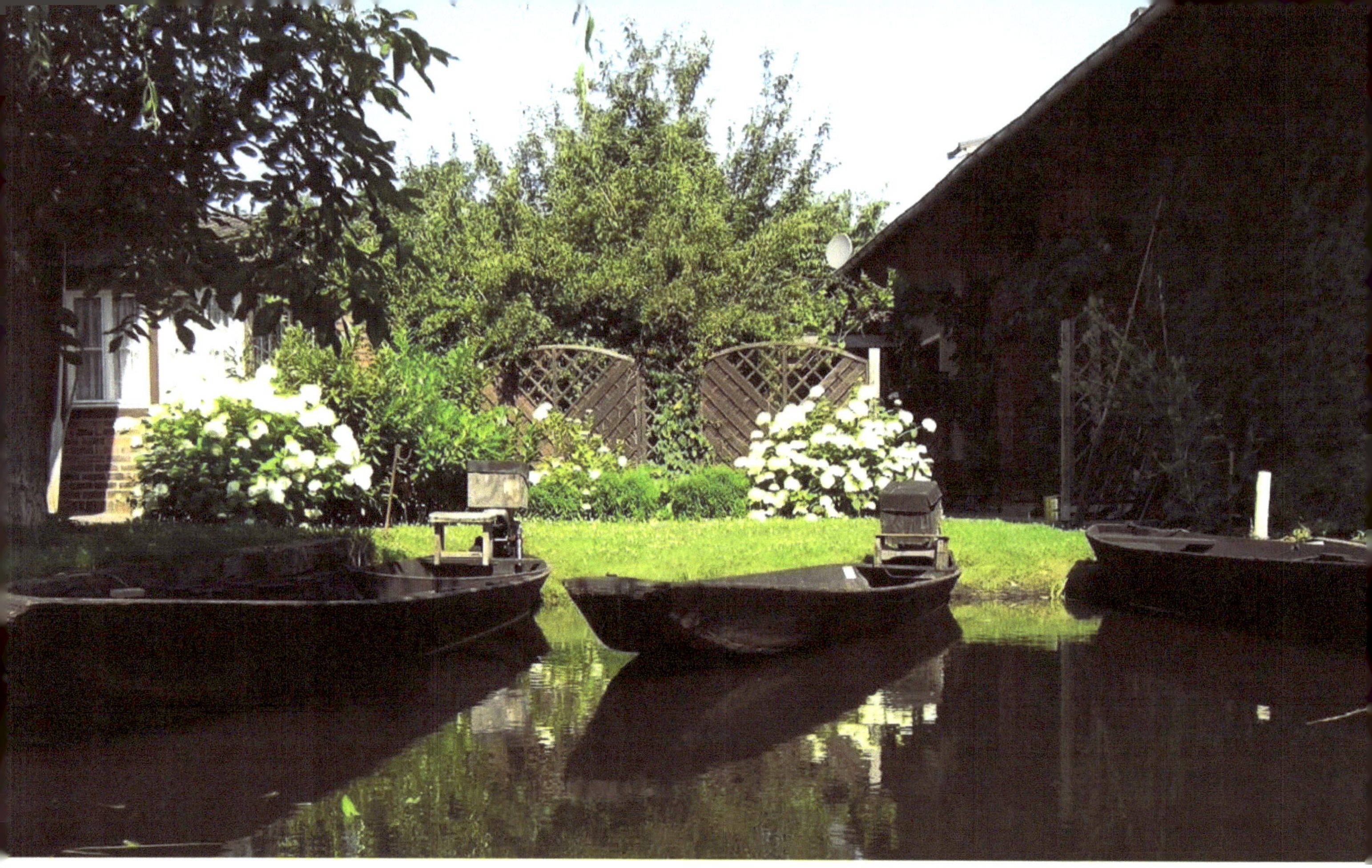

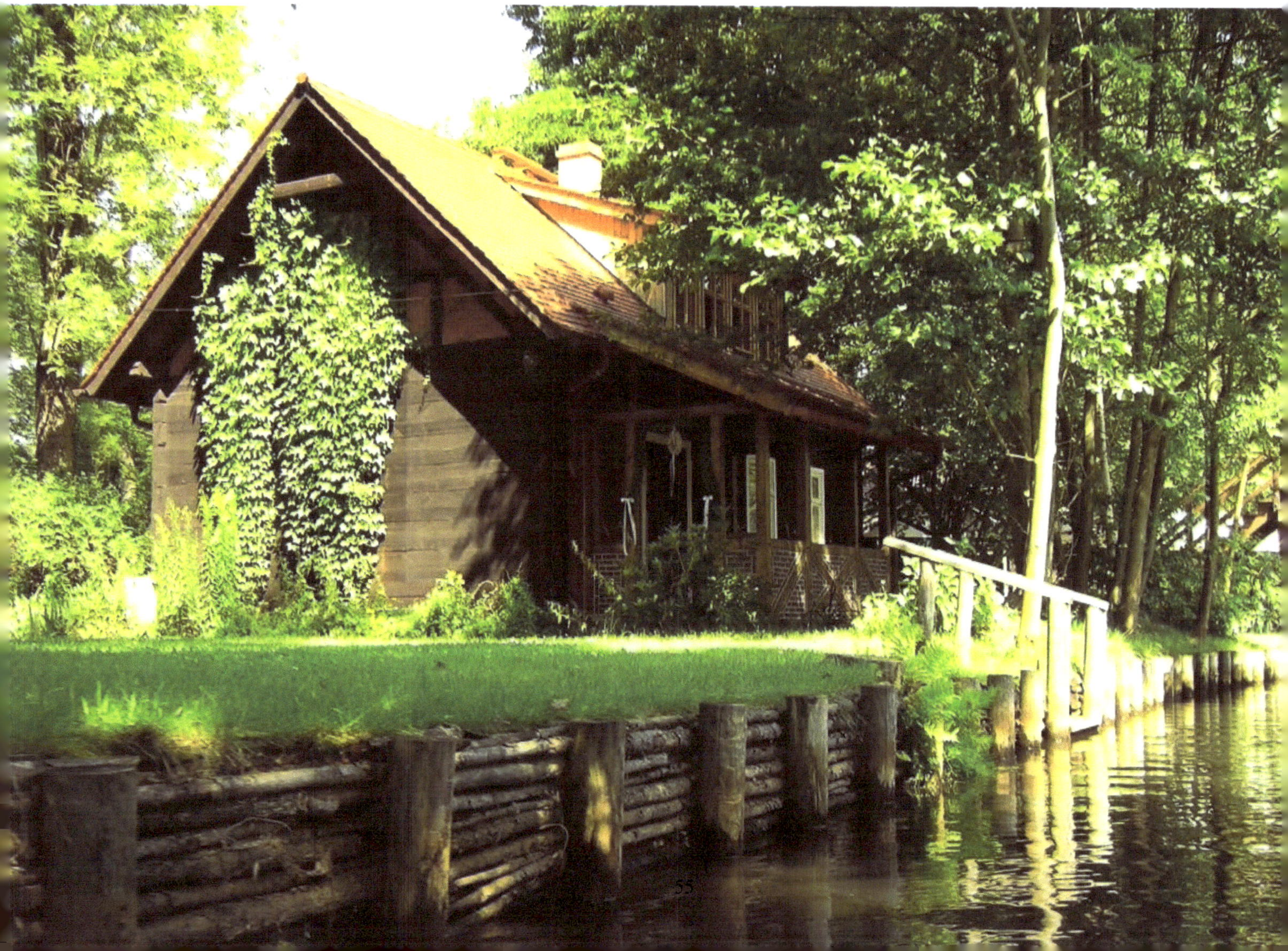

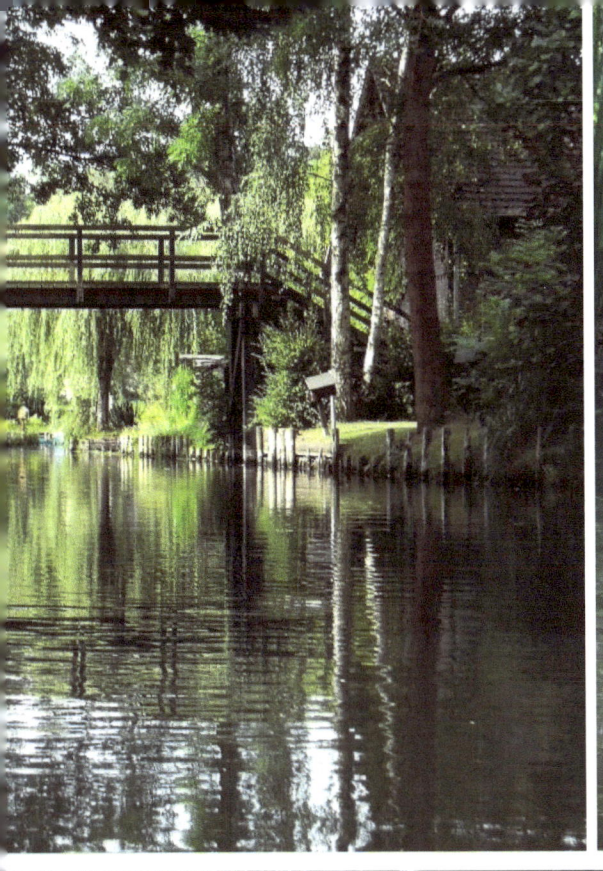

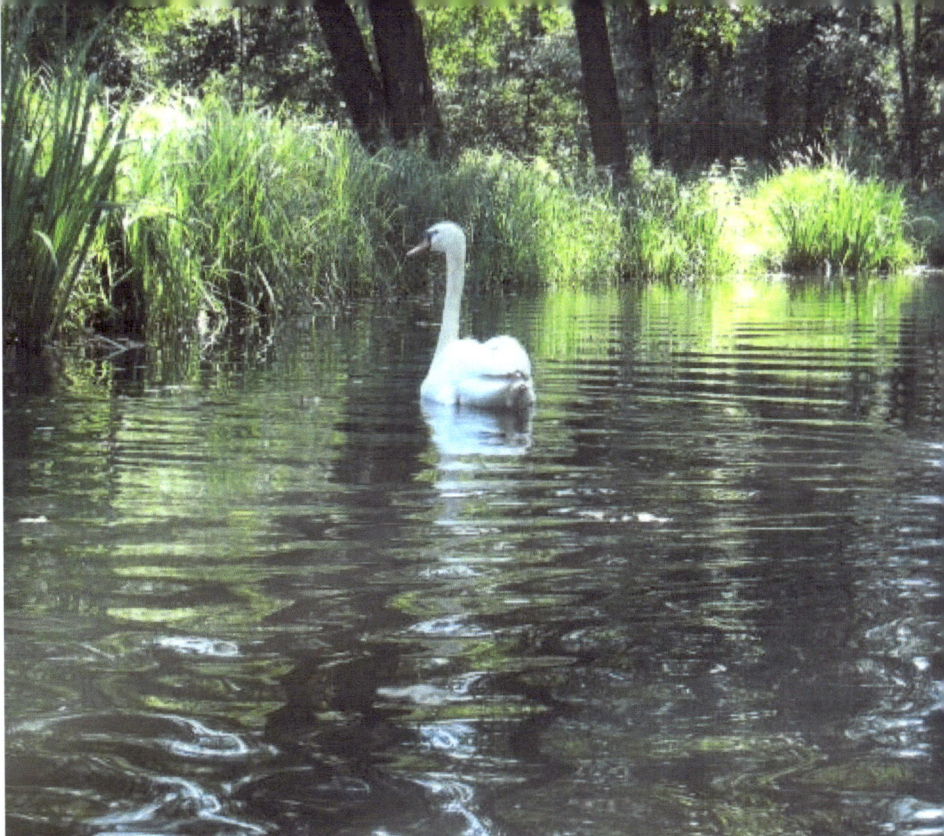

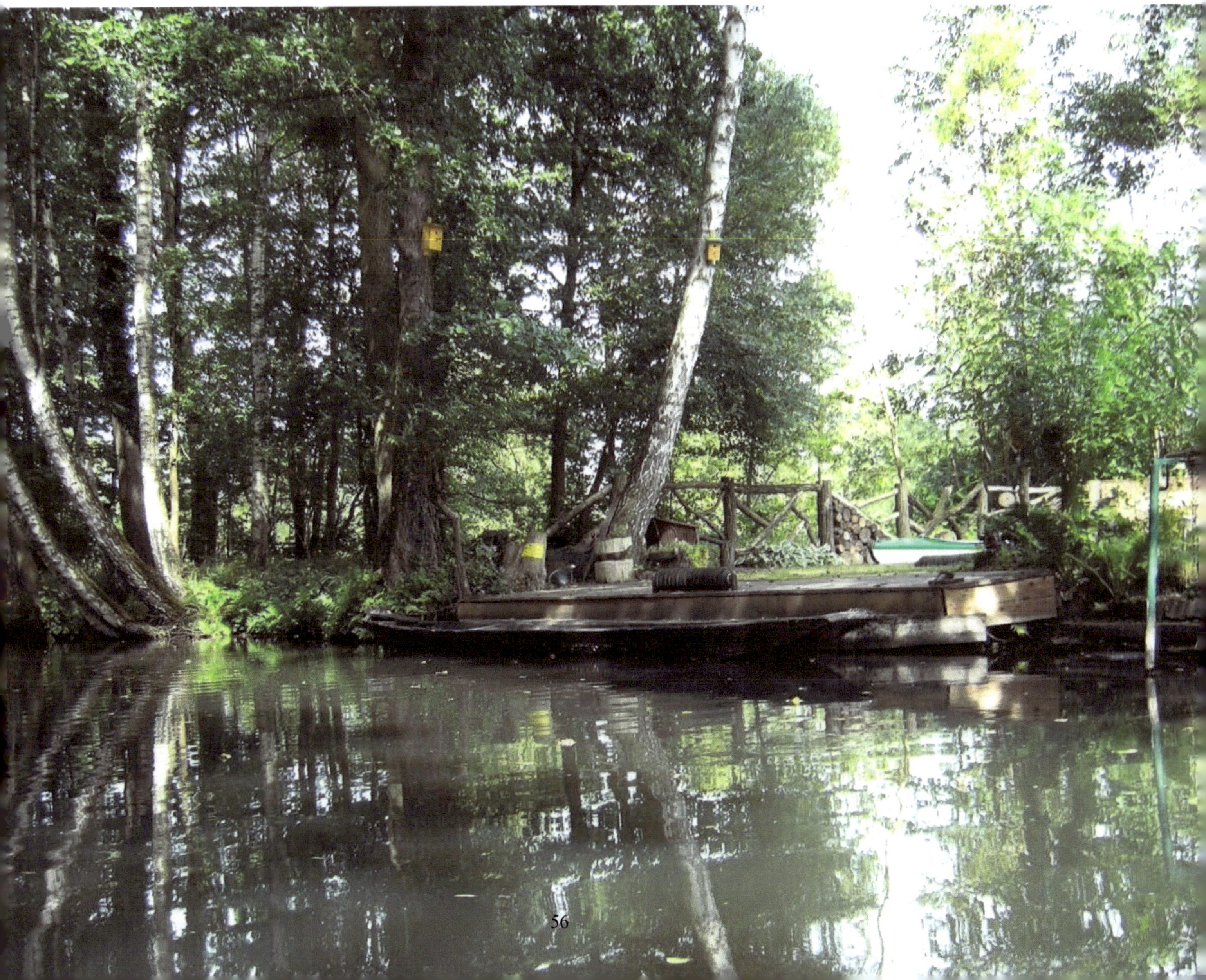

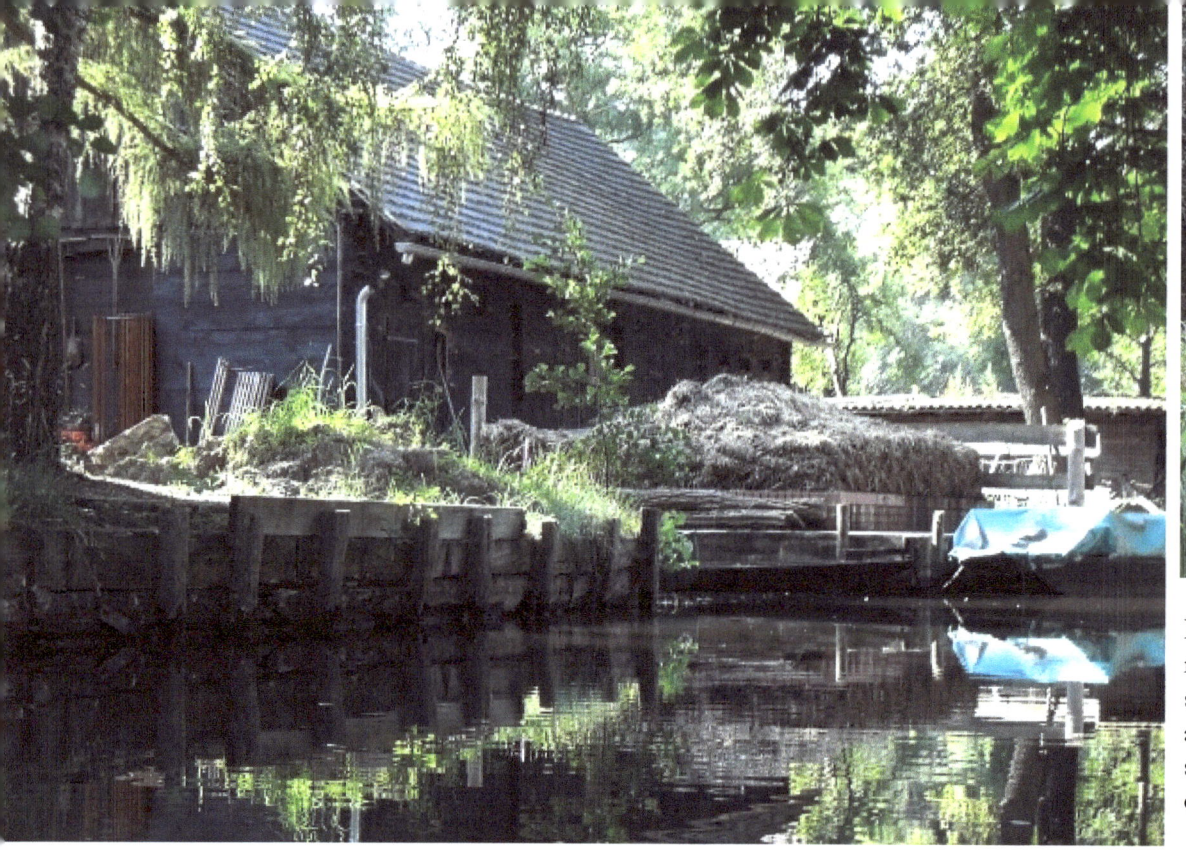

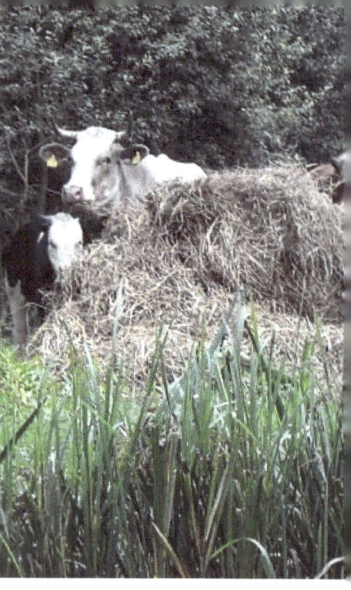

Nicht nur das Heu wird mit dem Kahn angeliefert, sondern auch Kuhmist abgeholt. Daher befinden sich die Misthaufen auch direkt am Wasser.

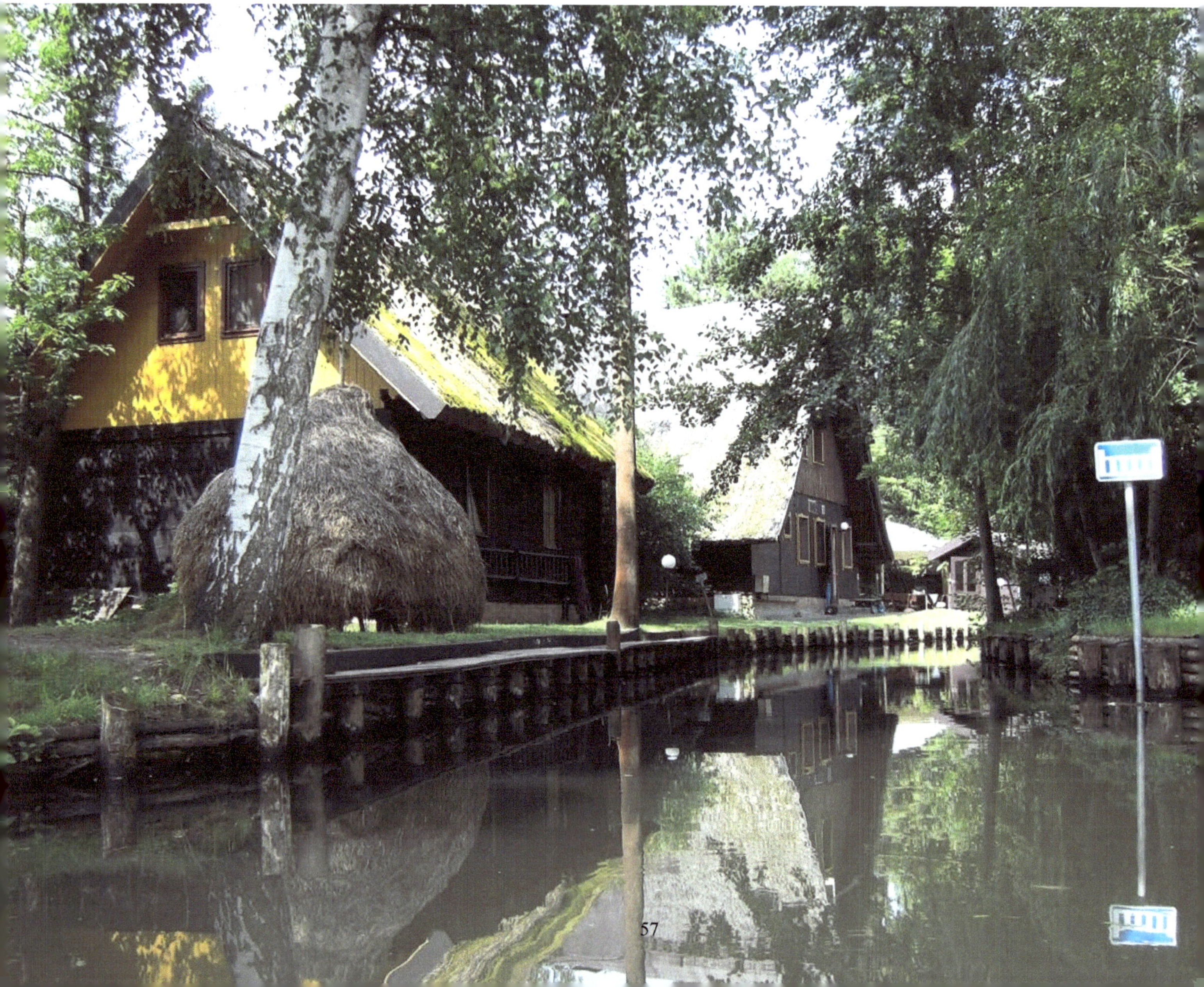

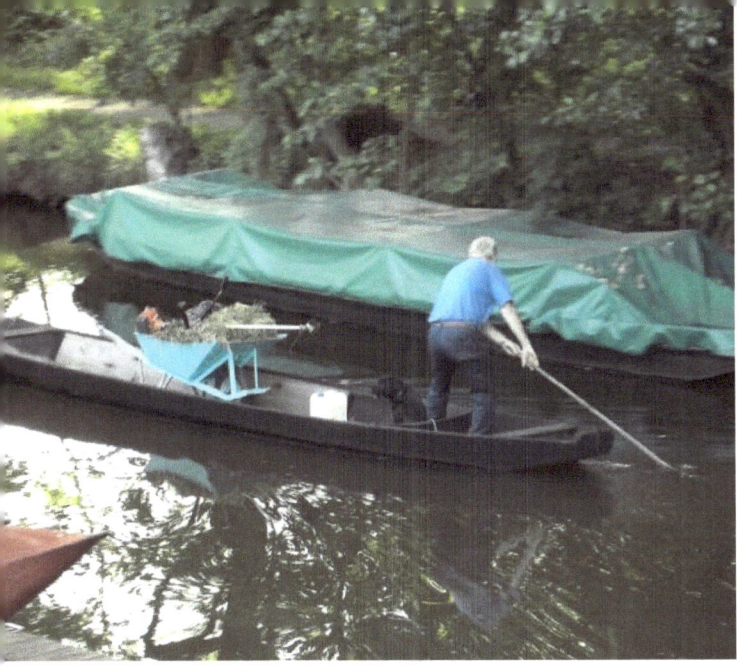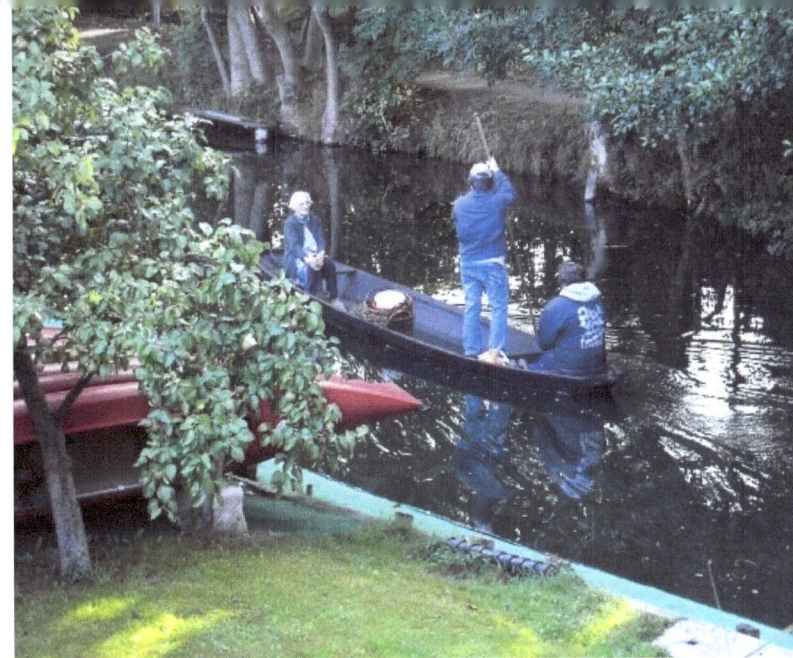

Noch immer ist der Kahn das bevorzugte Transport- und Fortbewegungsmittel. Da die Fließe in der Regel nur einen Meter tief sind, sind die Kähne baulich als Flachboot konzipiert. Sie haben kein Kiel mit dem man auf Grund laufen könnte. Typischerweise sind sie aus Kieferholz gebaut, knapp zwei Meter breit und bis zu neun Meter lang.

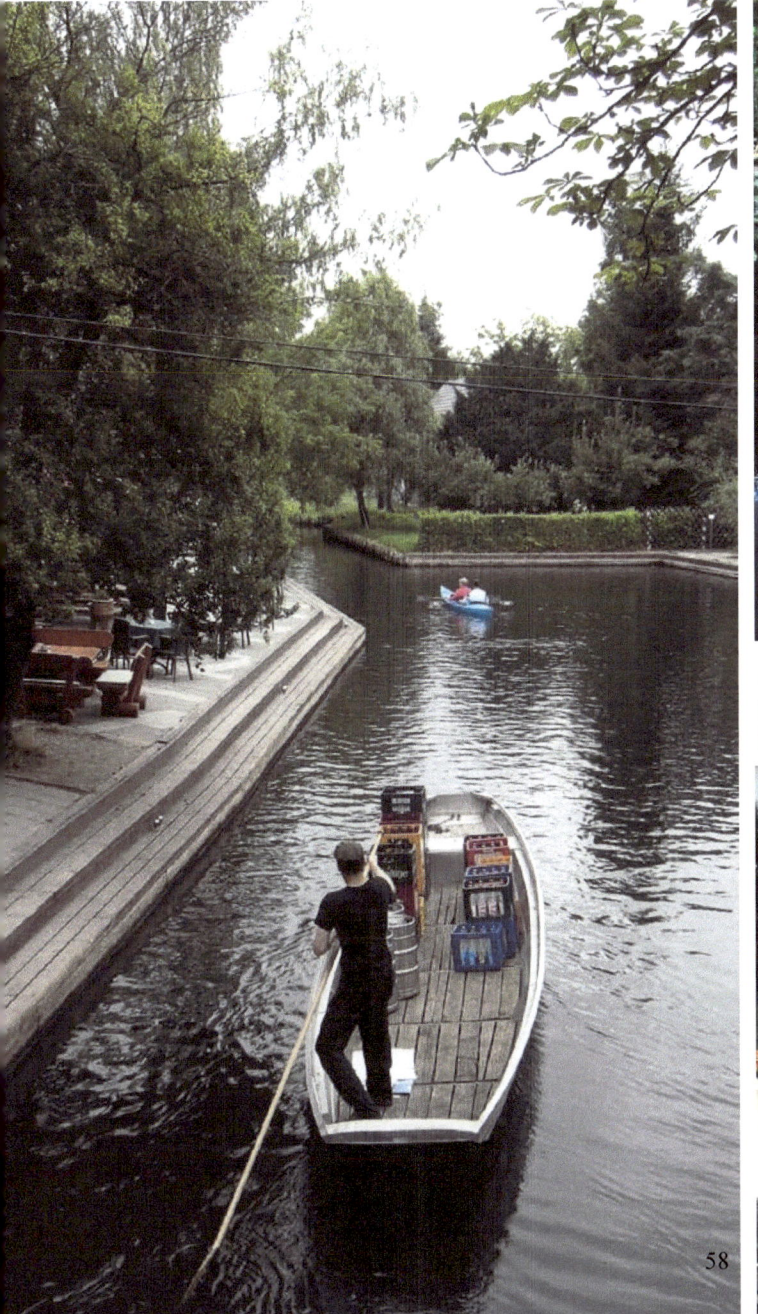

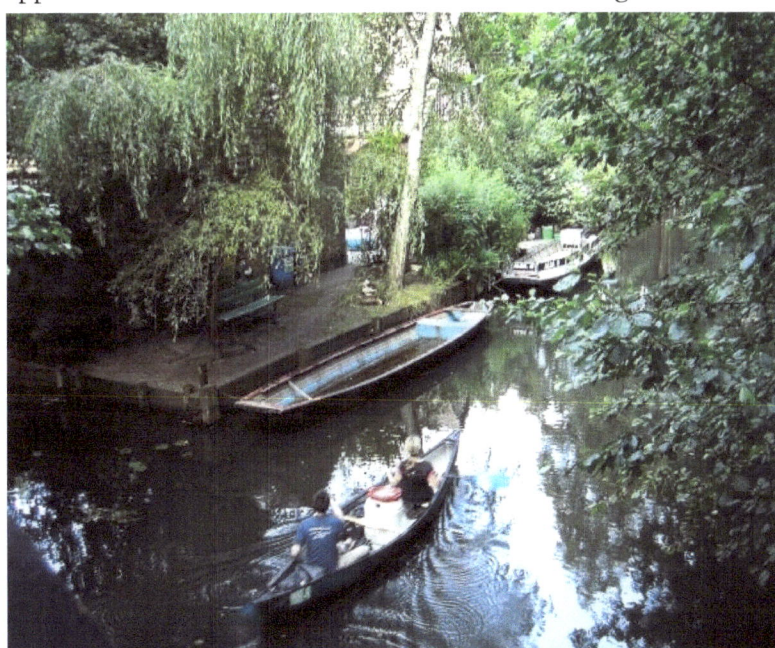

links: Dieser Kahn ist aus Aluminium, aus dem Kähne inzwischen auch hergestellt werden. Der gut 4 Meter lange Stab ist aus Eschenholz und wird Rudel genannt.

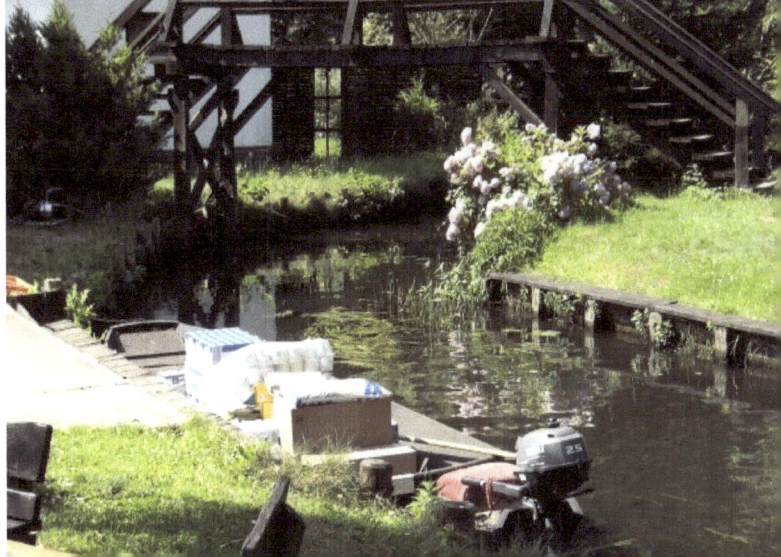

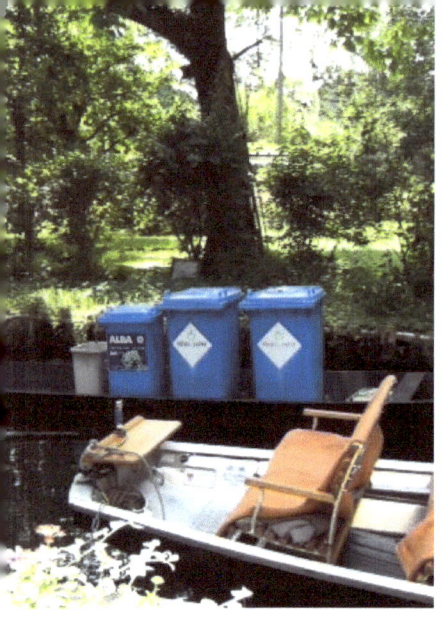

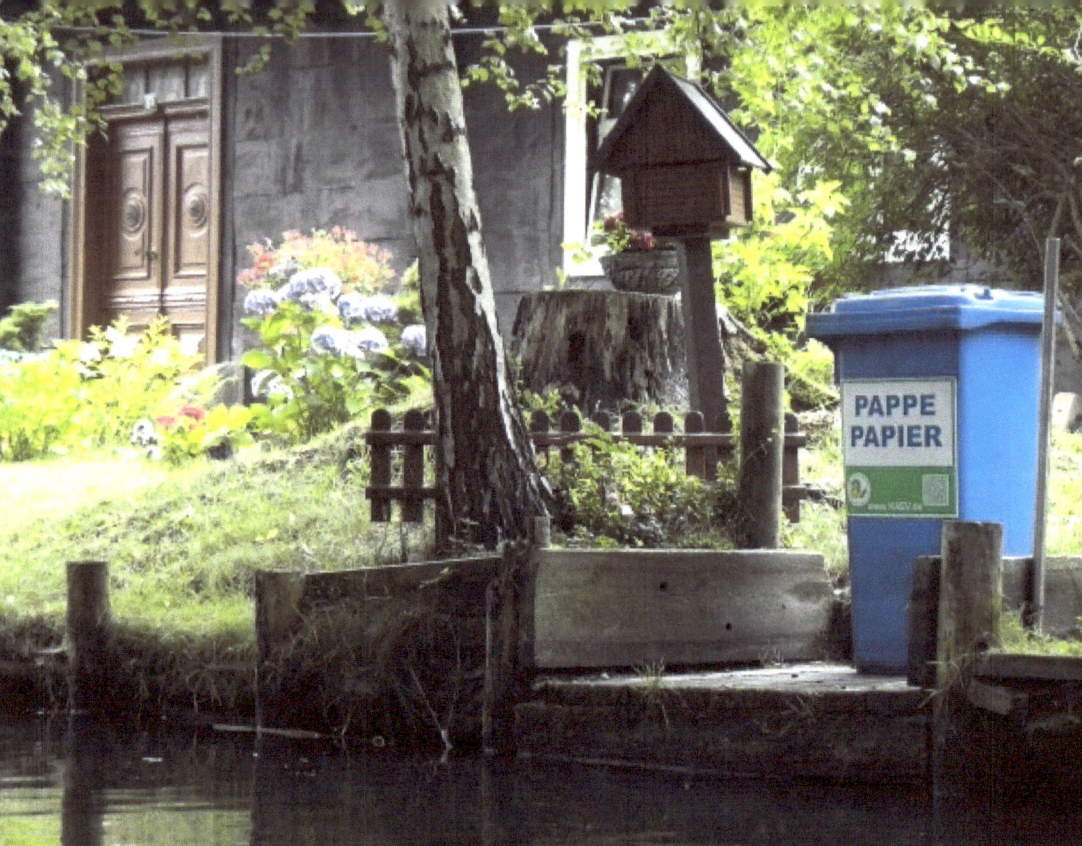

Die Müllabfuhr wird in Lehde per Kahn abgewickelt. Aber nicht nur das, sondern auch die Feuerwehr und die Post kommen auf dem Wasserweg.

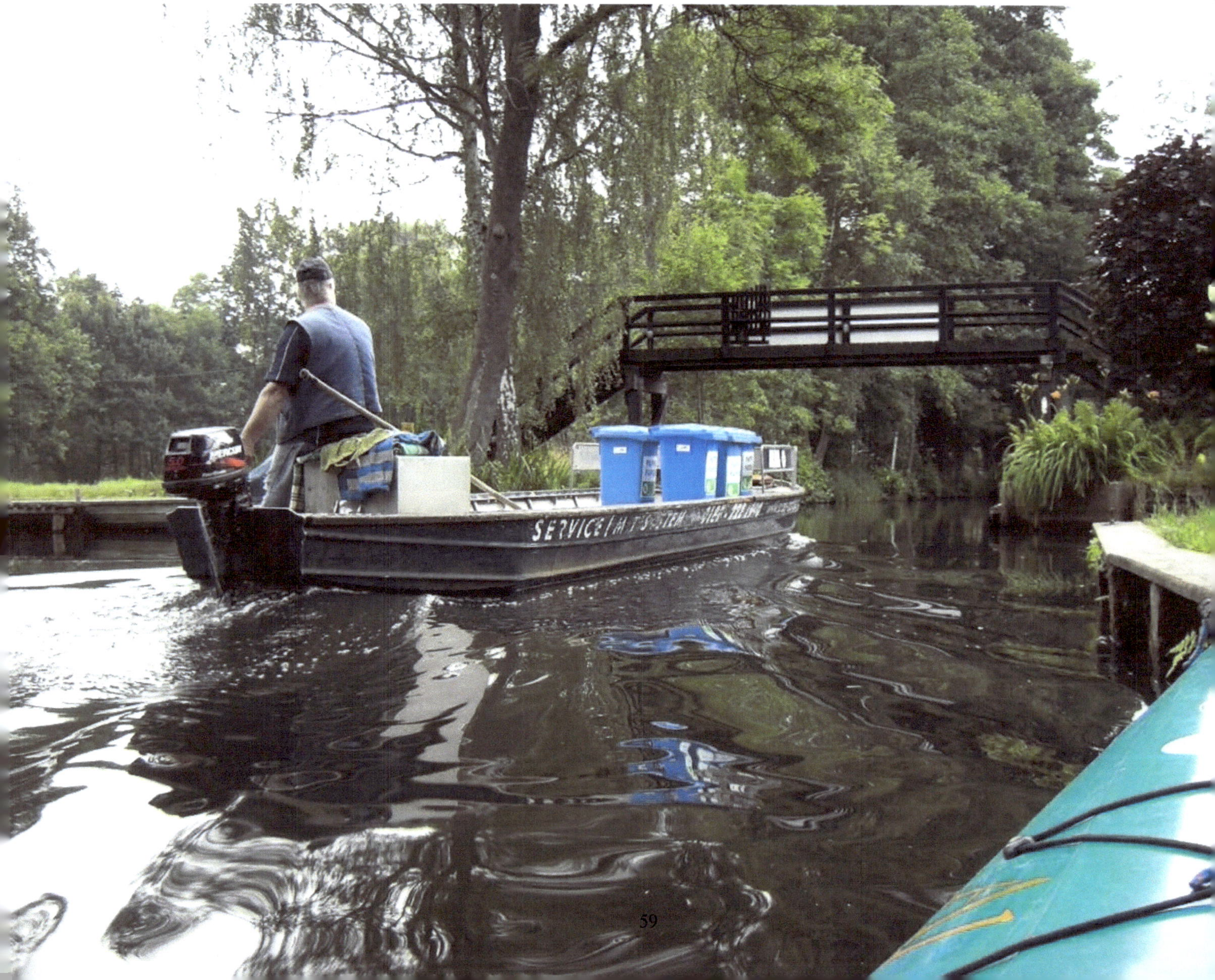

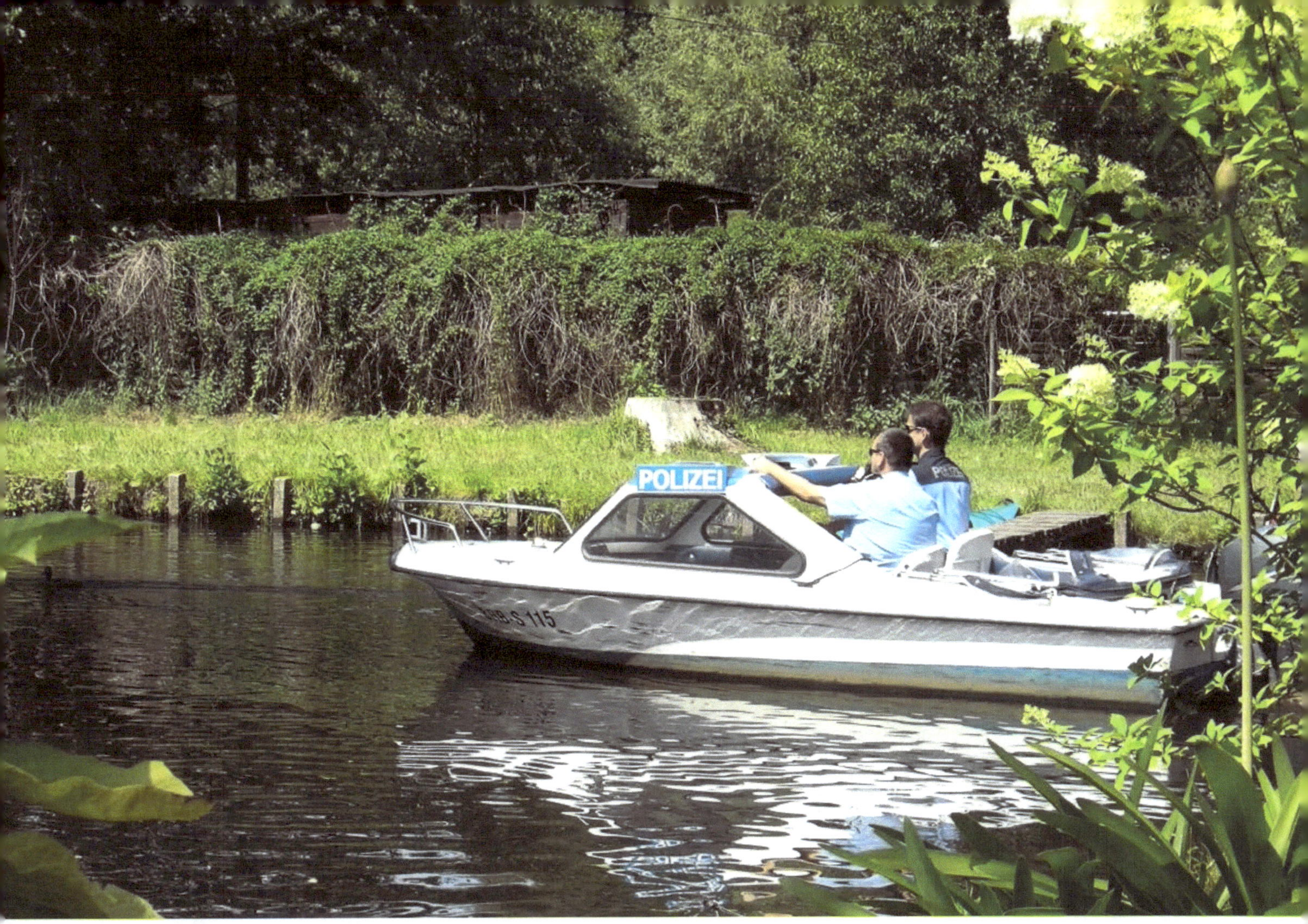
POLIZEI
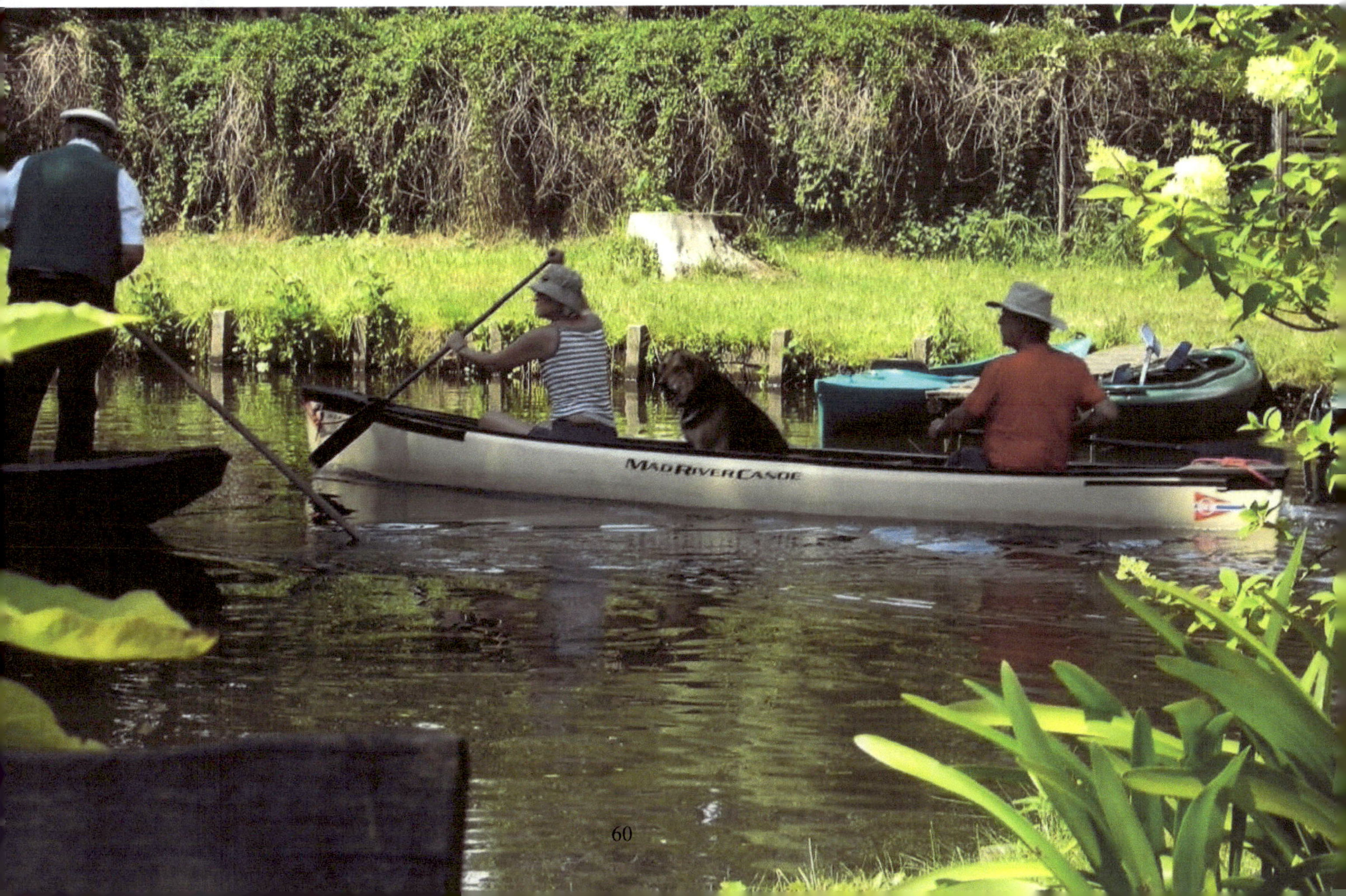
MAD RIVER CANOE

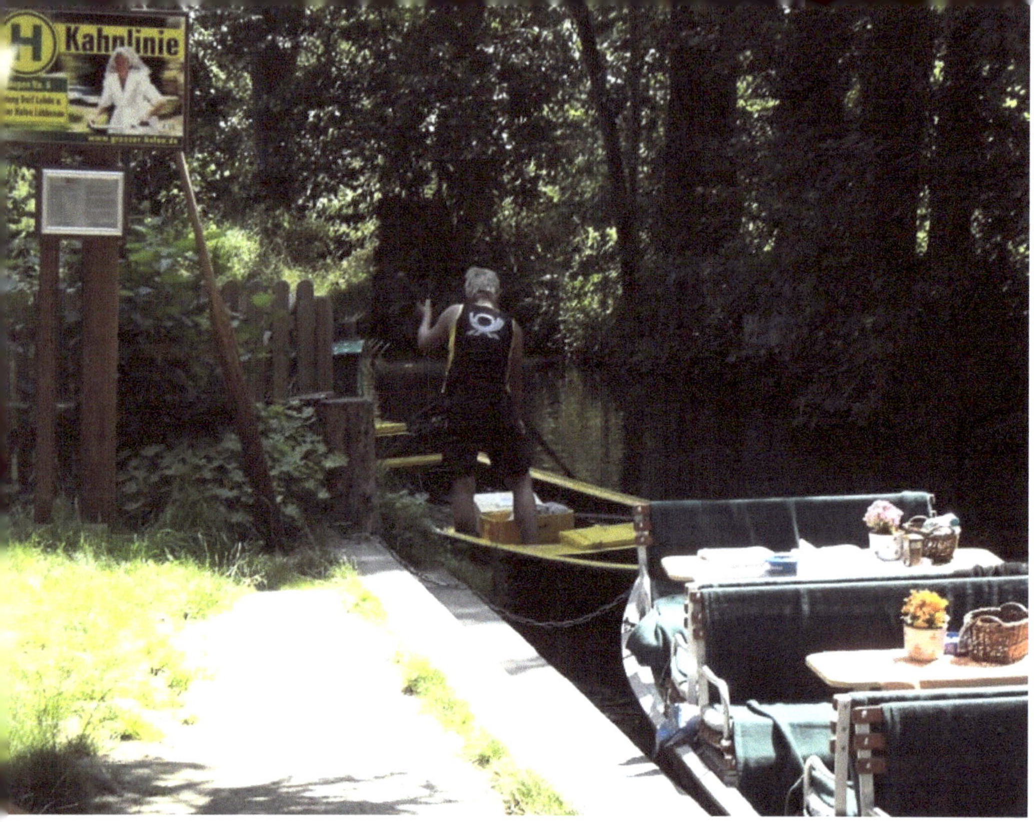
Kahnlinie
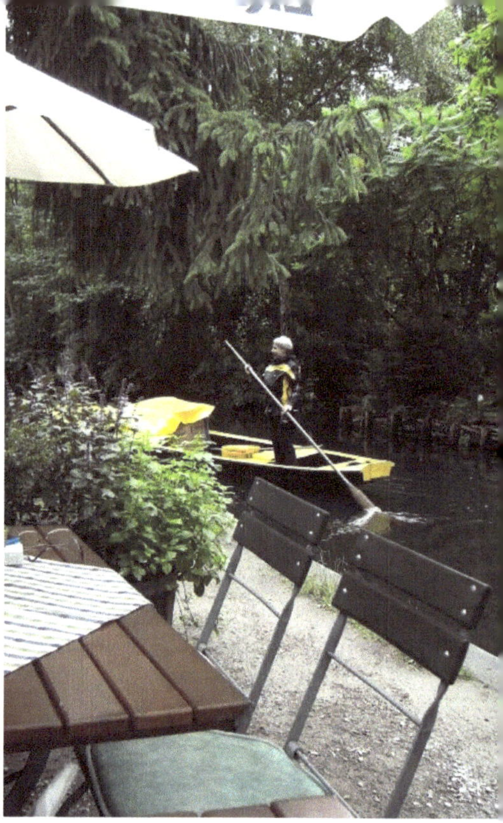
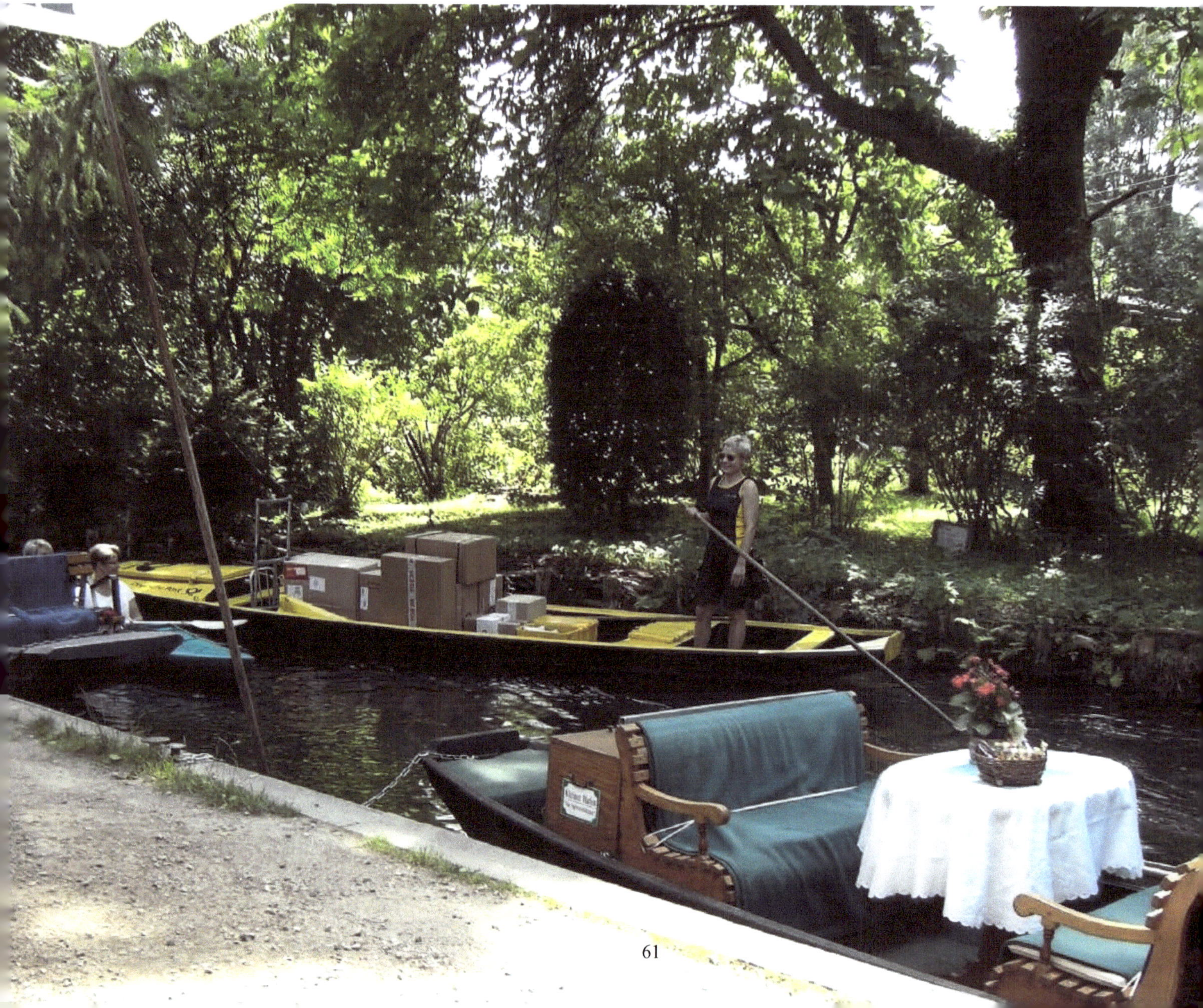

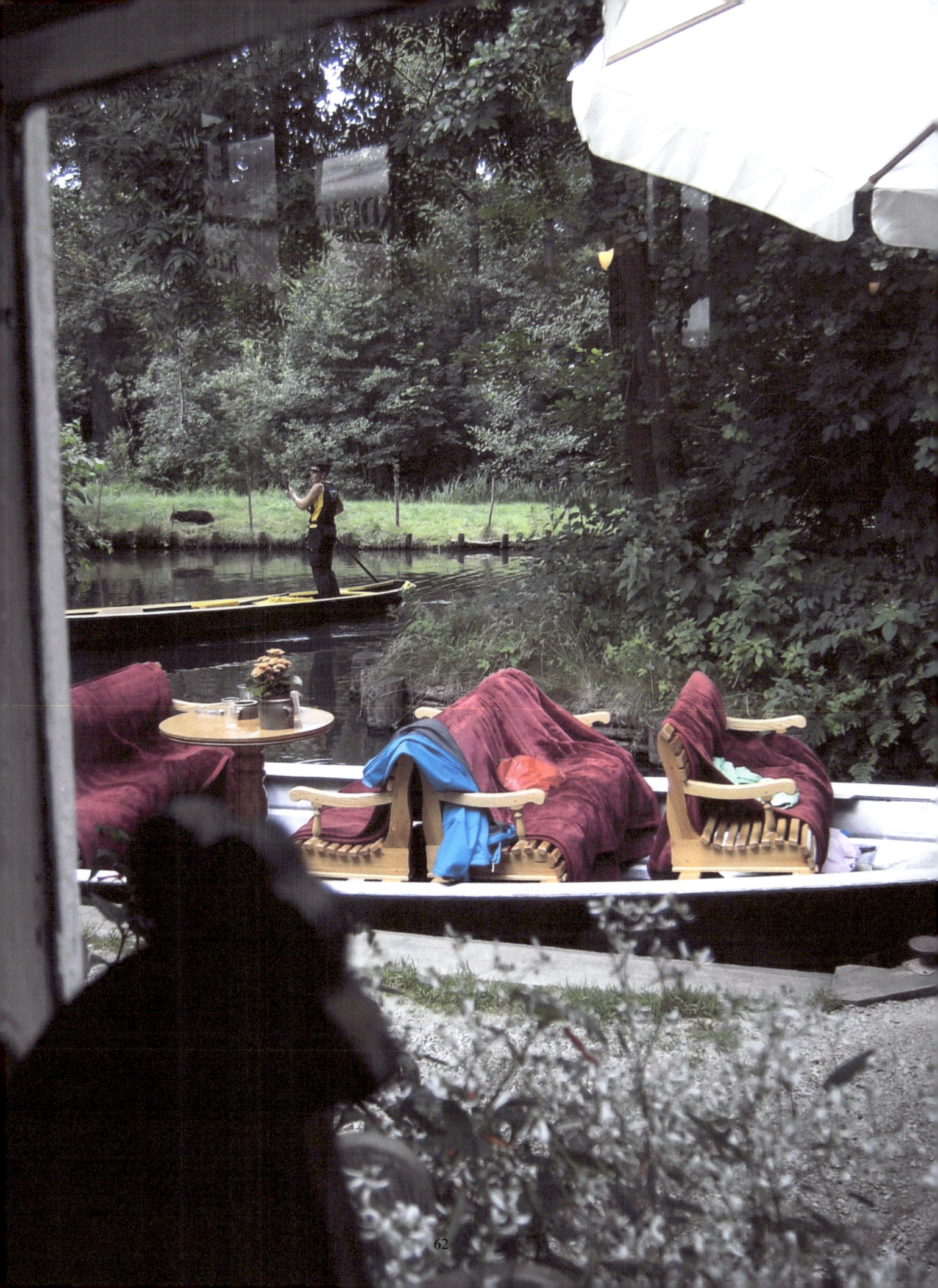

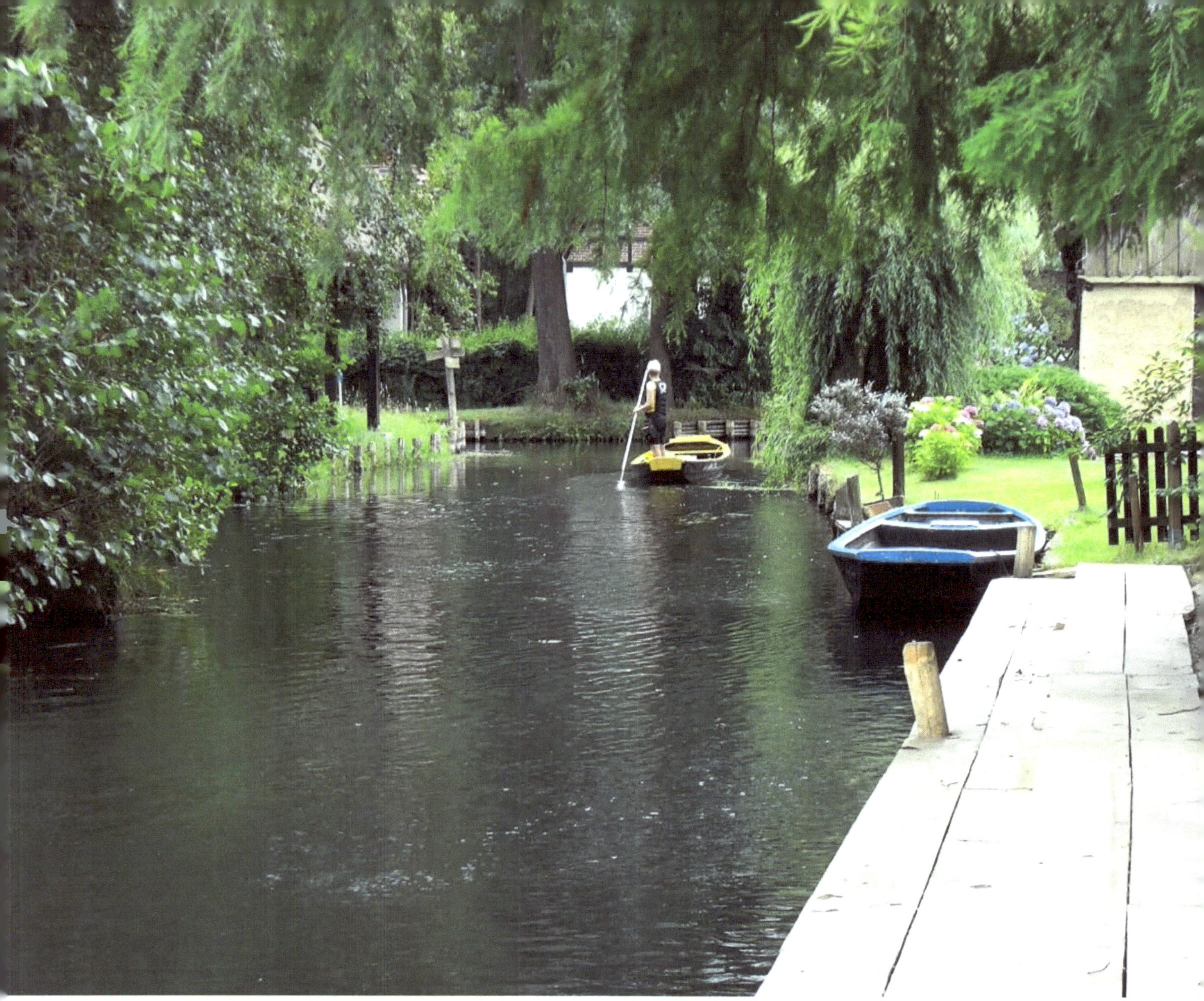

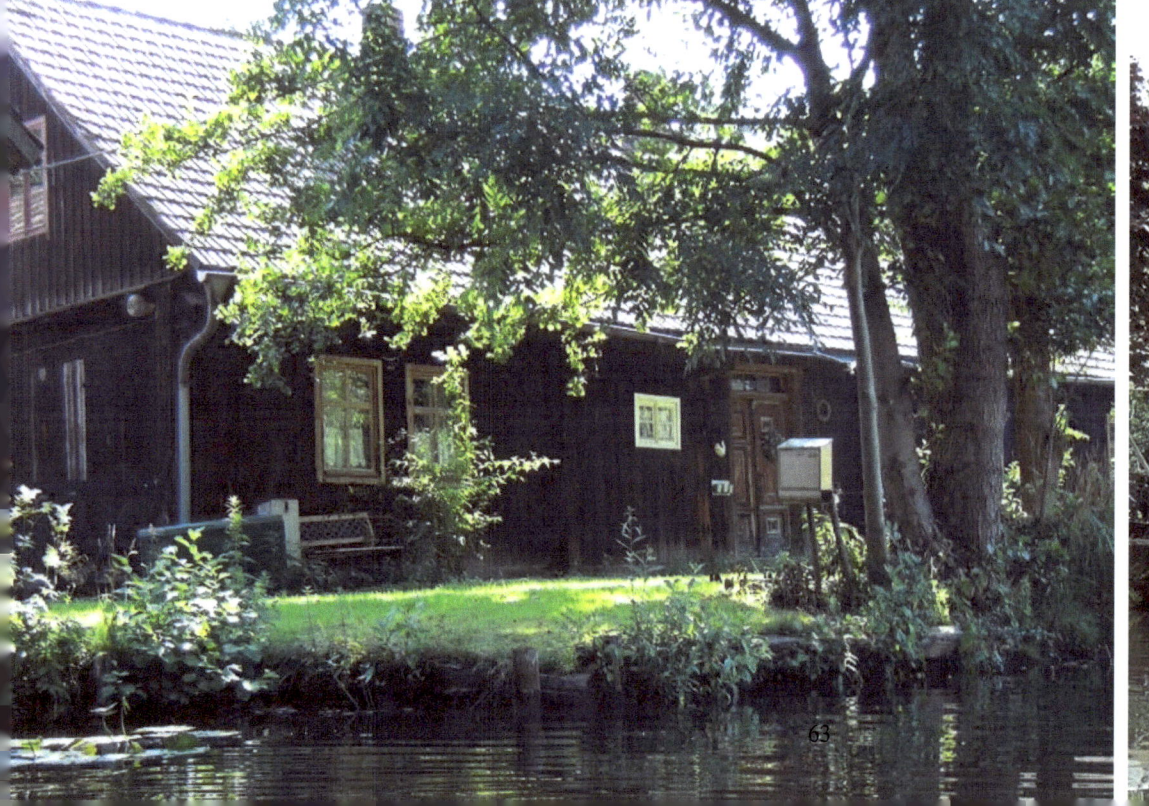

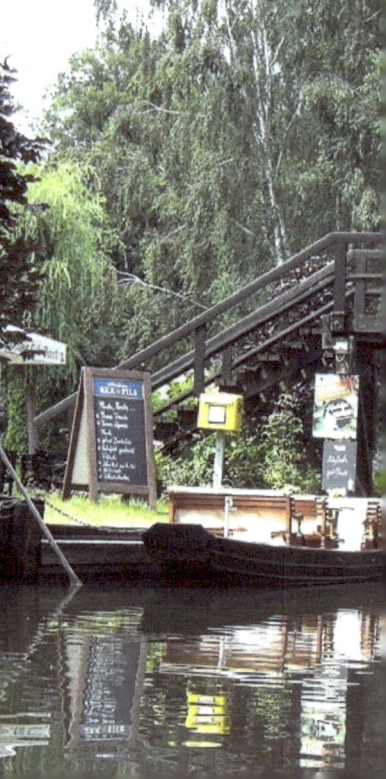

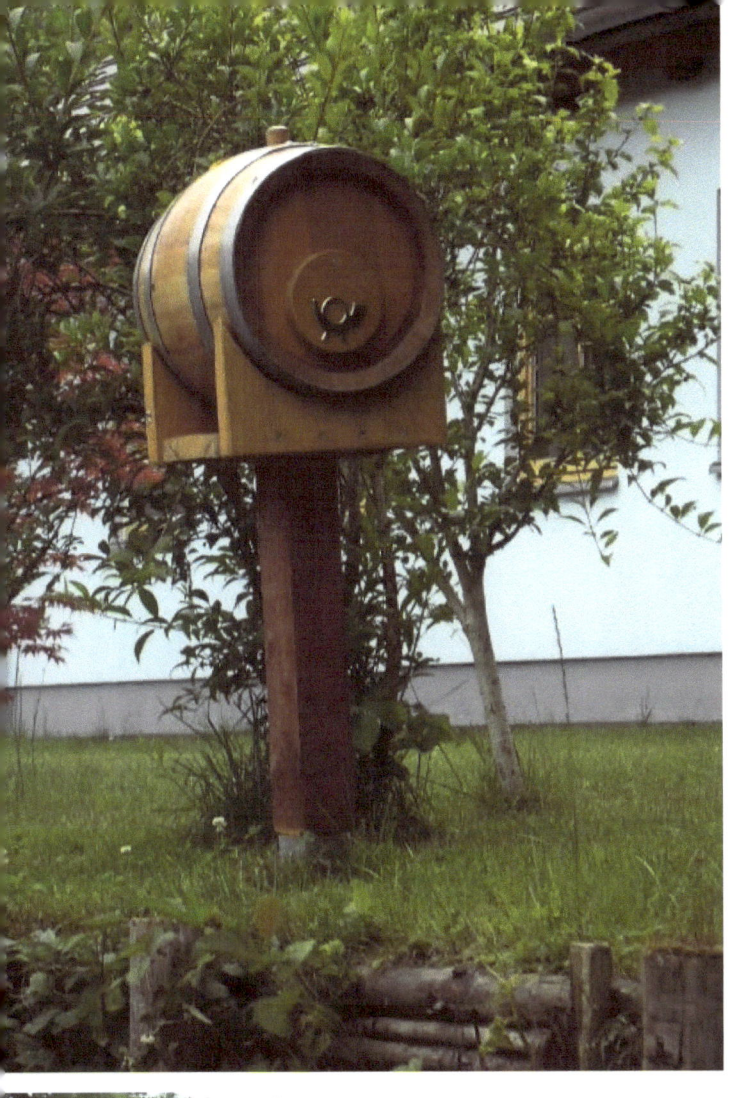
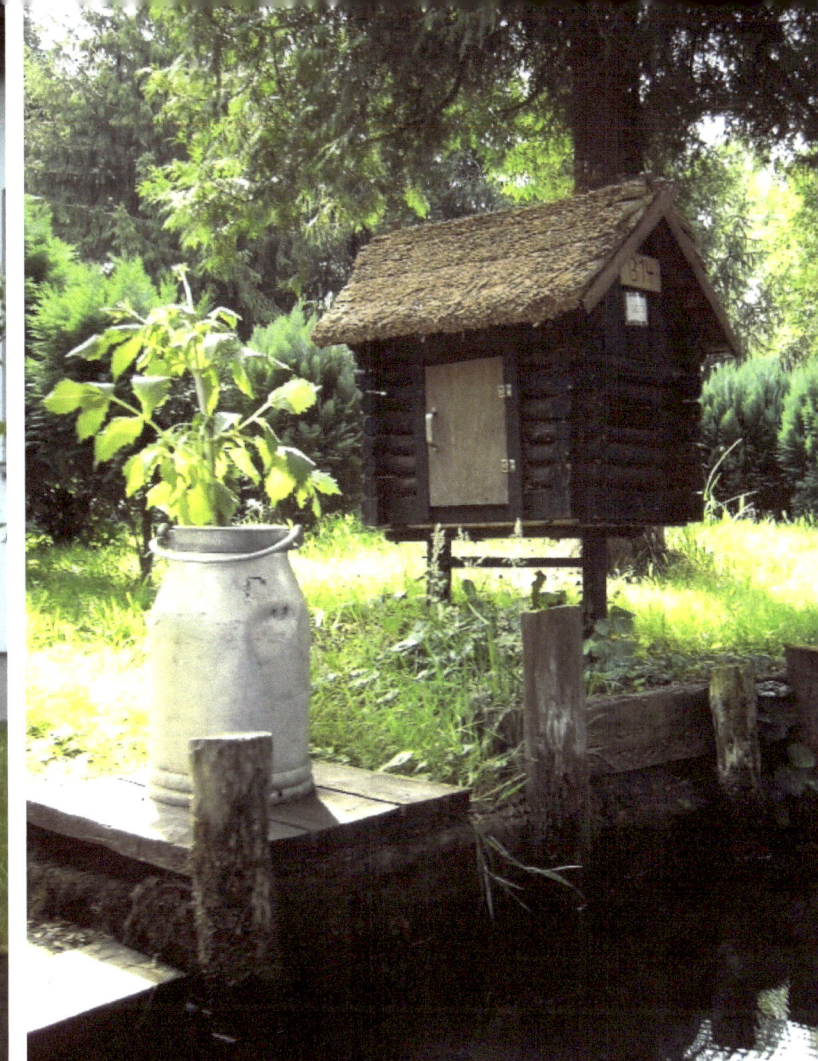
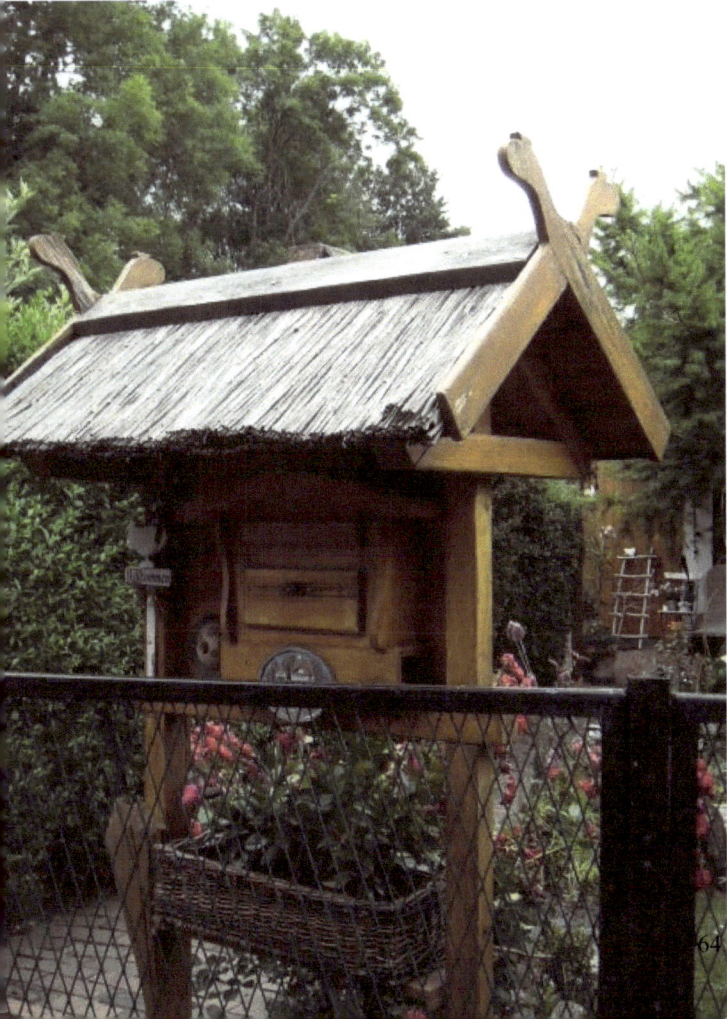
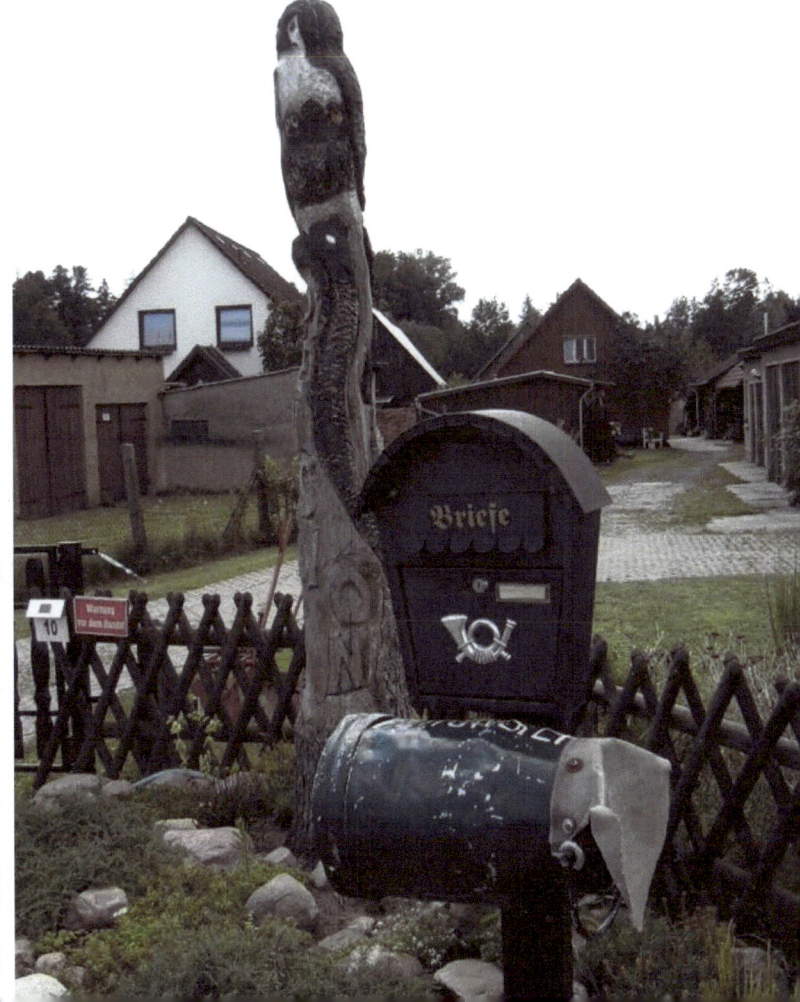

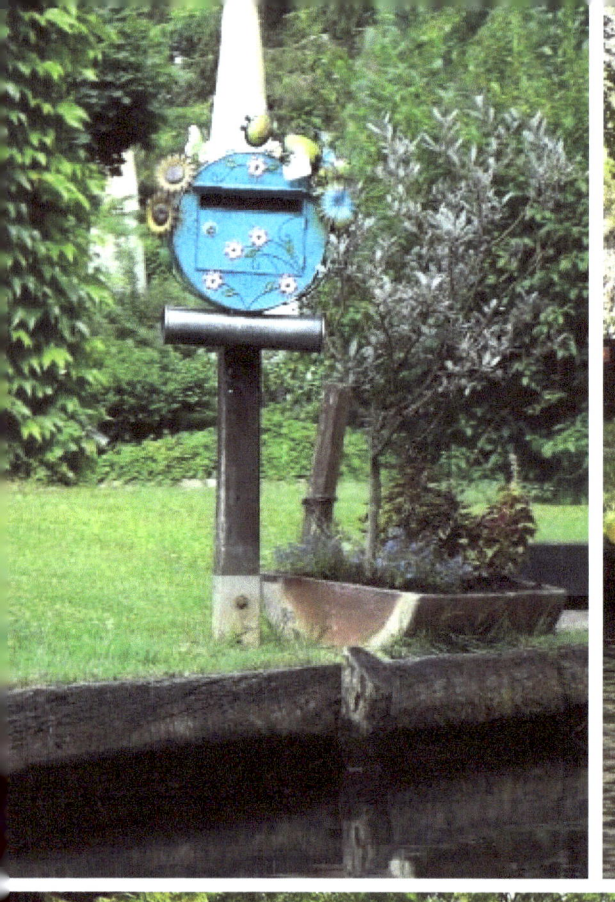

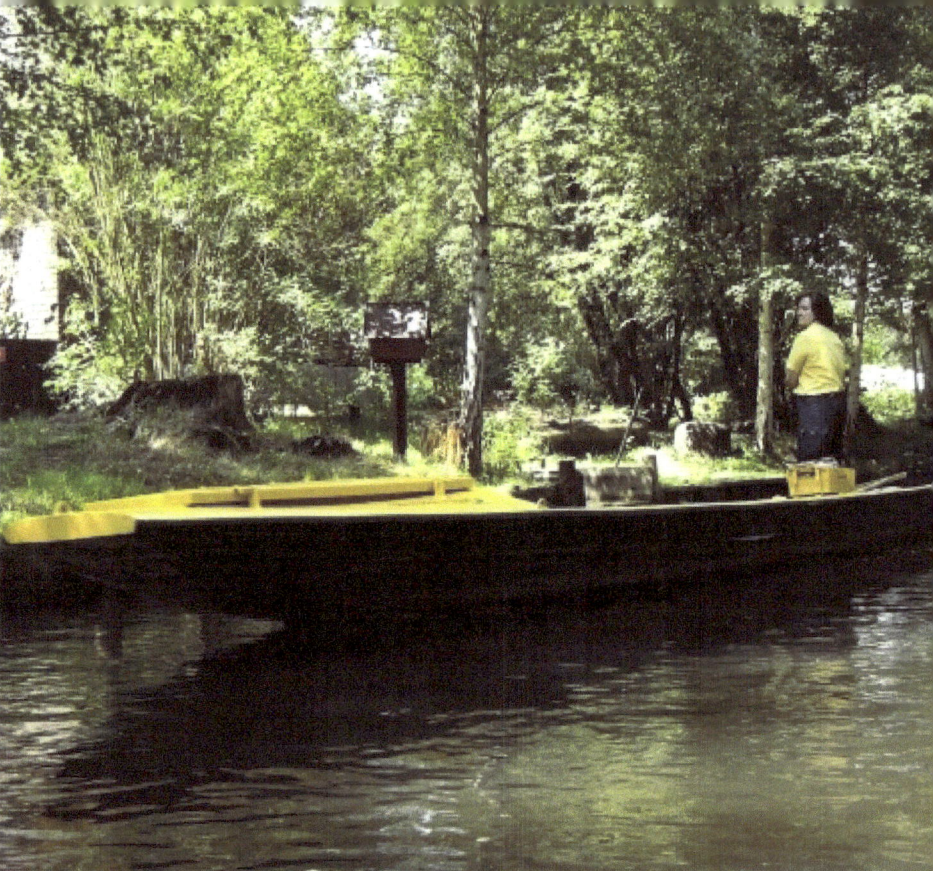

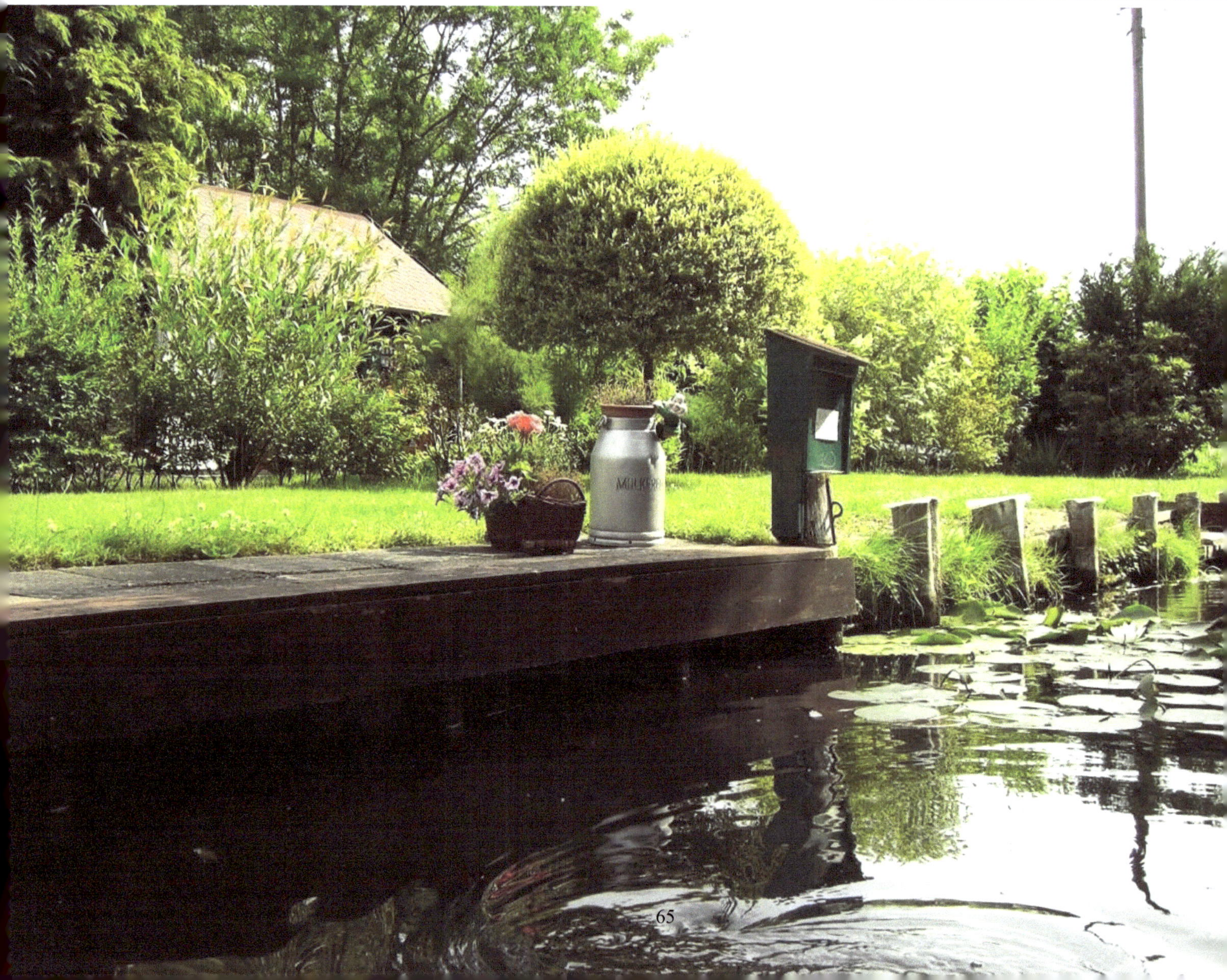

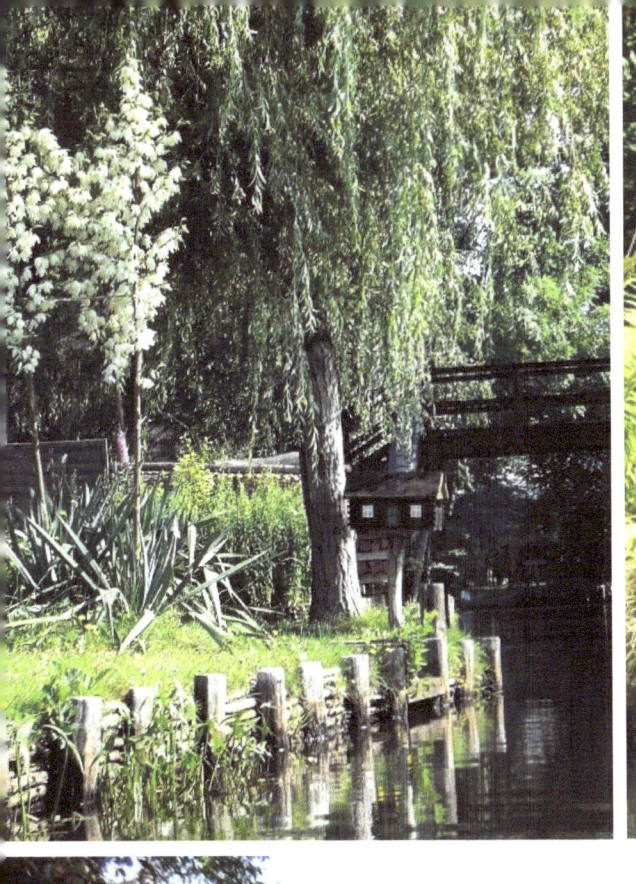
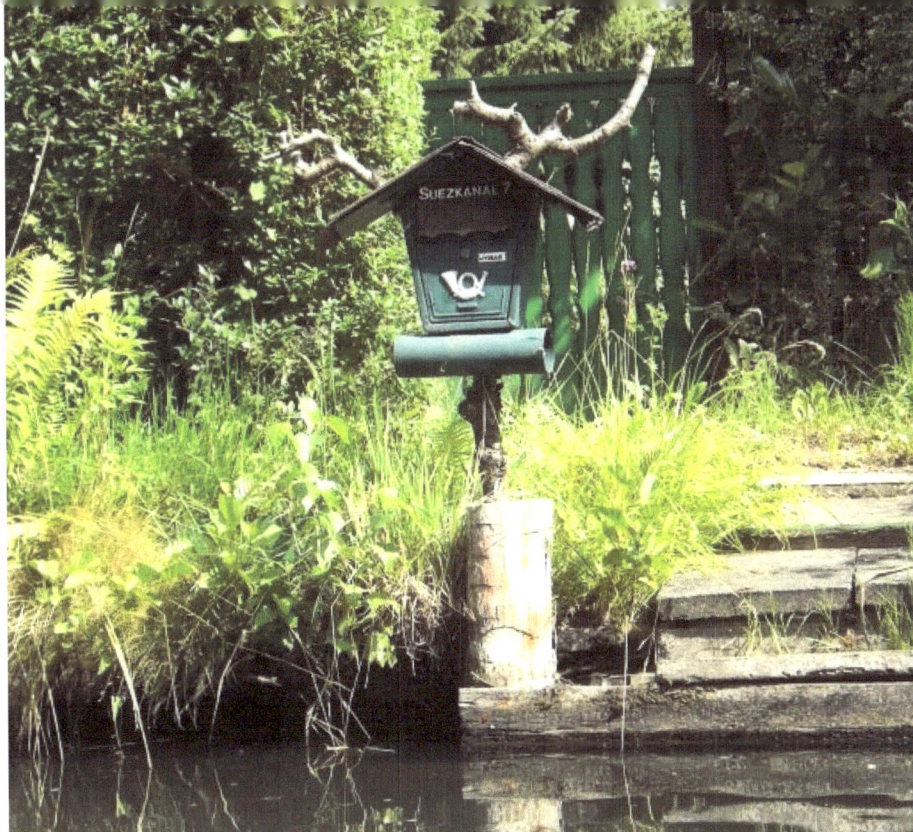

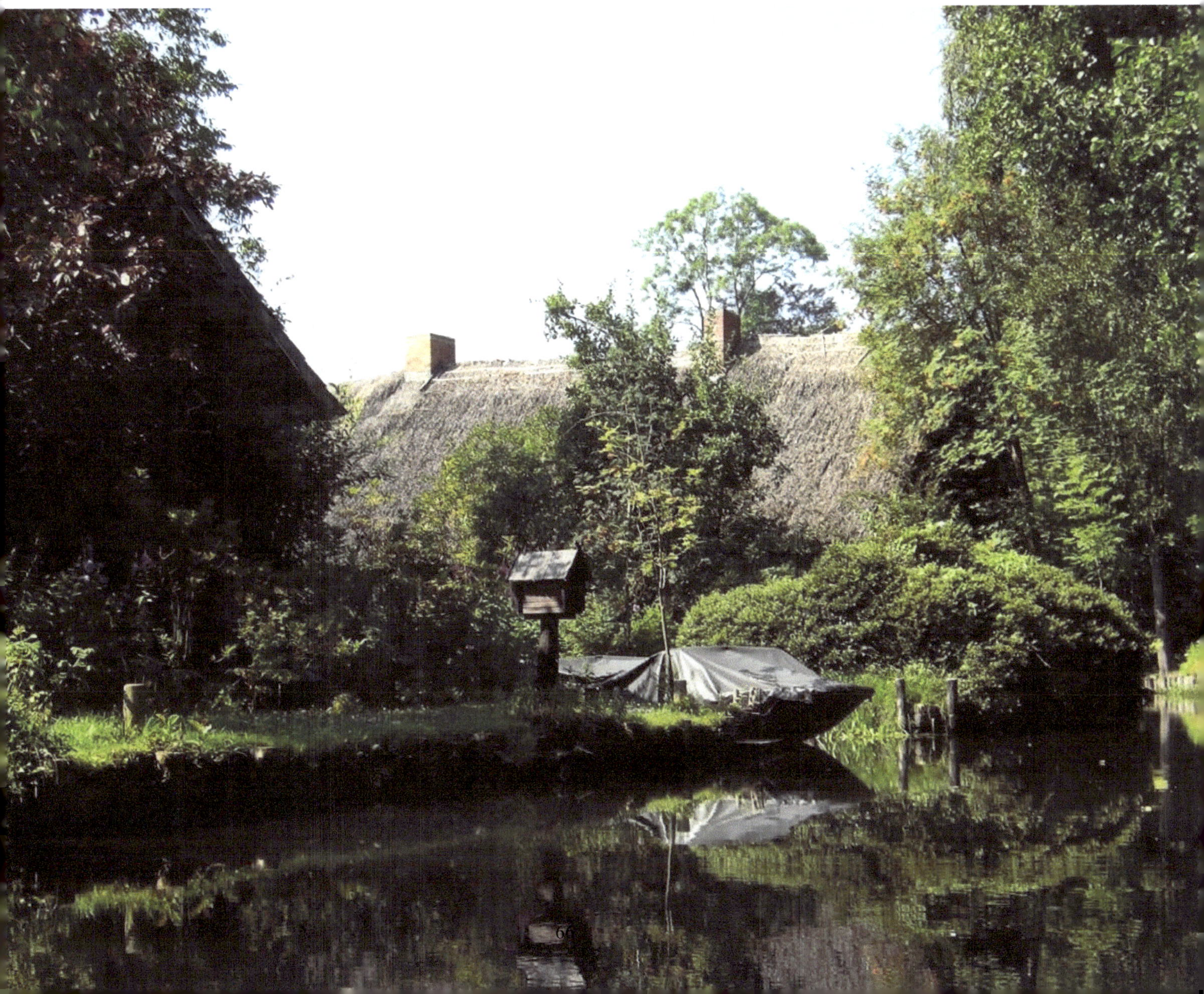

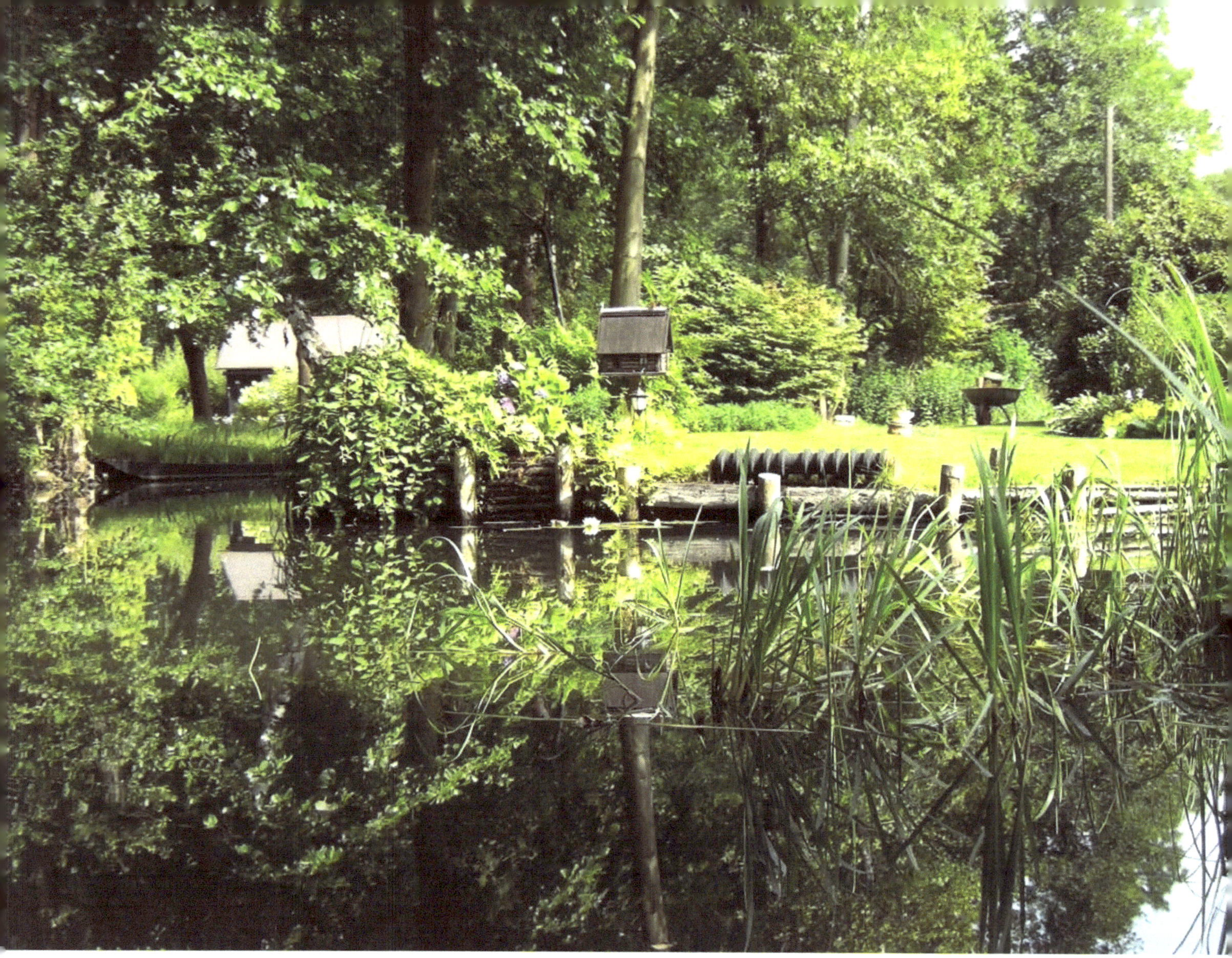

Von April bis September wird die Post in Lehde, wie schon vor 100 Jahren, mit dem Kahn ausgefahren. Auf der 8 km langen Tour beliefert der Postkahn 65 Haushalte. Nur im Winter muss auf das Auto ausgewichen werden.

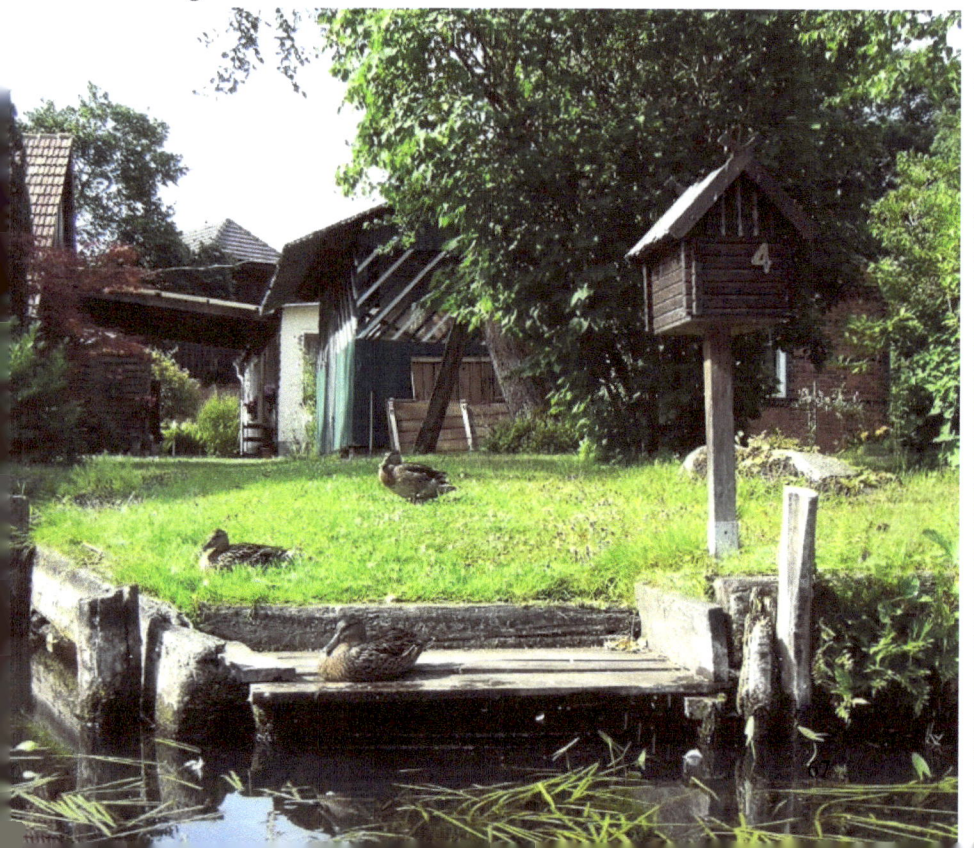

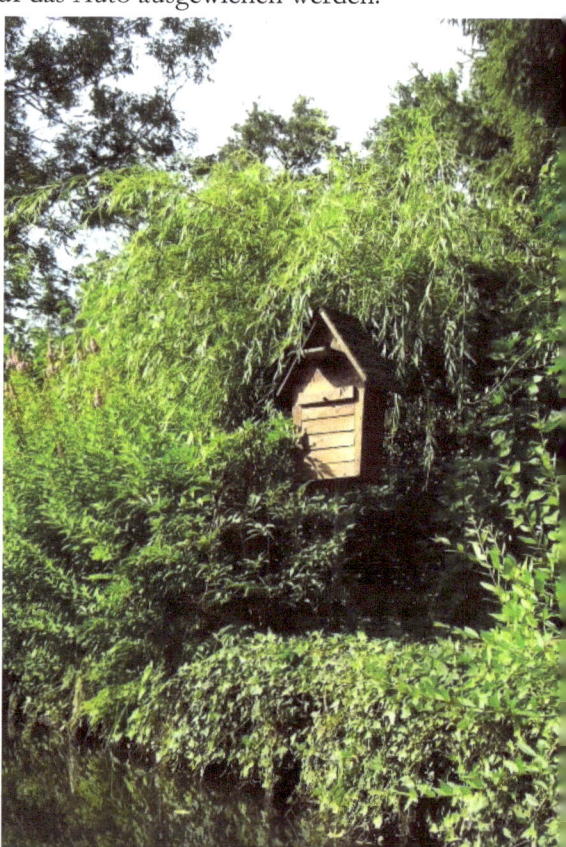

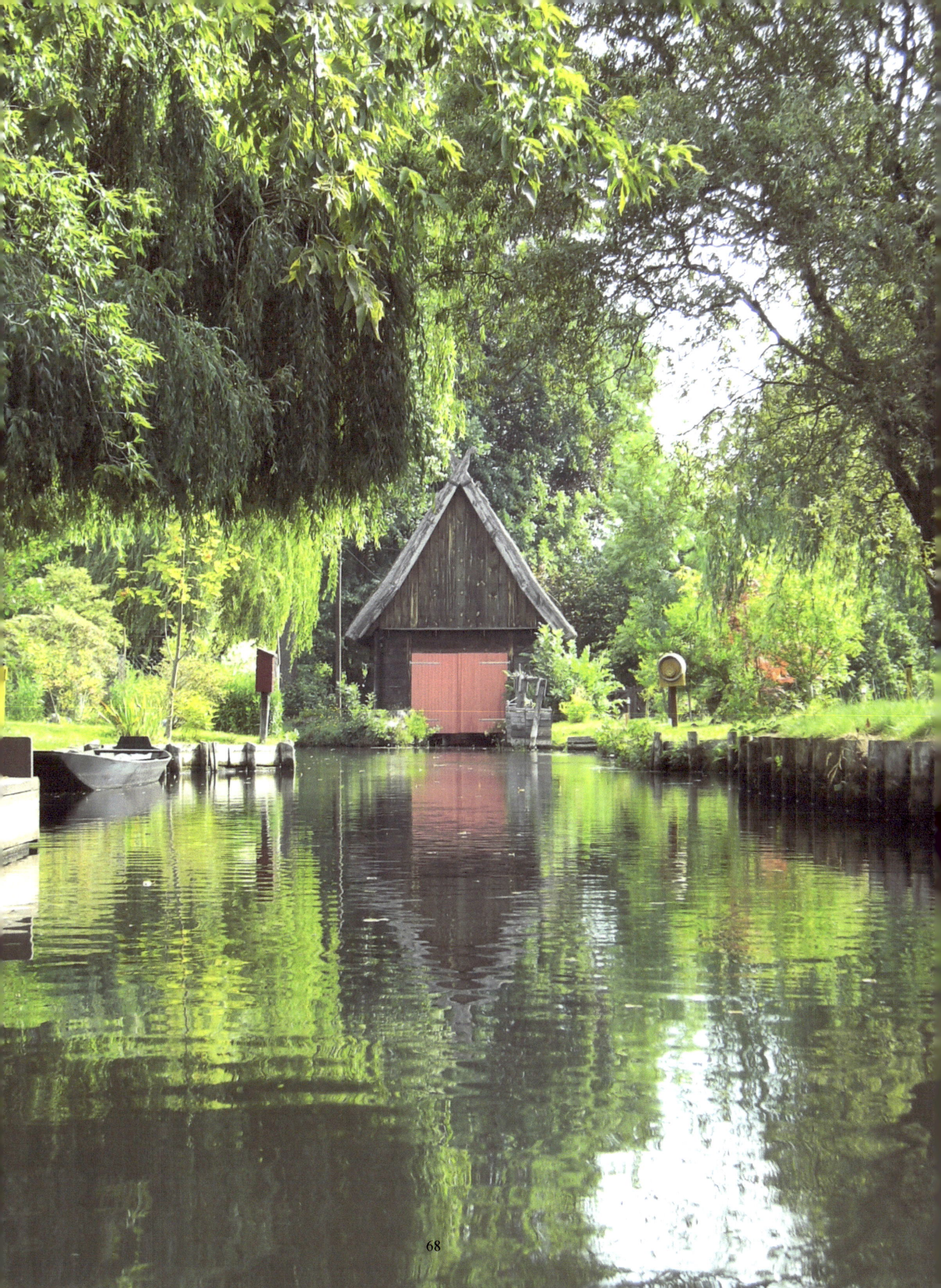

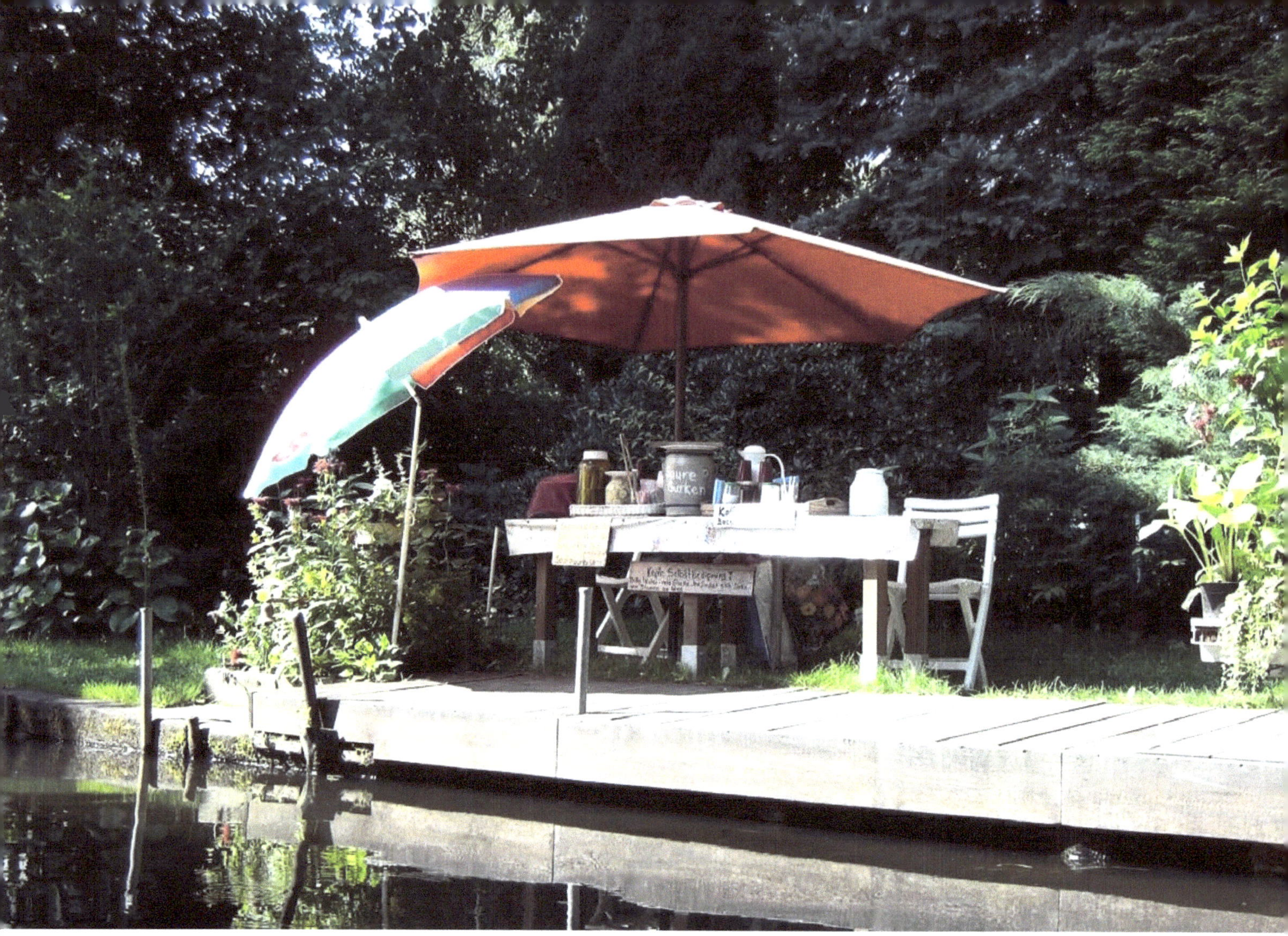
Saure
Gurken

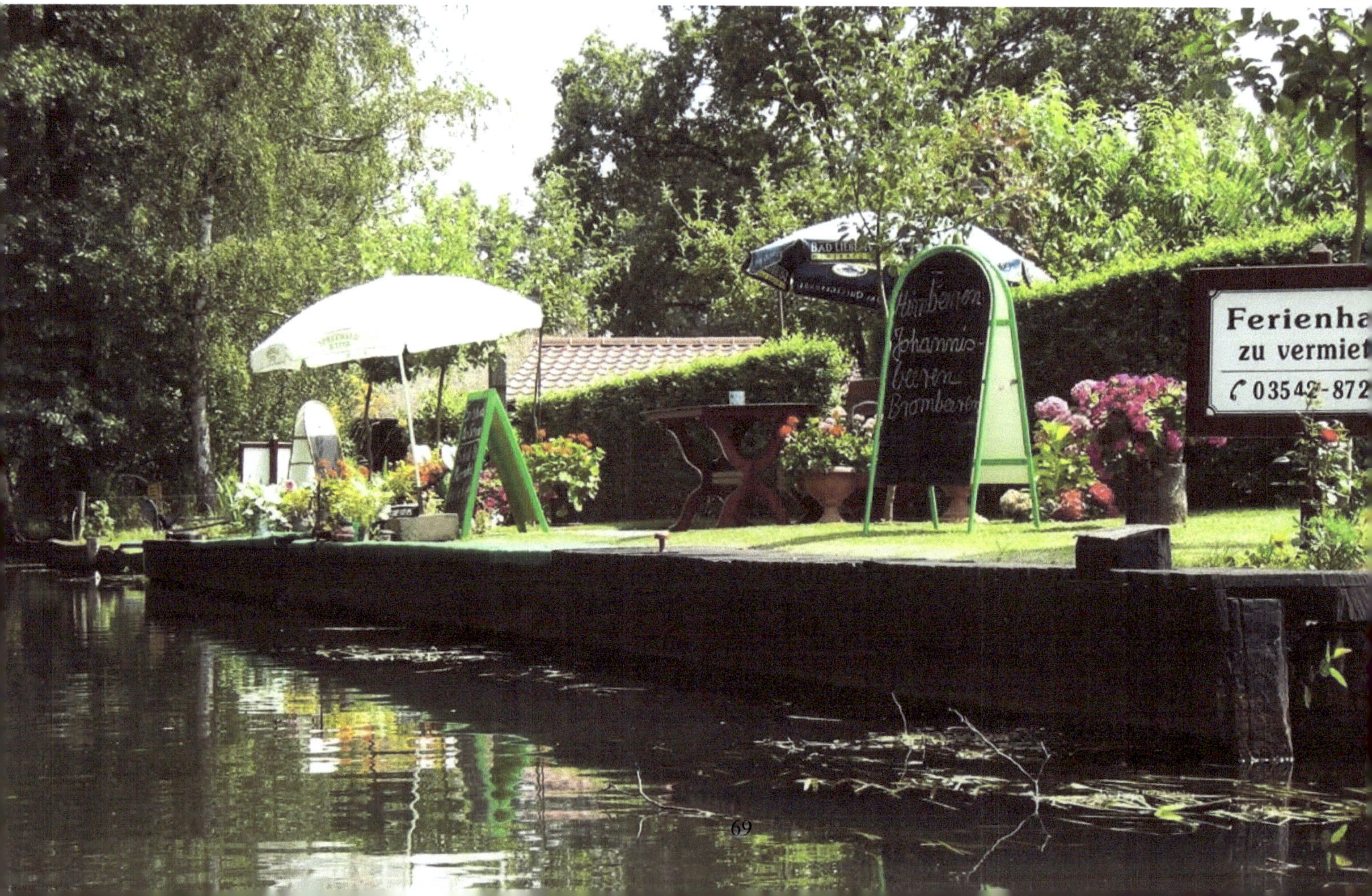
Johannis-
beeren
Brombeeren
Ferienha
zu vermiet
03542-872

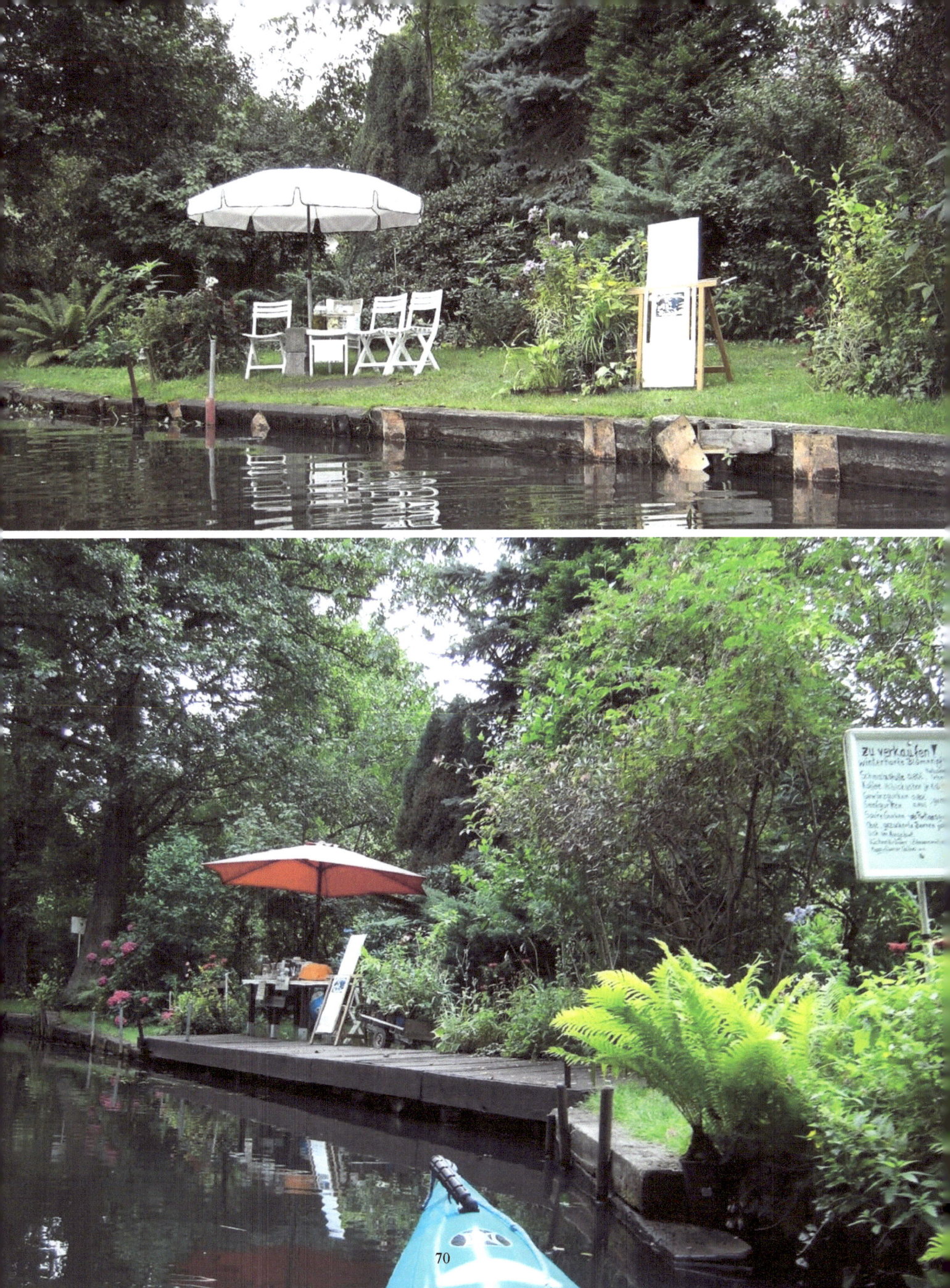

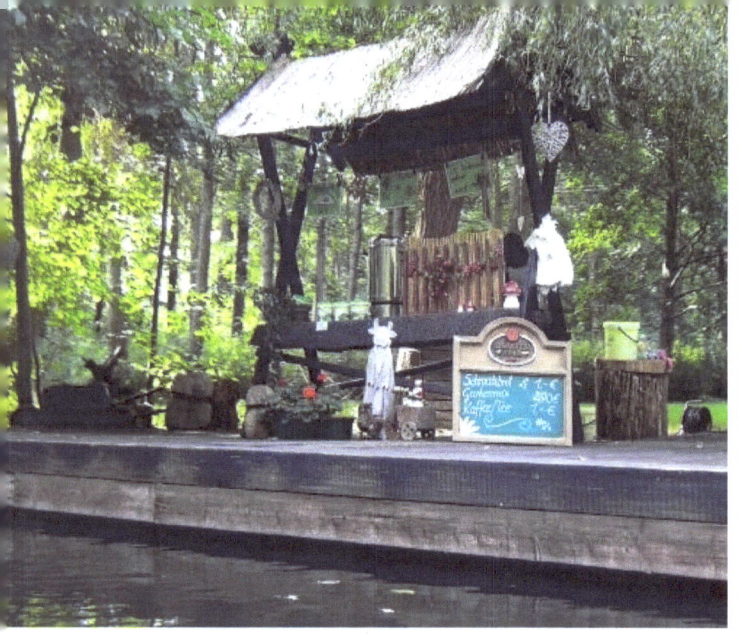
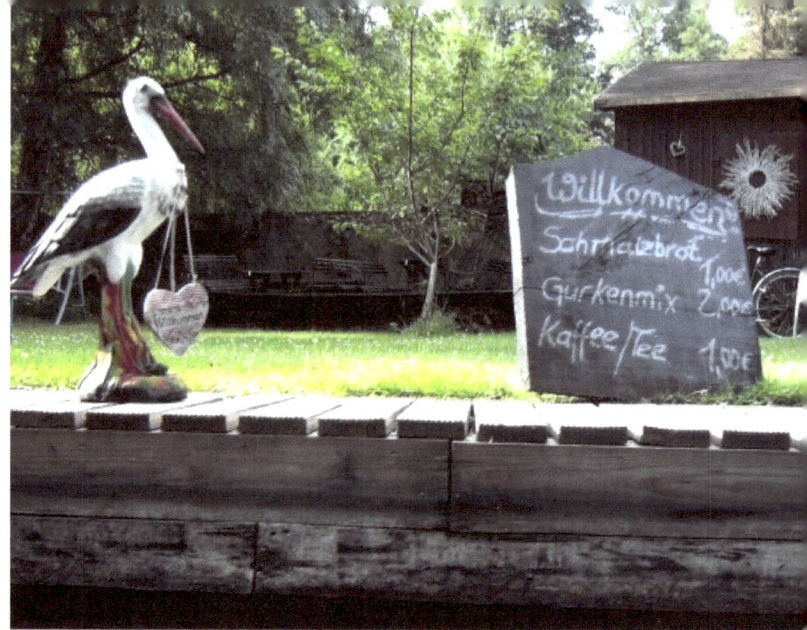

An den Fließen findet man vielerorts kleine Verkaufsstände, an denen man leicht mit dem Boot oder Kahn anlegen kann. Hier braucht man noch nicht einmal auszusteigen, sondern kann direkt vom Boot aus die angebotenen Produkte erwerben. So gibt es beispielsweise Spreewälder Gurken, Honig, Senf, Schmalzbrot, Marmelade, Kaffee oder Leinöl. Insbesondere die Spreewaldgurken sind überregional bekannt und spielen eine wichtige wirtschaftliche Rolle. Wer sich für Gurken interessiert, kann in Lehde das einzige Gurkenmuseum Deutschlands besichtigen, welches sich auf dem Gelände einer ehemaligen Gurkeneinlegerei befindet. Wer sich lieber durch alle Gurkensorten probieren möchte, sollte die Gurkenmeile am Großen Hafen in Lübbenau besuchen. Dort findet man vielerlei eingelegte Gurkensorten aller Geschmacksrichtungen.

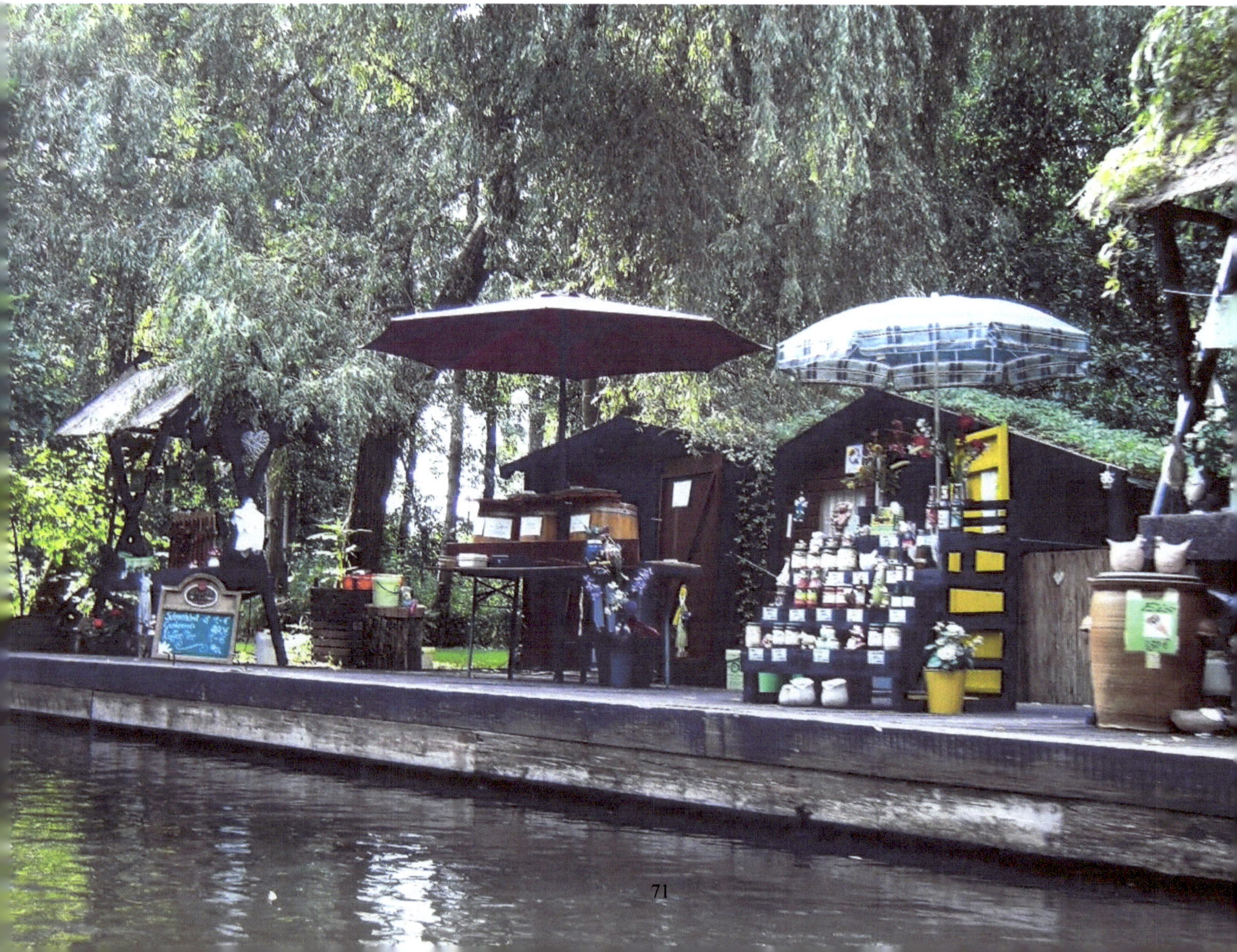

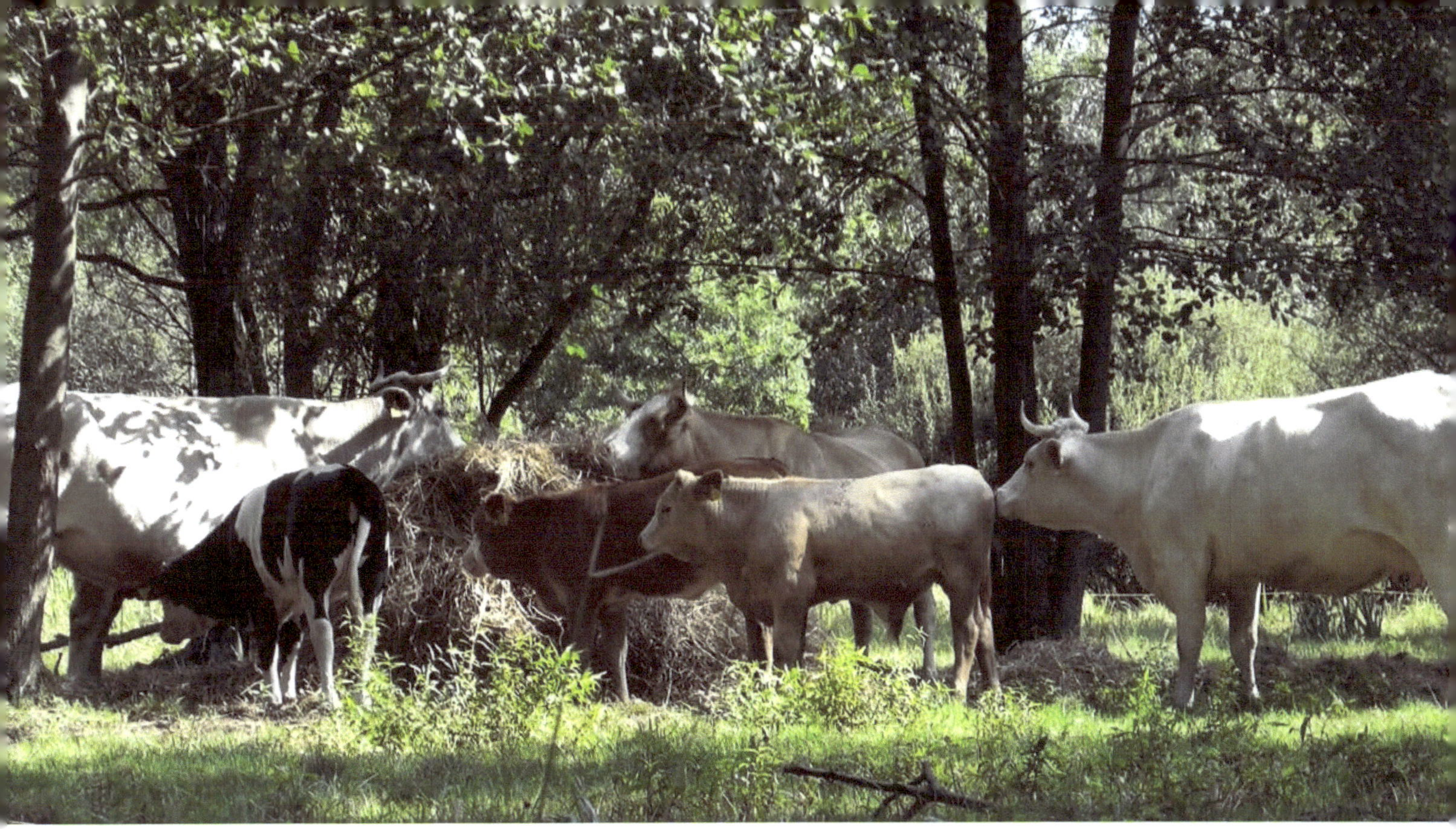

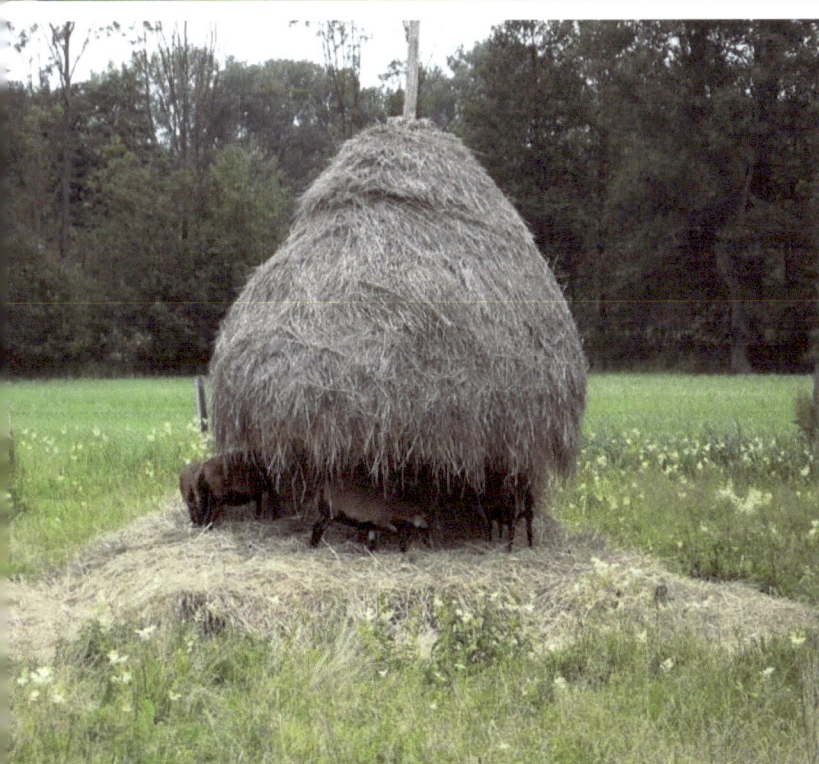

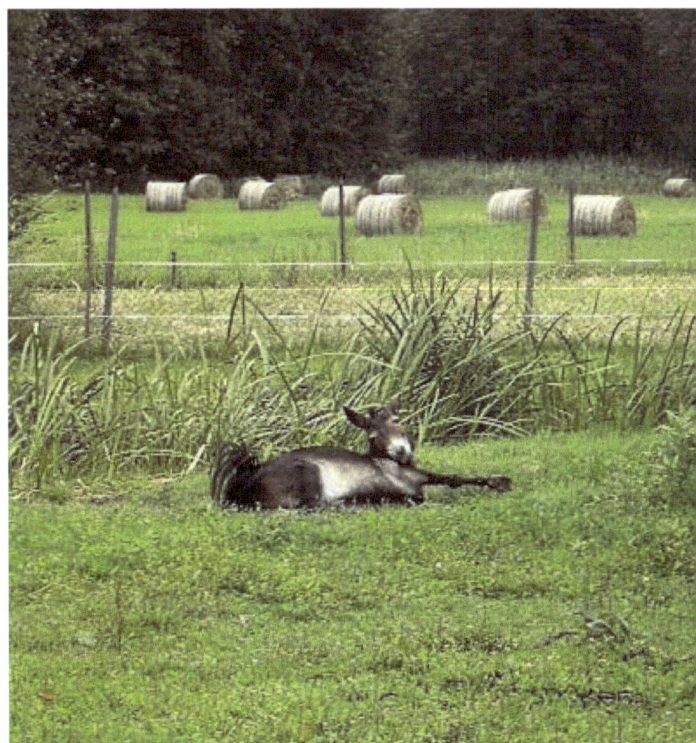

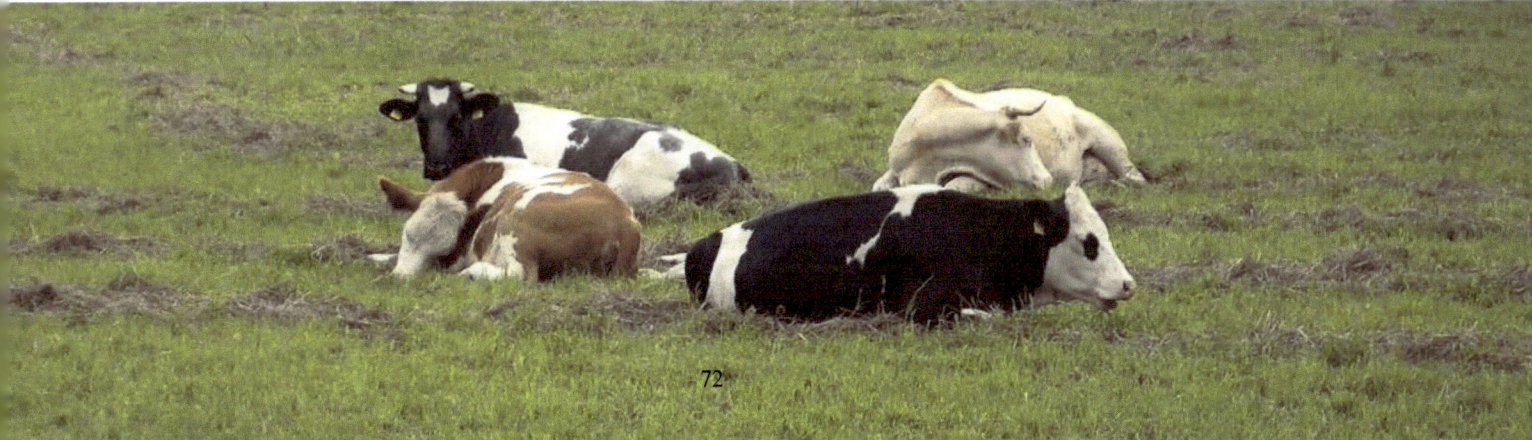

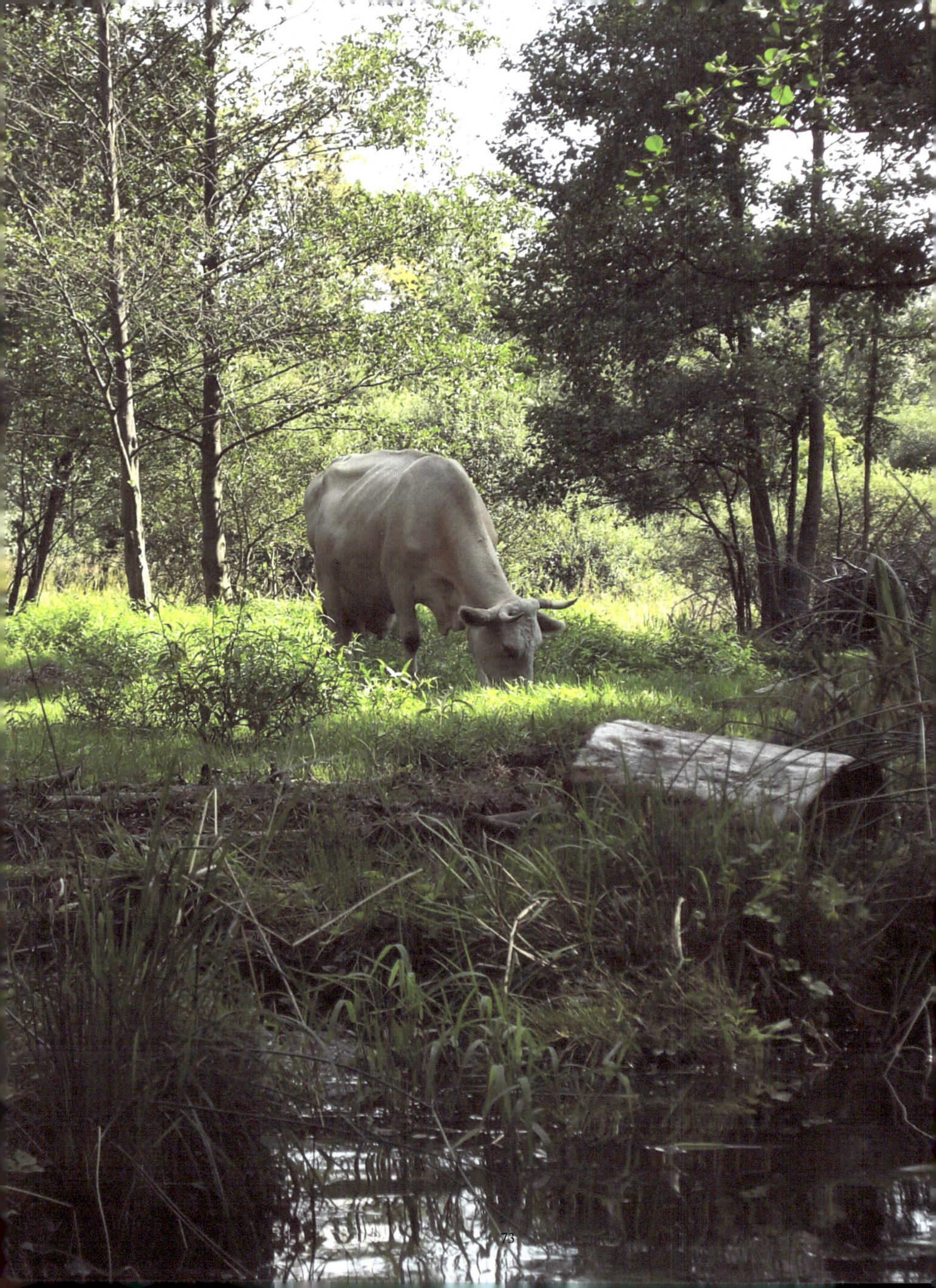

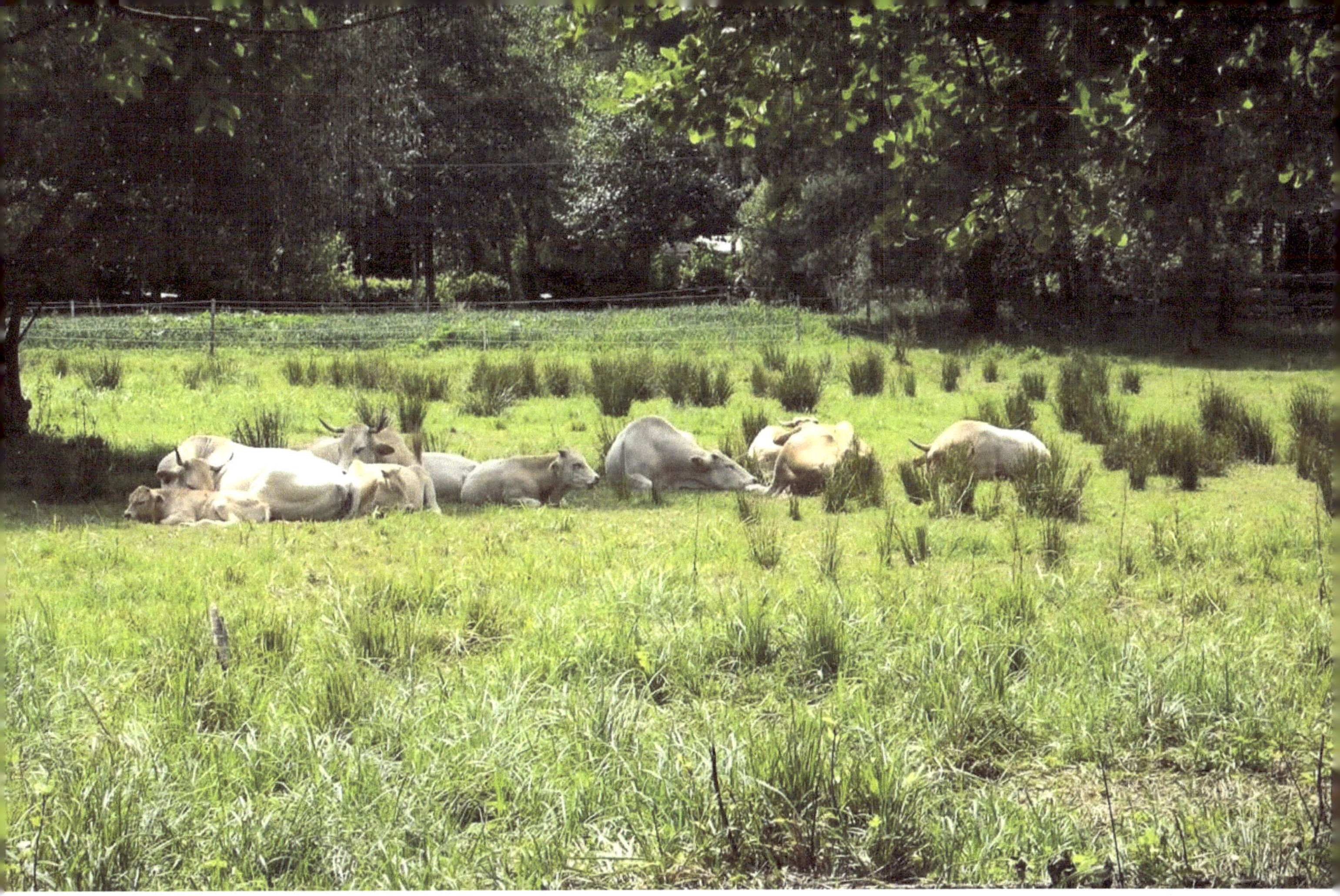

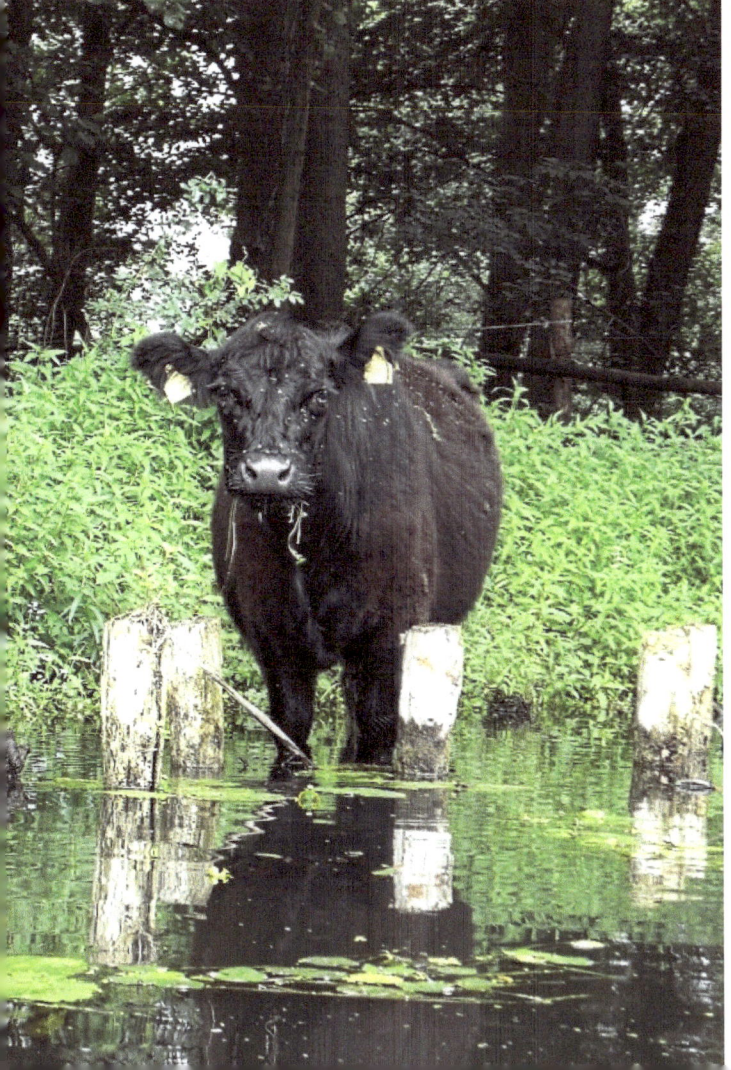
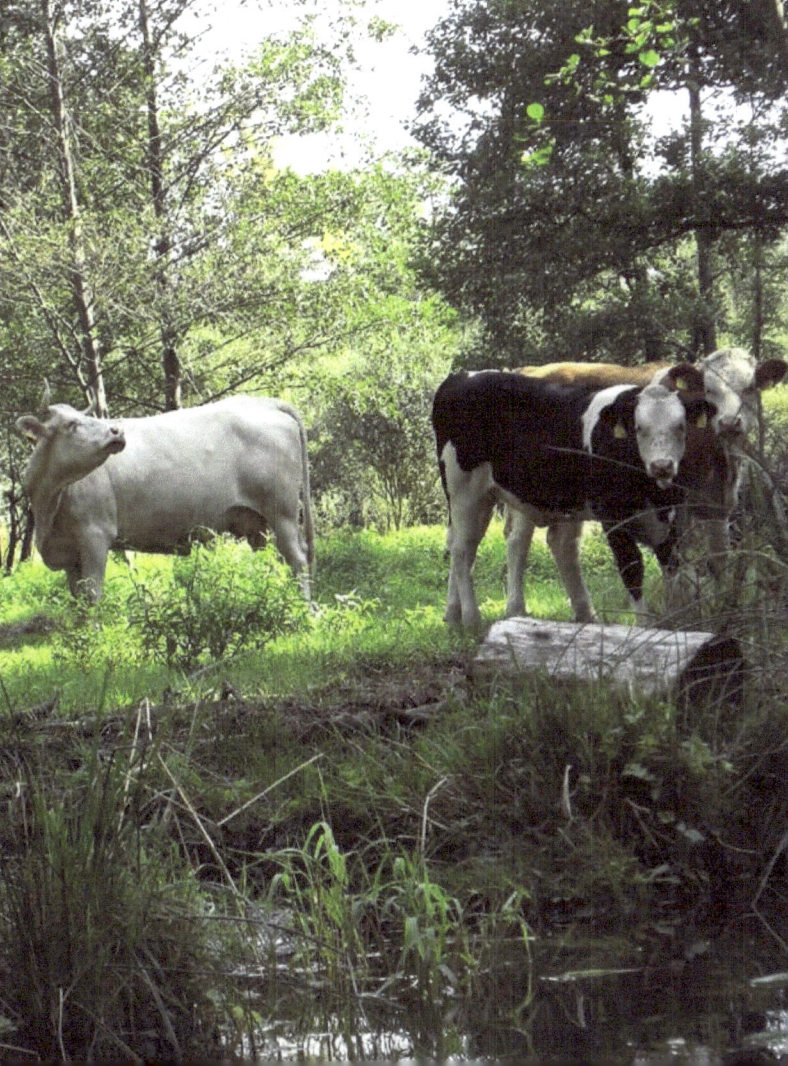

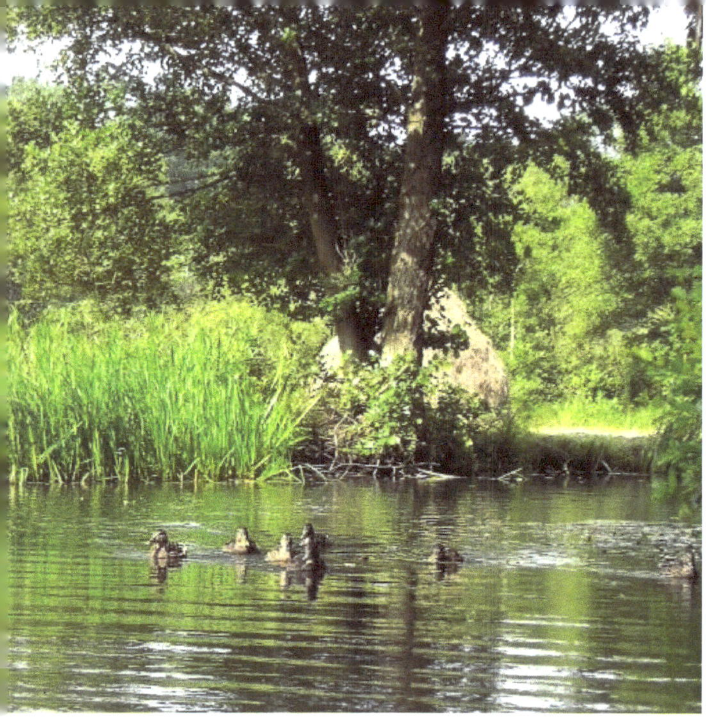

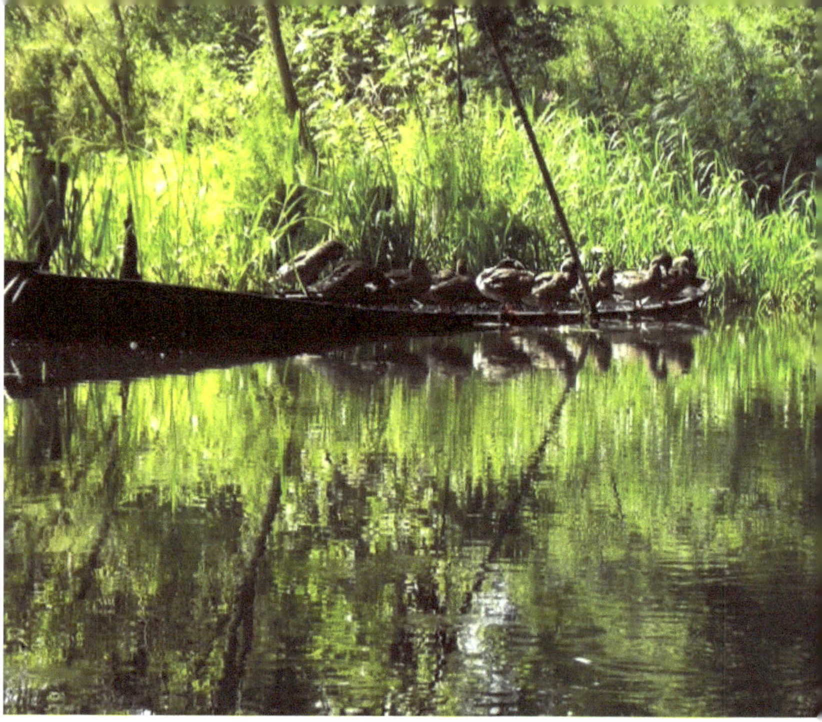

Das 475 km² große Biosphärenreservat erhielt 1991 den UNESCO-Status. Es beheimatet 6000 Tier- und Pflanzenarten.

unten: Ziegen nutzen einen Kahn als Sonnendeck.   *oben:* Enten benutzen einen gesunkenen Kahn als Steg.

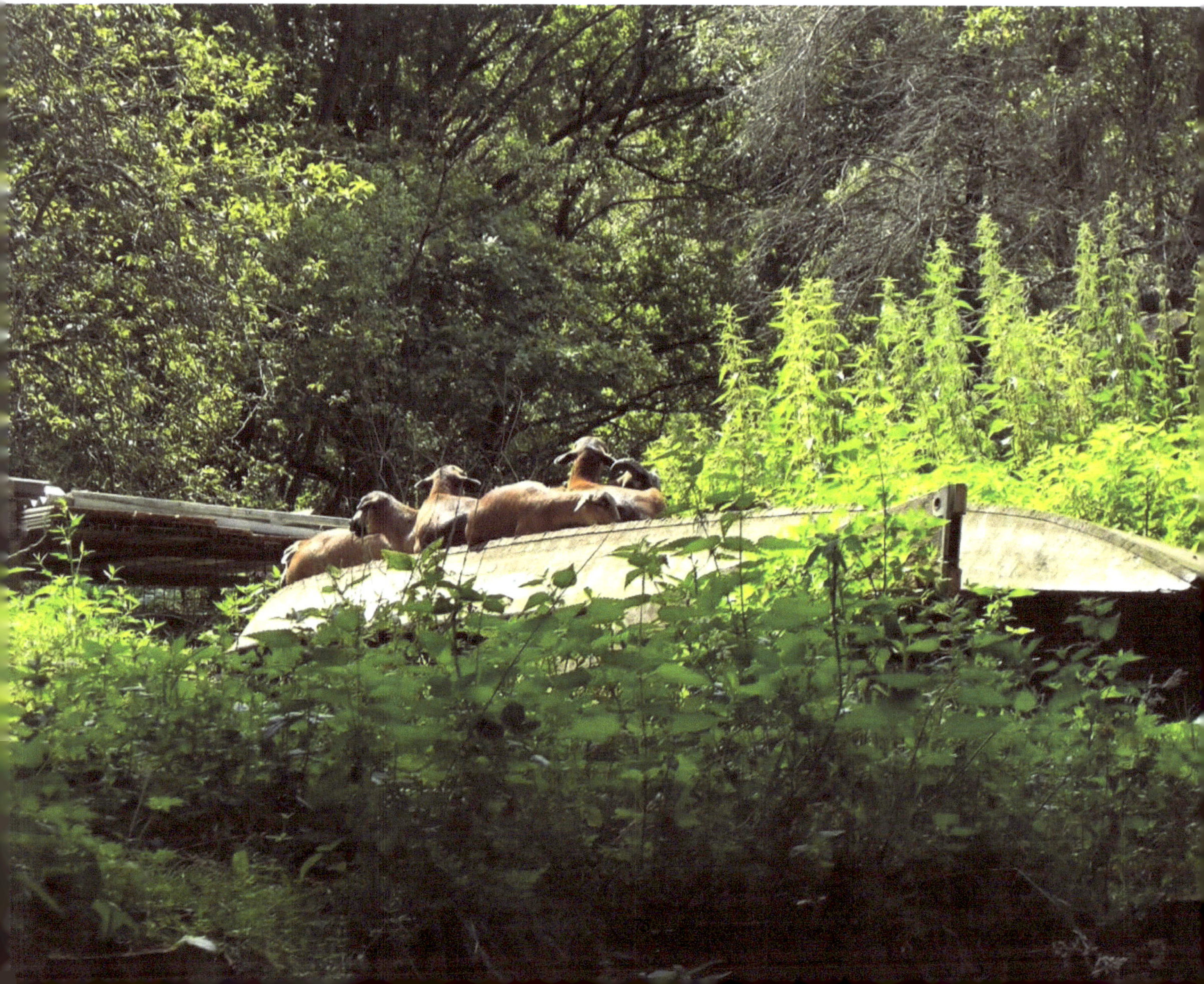

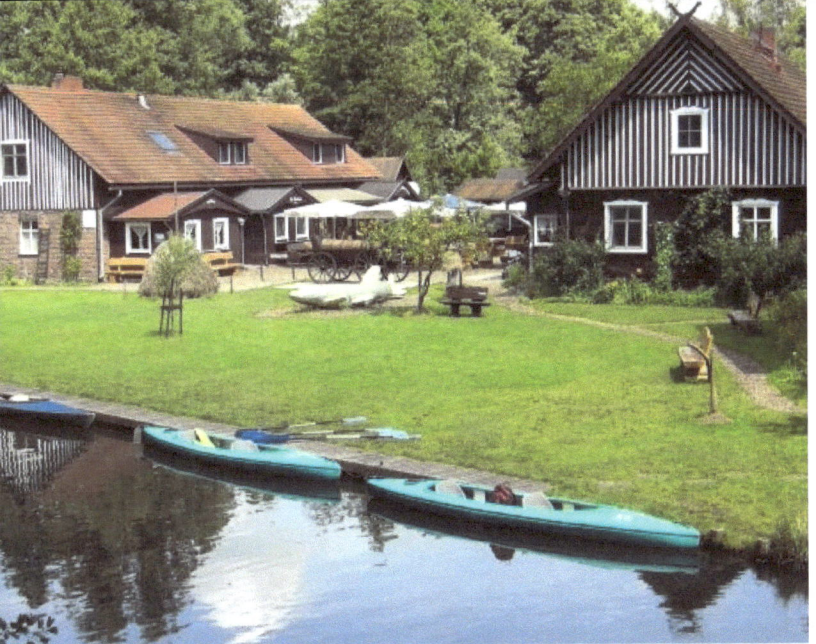

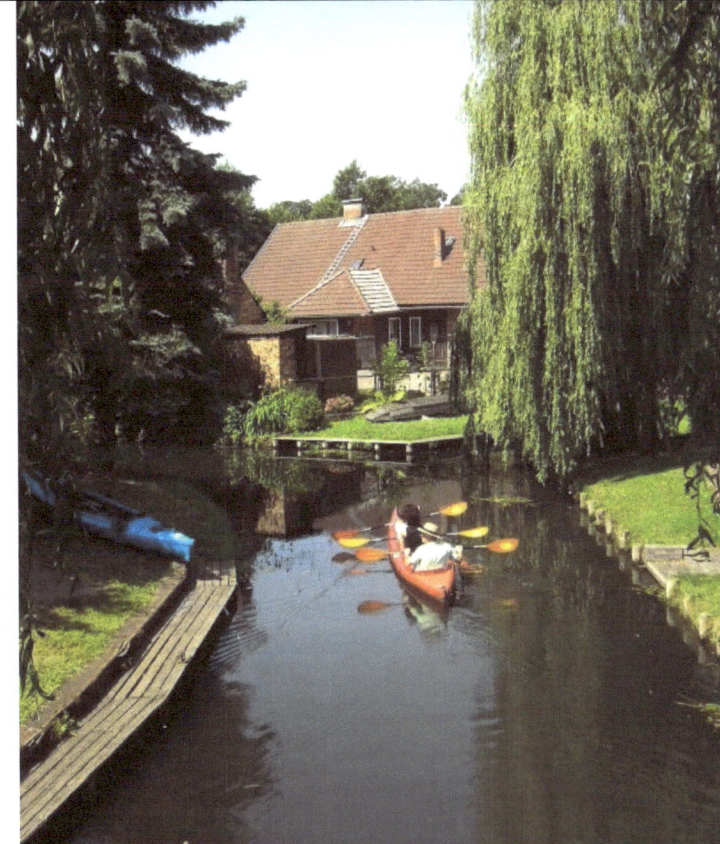

Der Ort Leipe ist eine von zwei Spreeläufen umflossene Sandbank, 6,5 km von Lübbenau entfernt. Das einstige Fischerdorf ist erst seit 1936 durch einen Fußweg und seit 1969 auch mit dem Auto erreichbar.

unten: Das Spreewaldhotel Leipe wurde 1745 errichtet. Bis zum Bau des Hafens war hier die einzige öffentliche Kahnabfahrstelle.

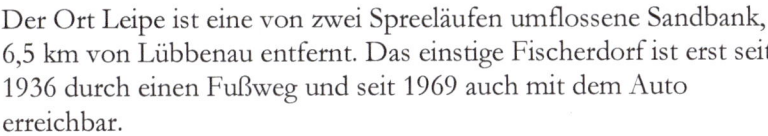

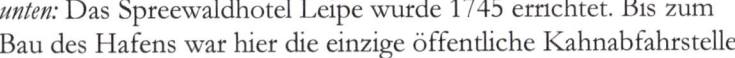

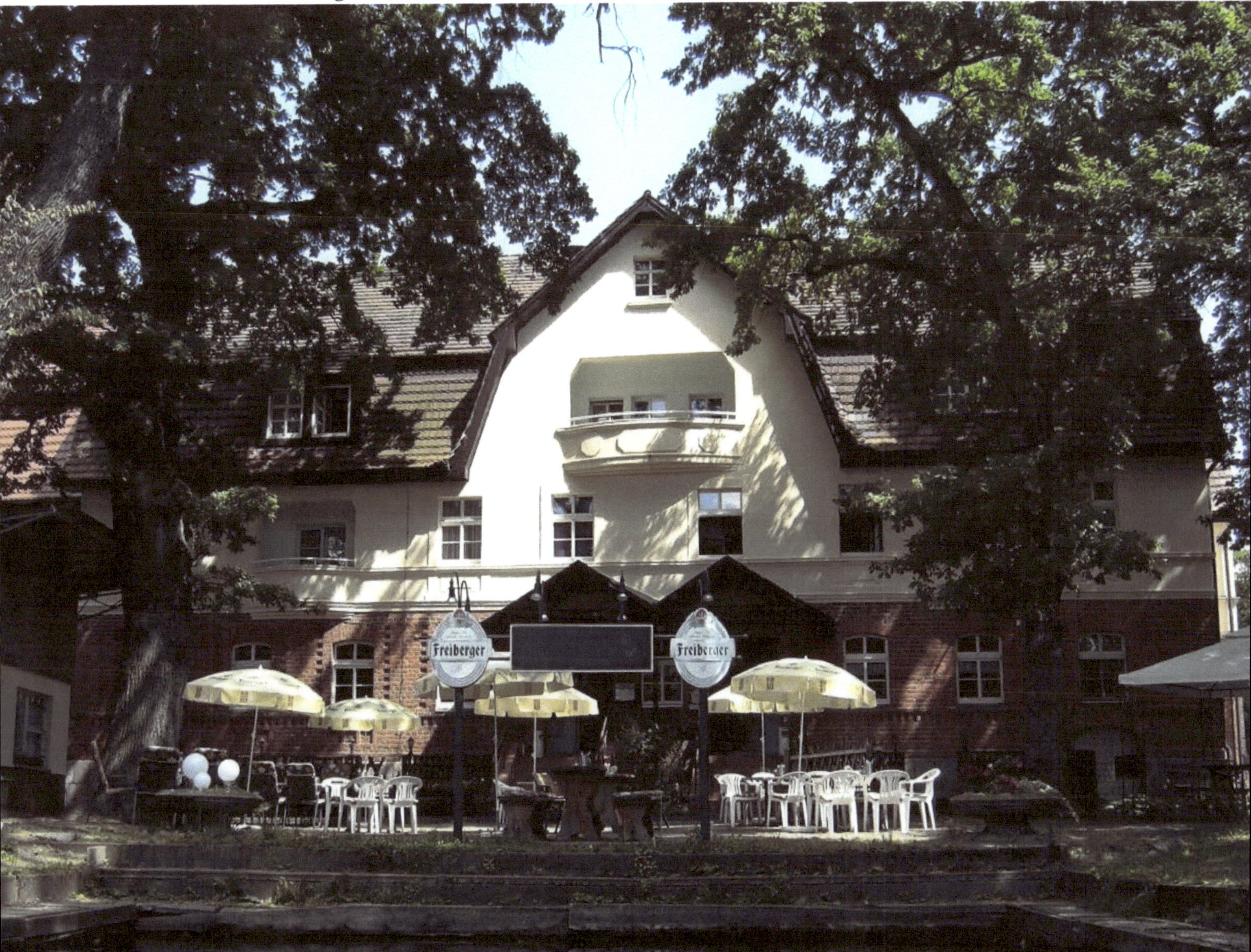

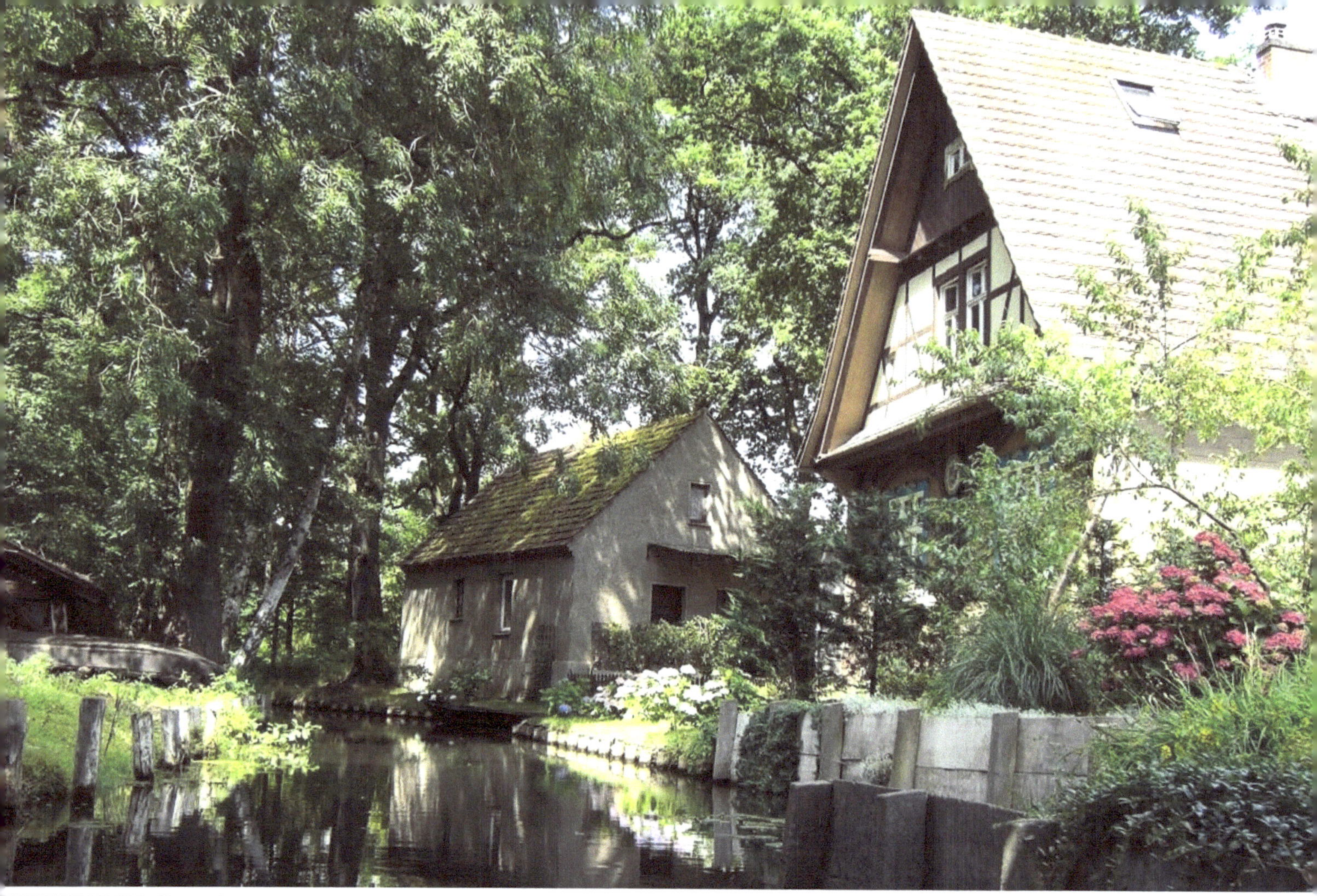

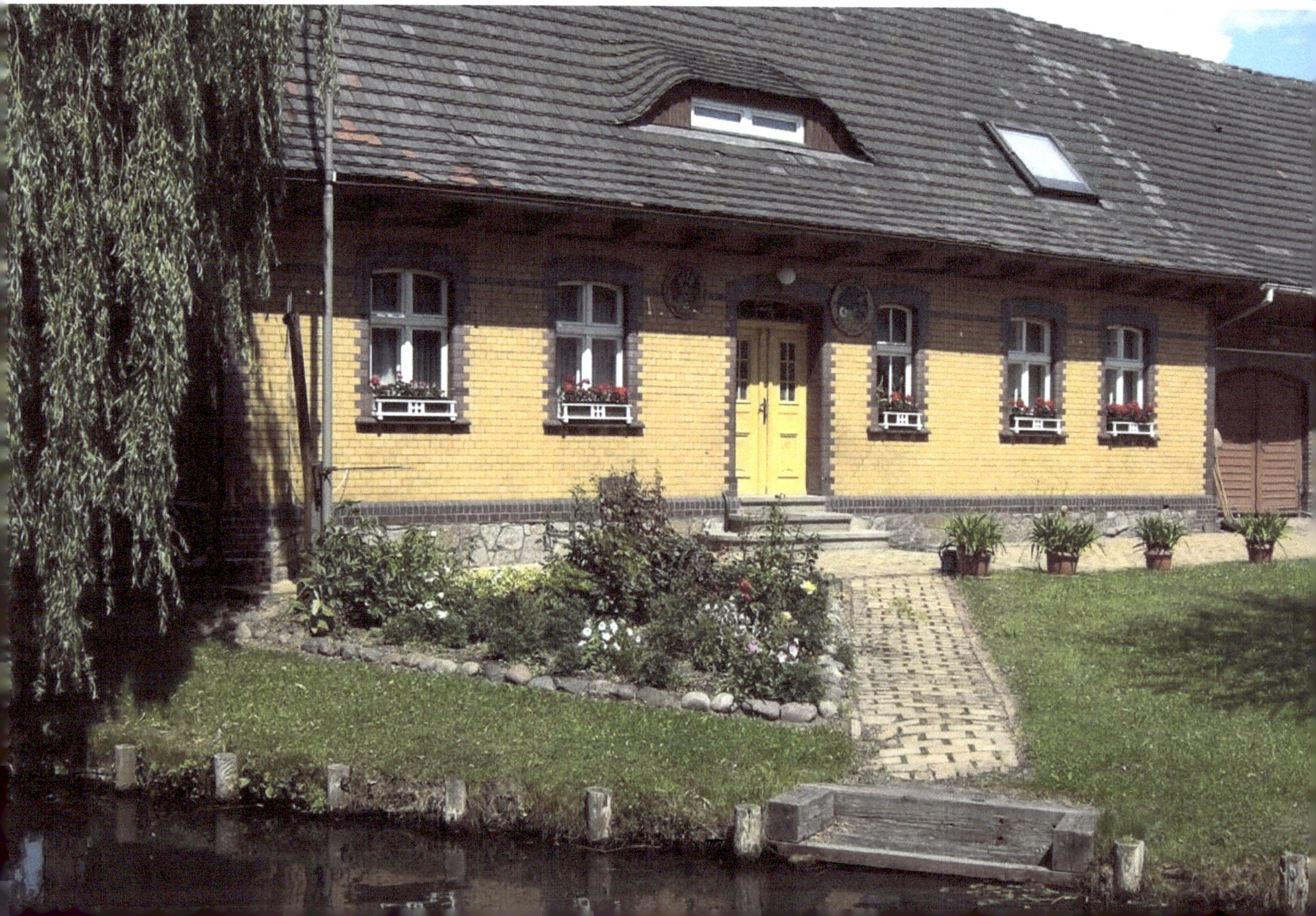

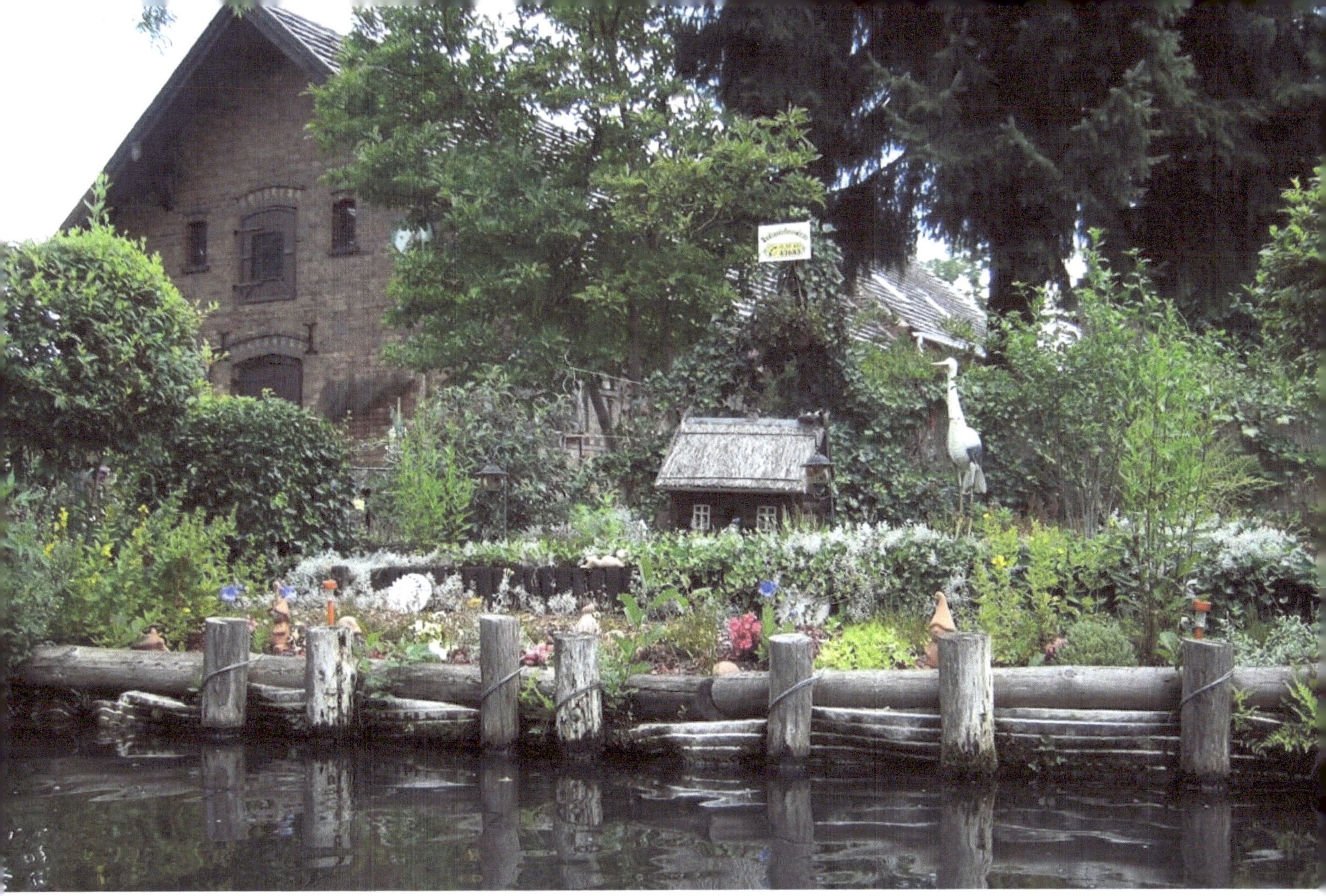

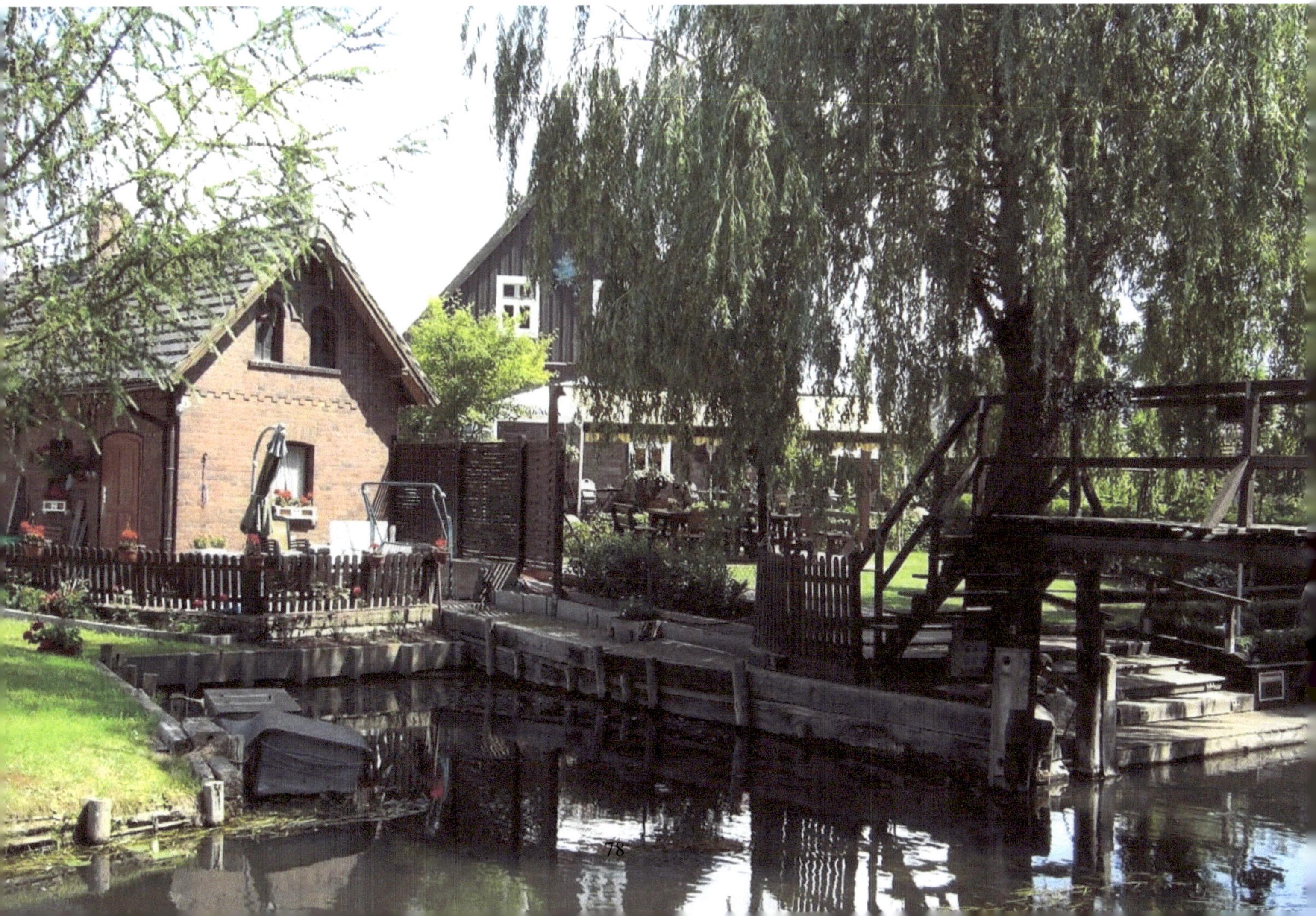

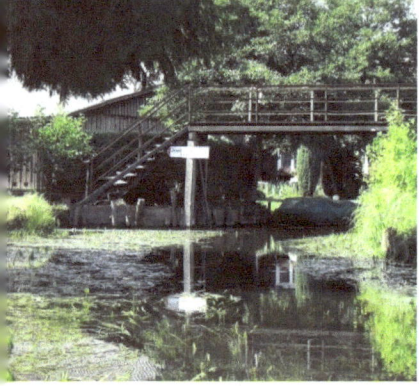

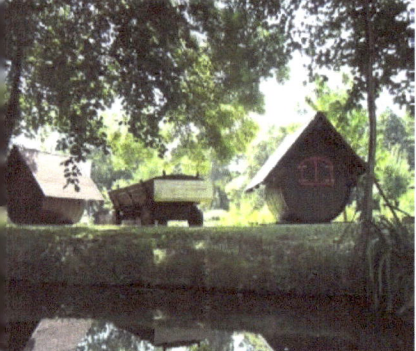

Der Ortsname Leipe kommt vom sorbischen Wort "Lipje" und bedeutet "Linde".

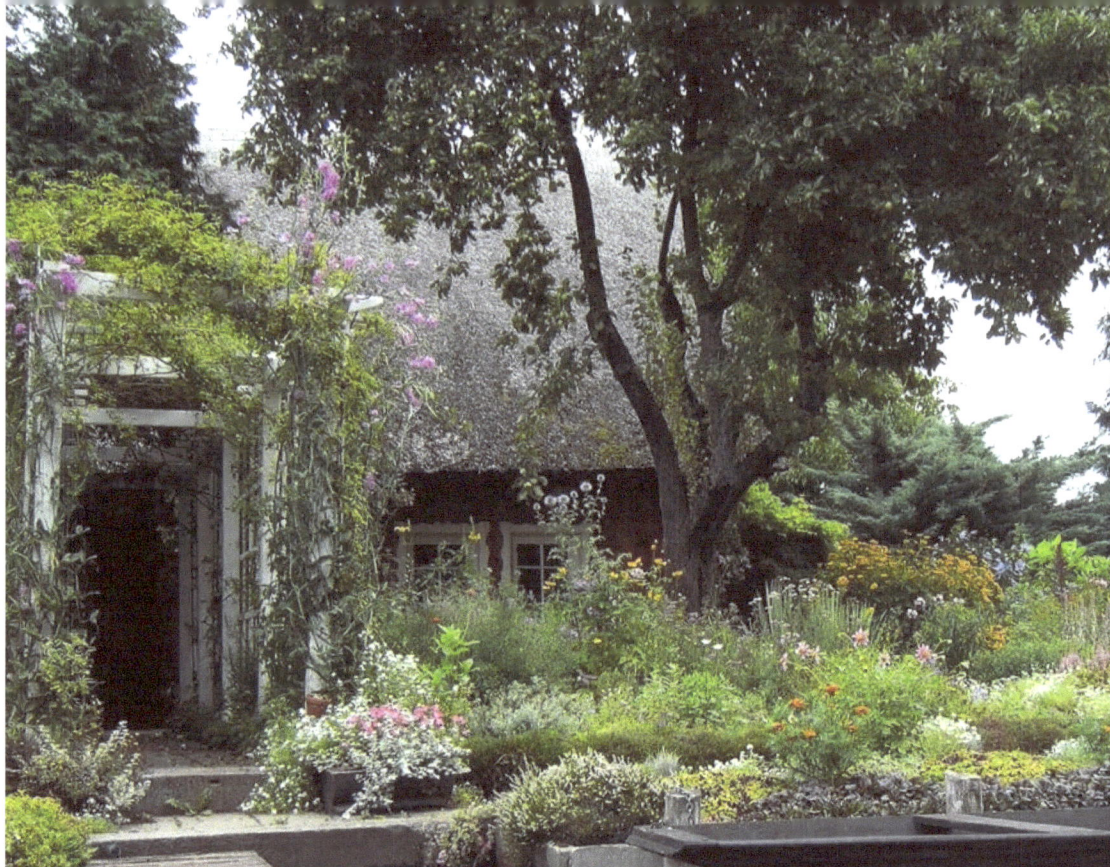

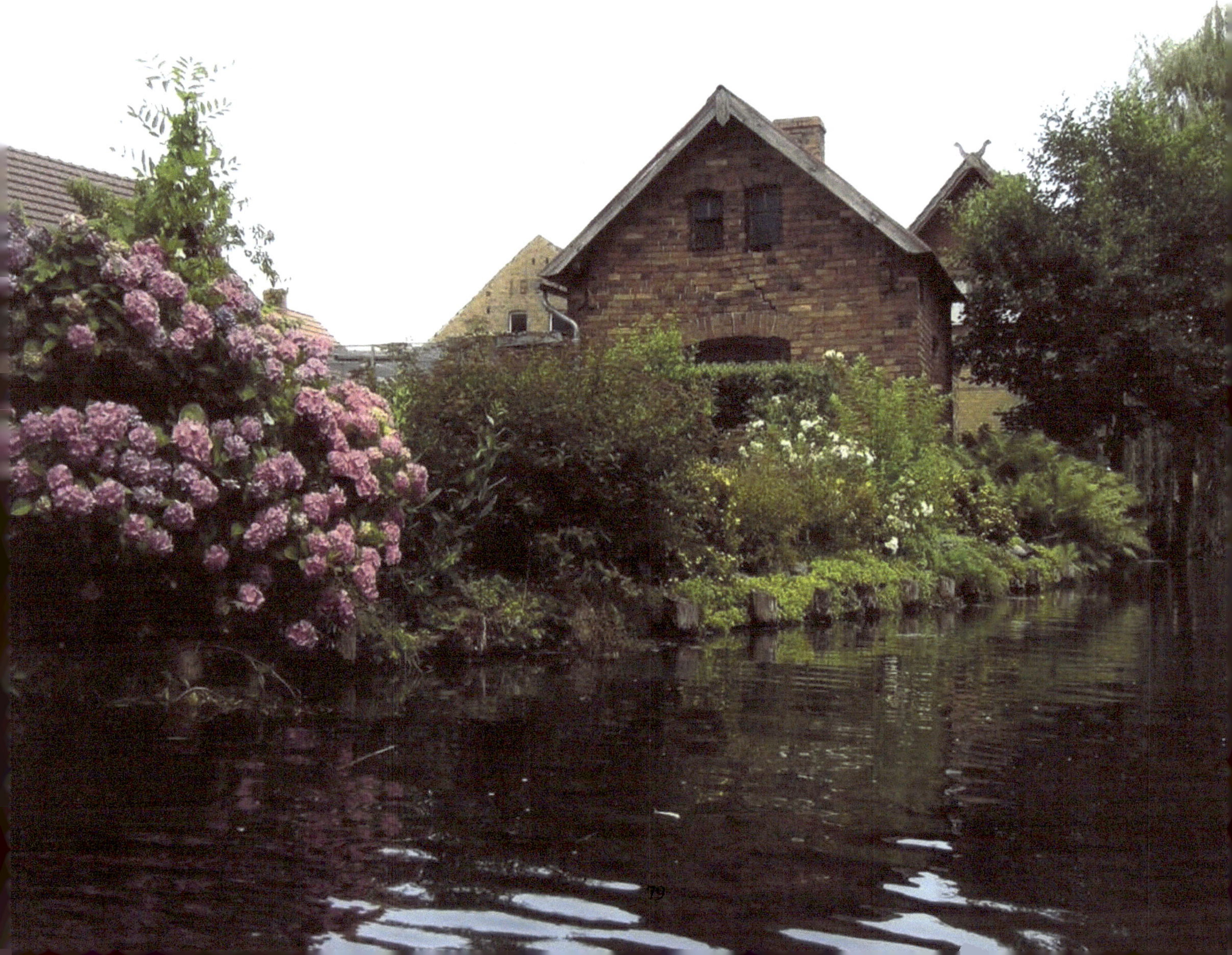

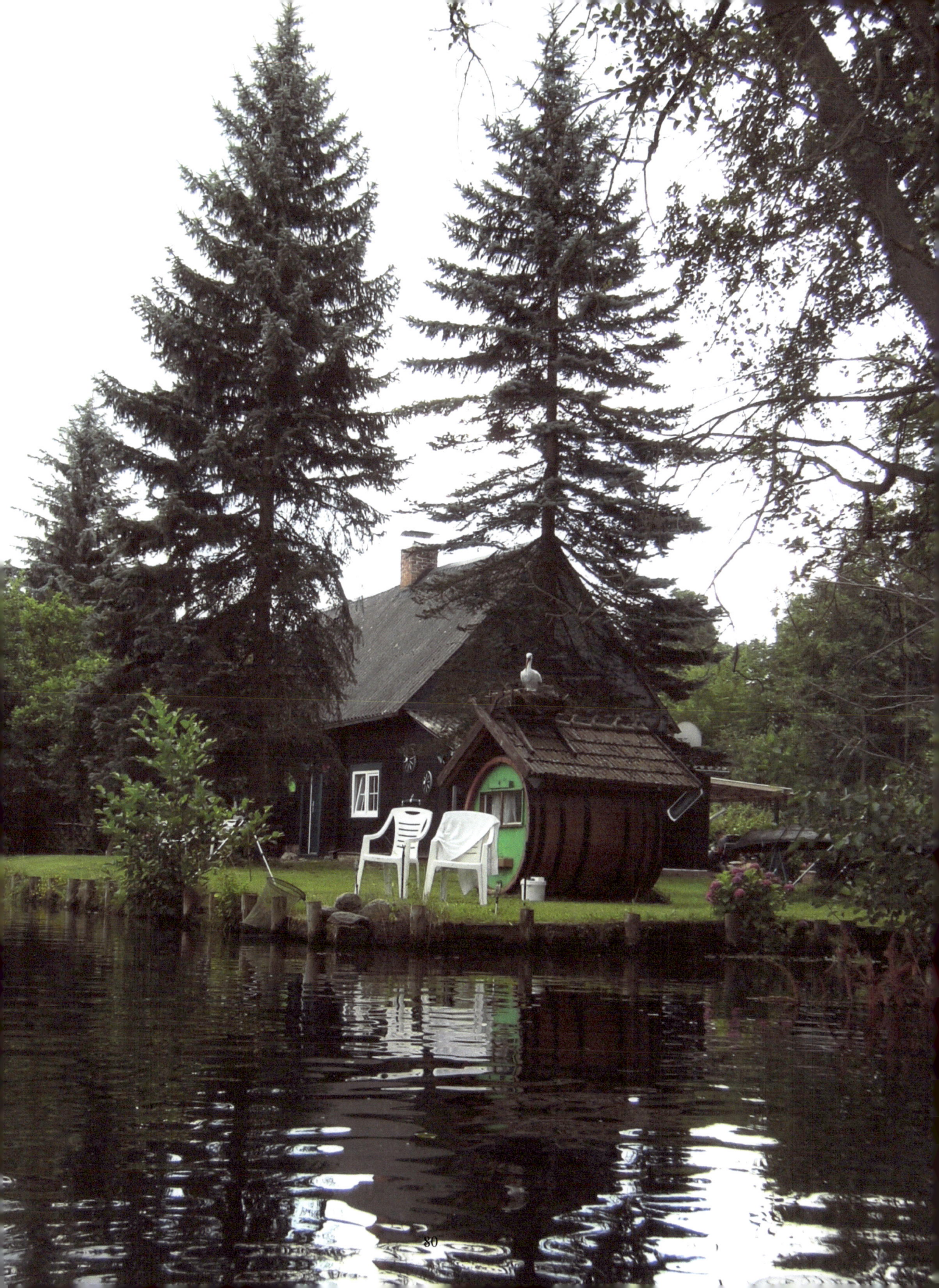

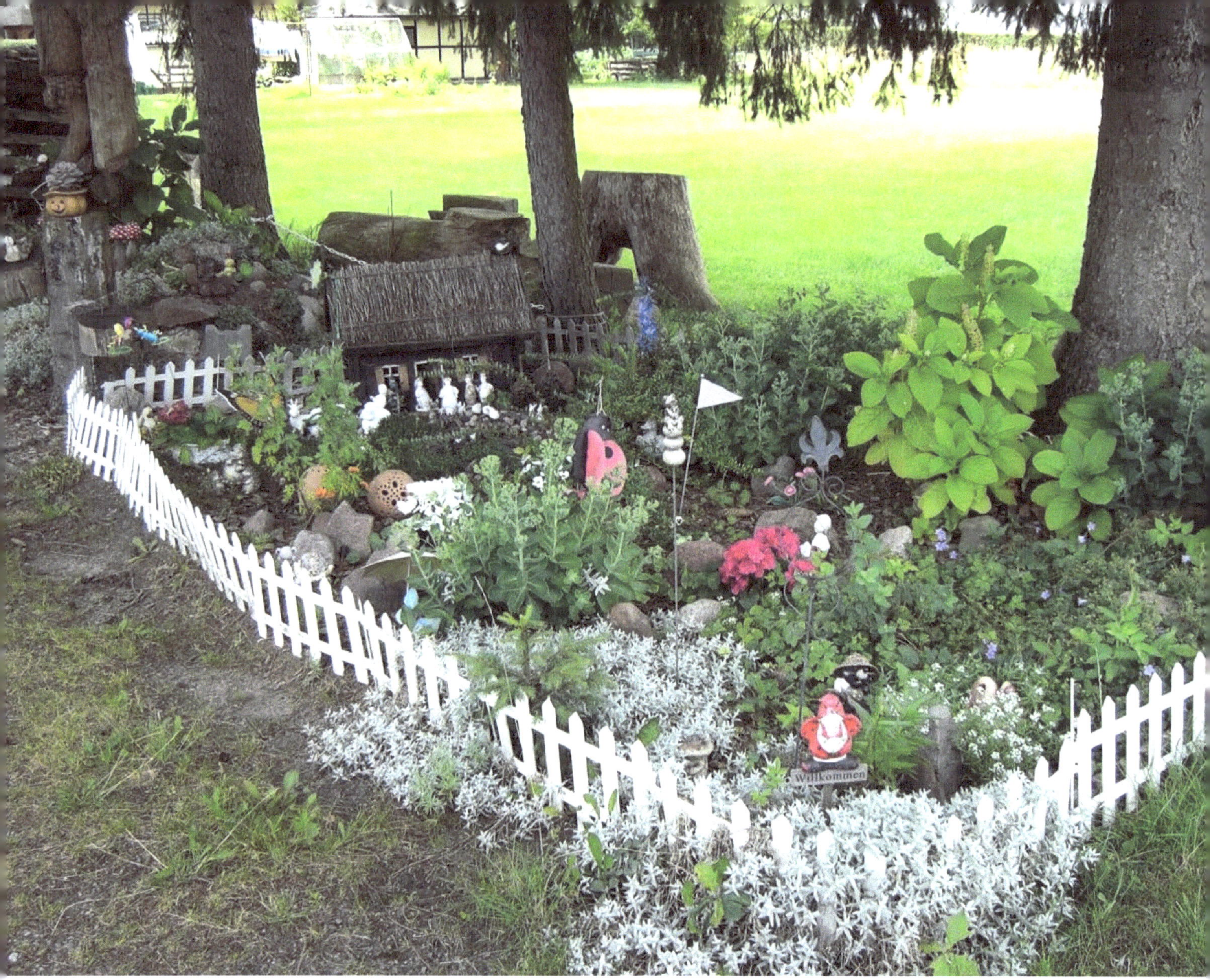

In Leipe findet man viele liebevoll gestaltete Hausgärten, bei deren Betrachtung man leicht ins Träumen kommt.

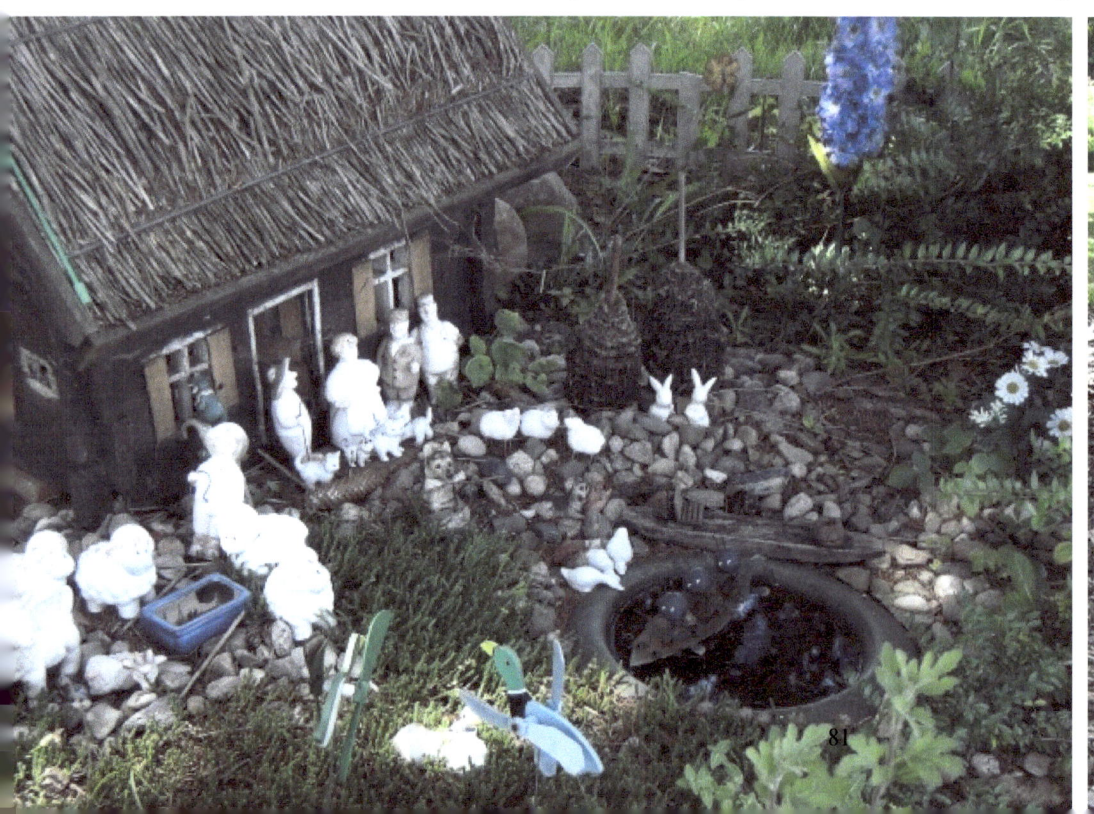

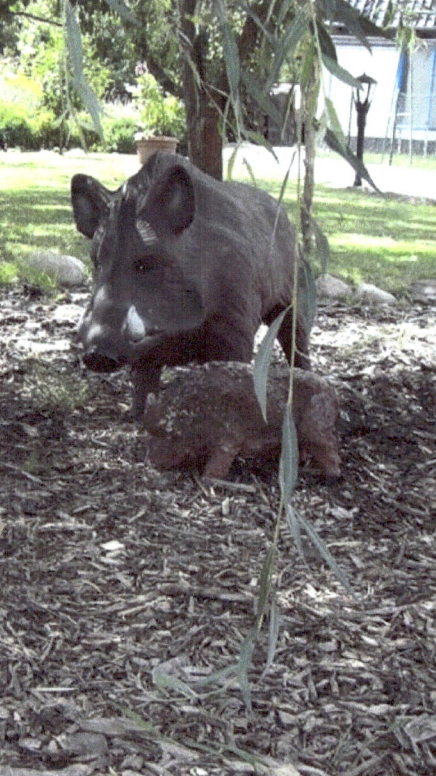